Mystery

26

Mystery

26

魔法、藥草與巫術的神奇秘密

魔藥學

Cunningham's Encyclopedia
of Magical Herbs

史考特‧康寧罕 Scott Cunningham／著　王惟芬／譯

Mystery
26　魔藥學：魔法、藥草與巫術的神奇秘密

原書書名　Cunningham's Encyclopedia of Magical Herbs
原書作者　史考特・康寧罕（Scott Cunningham）
譯　　者　王惟芬
封面設計　林淑慧
美　　編　李緹瀅
主　　編　劉信宏
總 編 輯　林許文二

出　　版　柿子文化事業有限公司
地　　址　11677臺北市羅斯福路五段158號2樓
業務專線　（02）89314903#15
讀者專線　（02）89314903#9
傳　　真　（02）29319207
郵撥帳號　19822651柿子文化事業有限公司
投稿信箱　editor@persimmonbooks.com.tw
服務信箱　service@persimmonbooks.com.tw

業務行政　鄭淑娟、陳顯中

初版一刷　2019年6月
初版二刷　2019年7月
定　　價　新臺幣499元
I S B N　978-986-97680-0-9

～柿子在秋天火紅 文化在書中成熟～

國家圖書館出版品預行編目(CIP)資料

魔藥學：魔法、草藥與巫術的神奇秘密 / 史考特.康寧罕
(Scott Cunningham)著；王惟芬譯. -- 一版. -- 臺北市：柿
子文化. 2019.06
　面；　公分. -- (Mystery；26)
譯自：Cunningham's encyclopedia of magical herbs
ISBN 978-986-97680-0-9(平裝)

1.巫術 2.藥用植物

295　　　　　　　　　　　　　　　　108006575

魔力推薦

《魔藥學》是一本不拆不扣專業、有趣、非正統的工具書，超過400種藥草的介紹，清晰明瞭地說明每種藥草所帶來的魔法（Magic/Wicca）力量，這本在三十年前就已經面世的著作，直至今日，依然是植物和魔法能量界的經典……

AKASH阿喀許 / 心靈導師、靈氣師父

魔法藥草之於巫師，就如同顏料之於畫家。對於巫師而言，所有的儀式都一定會應用到魔法藥草，可能是拿來燃燒、浸泡，或是做成香囊，使用過心靈角落產品的朋友都一定深深的感受過魔法花草的能量。很高興台灣也能有這樣的一本書來介紹魔法花草的奧秘，讓我們一起高舉我們的魔杖，進入作者的魔法世界吧！

YOYO / 能量靈媒、心靈角落負責人

《魔藥學》適合以客觀及充滿好奇的眼光，來閱讀本書，不管我們人類的信念是什麼，對於浩瀚的宇宙自然界，我們永遠只能窺見我們所能理解的，倒不如放下心中的渴望，盡情遨翔其中，也許，你也可以如本書作者，成為享受奇蹟的高手呢！

上官昭儀 / 療癒科學教育家、美力系統創辦人

手握一本《魔藥學》，深入了解豐富的藥草智慧與傳說，然後走入自然裡，與環境的力量連結，植物就是你最好的老師。

女巫阿娥 / 芳療與香草生活保健作家

自古以來，企圖運用某些物質衝破看似不可逆的命運，是隱藏在人內心最強的驅動力，也就是為了改變現實難以突破的瓶頸。

很開心柿子文化能夠出版這一本在西方神秘學與藥草學界早已傳流多年的經典之作。每一個人都能夠從「史考特‧康寧罕」這位西方神農氏教導中，學習到簡單又深具力量的藥草學，閱讀完這一本書，你已經擁有逆轉此生看似不可逆命運的力量了。

宇色／我在人間系列靈修作家

對我而言，無風也無雲，波平如浪靜的清早跟植物對話，特別容易感受到植物想傳遞的信息。多加練習書中詳細說明的魔法操作與時機，便能上手。誠摯的向您推薦本書！

安一心／華人網路心靈電台共同創辦人

面對我們日常使用的各種植物，如果用魔法的眼光去理解時，會驚訝的發現，它們也攜帶著行星的光芒以及四元素的特質。而擅長魔藥學的巫師、女巫們，利用這些特質，隨心所欲的調出能夠增強自己能量並且協助願望實現的魔法產品，在這本書中都可以窺知一二。史考特‧康寧罕的這本《魔藥學》，正是許多巫師、女巫學習植物魔法能量的最佳入門書，他透過自學以及巫團學習的經驗，用最簡潔易懂的語言，向我們傳遞了美好的魔法訊息。

思逸Seer／荒人巫思手抄格主

神秘學用途和藥用的分別，在史考特‧康寧罕的《魔藥學》這本書中能得到觀念上的釐清。

由於植物相關的魔法旁及許多領域，因而也可從本書中接觸和學習到

占星學、神秘學原理，以及基本藥草學和運用等。不但是藥草、魔藥學的最佳工具書，更是增廣見聞的寶典。

星宿老師 Farris Lin／占星協會會長

　　長久以來，《魔藥學》一直是神秘學界人手一本的經典收藏，也被視為作者康寧罕此生最重要的作品。身為植物能量的百科全書，它跨界蒐羅了不同文化區的藥草，並將歷史淵源、民間傳說、儀式用途等一網打盡，齊全程度特別高，節省讀者不少考查資料的工夫，即使部分早期資料可望更新，但知識濃縮上的「性價比」，在我心中仍然難以被超越！

許怡蘭Gina Hsu／華人芳療圈知名講師及作家

　　身為藥草女巫，我很少推薦有關藥草魔法的書籍，我個人喜歡務實直接一點的寫作方式，特別是看了那麼多本，還是覺得一本清楚提列常用魔法藥草行星屬性跟用途的書最珍貴，會永遠留在我書櫃裡第一排的位置，方便我隨時取閱的書籍，至少，在我面對我那超過兩百種藥草的大櫃子，準備要抓配方的時候，一定要有一本可幫助我選出最適合魔法藥草的書在手。

　　史考特・康寧罕的眾多藥草魔法書籍中，我最喜歡這本專寫藥草的書《魔藥學》，因為就符合上述我說的重要實用性，簡單清楚，提列魔法藥草資訊明白且正確，特別是在最後方的索引區，真是嘉惠讀者很佛心來著，這是一本不管是初學藥草女巫，或者是資深女巫，我都會推薦的必買好書。

喬夏／「女巫藥草園」藥草專賣店總監

　　超級好看又簡單易行的藥草魔法書，忍不住邊讀邊試，絕對是一本充滿能量的必讀經典！

蘭姆／臉書粉絲團「蘭姆的星野森林這一家」版主

CONTENTS

藥草索引

前言

在我開始撰寫關於藥草的魔法文稿時，我還是個年輕人。儘管當時對於缺乏藥草魔法的相關資訊感到十分沮喪，但對於我的老師和神祕學的興趣卻相當濃厚，於是開始著手調查這項幾乎失傳的技藝。

那次的探索讓我經歷到一個以前想都不敢想的世界。在度過許多喝著藥草茶、閱讀古籍和手稿的夜晚後，我開始身體力行：在月光下採集藥草，進入荒涼無人的海灘練習咒語……

漸漸地，我掌握到一些枝微末節。最後，我收集到古法的線索，並從中爬梳出一套魔法藥草系統。

對於藥草的神奇之處體驗得越多，我就越能意識到它們的真正力量。這可能是所有魔法中最古老、但最為實用的一種形式，因為這種魔法所需的工具就生長在我們周遭，即使在我們多數人所居住滿是水泥鋪設的城市裡也是如此。

在見證藥草的力量後，我決定寫一本書來解釋這些失傳的技藝。

在寫書的過程中，我對魔法藥草學的研究和練習並沒有停止，而我所學到的大部分內容無法全部融入到當時所寫的那本書中，因此我決定再寫出另一本書。

我早期的工作幾乎只關注舊世界的植物，但近年來，我開始研究起南北美洲、近東、遠東和玻里尼希亞植物的魔法用途（有些玻里尼希亞的植物已納入這本書，但大多數的則留到之後另一本關於夏威夷魔法的書：《夏威夷魔法與靈性》）。

日益發現的新資訊不斷積累，我很快意識到，第二本關於藥草的書，將會是一本名副其實的魔法藥草的百科全書，也就是這本書。

本書並不是魔法藥草的指南，在這本書中僅提供極少的資訊。

你想吸引一個情人嗎？隨身攜帶一袋玫瑰花瓣或是鳶尾根；想要擺脫牙痛嗎？嚼一根老樹枝，然後把它塞進牆裡。這是本書涵蓋的魔法類型，是快速、簡單且不用進行儀式的方法。在本書的第一部，將會介紹通用法術，供讀者在需要時使用。

雖然本書提到的大部分魔法都是用來處理日常問題，但也會觸及更複雜的主題，如隱形、顯靈以及達到永生不朽等。我之所以納入這類資訊，是因為這是魔法傳統的一部分，而我個人覺得有趣又浪漫，只是不見得適用於實際狀況。同樣地，預防蛇咬傷和吸引精靈現身等參考資訊，也只是為了激發想像力，即使如此，這也是讓魔法有效的必要條件。

這不是一本充滿古怪奇異法術的書，而是一非常實用的魔法藥草學彙編，任何人都可以拿來應用。

在書中，我很謹慎地說明藥草的魔法用途，不提供任何藥用資訊，因為在這方面早已有很多可靠的指南。我也略過大多數植物的神話和歷史背景，除了相關資訊之外。

想要在本書中尋求具有破壞力魔法的人會大感失望，這裡完全沒有，因為這種魔法最後會毀滅施法者本人。

這類型的書籍永遠沒有完成的一天，還有更多秘密等待我們去挖掘。只是作者有責任決定何時要停止增加書的內容，並將書送到世界各地，傳播給世人，激發更多想法。現在，我決定這樣做，希望它會刺激你發現和使用藥草魔法的秘密。

Part 1

基本藥草學

找回植物的魔法知識

你知道嗎？大自然蘊藏著一間真正的魔法儲藏室，就在這顆星球上所生長的植物中。自古以來，這些植物便一直被用於魔法，而魔法，其實就是一種透過自然力量（儘管很少為人所理解）而造成變化的作為。

植物具有藥性已是眾所皆知的事實——多數廣泛開立的藥物，最初便都是源自於植物的合成物質——但是它們的神秘力量，可就沒有那麼容易讓人理解了。因此，植物絕大部分魔力仍然隱藏在秘密的陰影中……

我們的祖先早就知道植物具有神秘的魔力，時至今日，儘管藥草的魔力已經被多數人所遺忘，但它從未消失過。現在，就讓我們回到自然靈力棲居的神聖小樹林中，回到仙子跳舞的花園裡吧！

在這本書裡，你將會發現數百種植物的魔法用途：

❧ 將金盞花做成的花環掛在門上，可以防止邪靈進入家門。

❧ 在房子周圍和室內的植物盆栽中埋入馬鞭草，除了能夠招財，同時也能讓植物長得更為茂密茁壯。

❧ 隨身攜帶一袋鳶尾根，能夠引來愛情。

❧ 睡前喝玫瑰花茶，能夠夢見未來。

......

《魔藥學》集結舊世界和新世界豐富的藥草智慧和傳說。這是一本詳盡的完整指南，提供施行藥草魔法所需的所有資訊。

現在就來開始發掘植物的力量吧，期待你的魔法綻放！

Chapter
1

藥草的力量

藥草是如何作用的？每當有人發現我是魔法藥草師時，常會提出兩個問題，這就是其中一個。另一個通常是詢問我的心理健康狀況。儘管如此，第一個問題還是有意義的，而且從來難以圓滿解釋。

來自自然的力量

藥草魔法（以及所有魔法）的基礎就是力量。幾個世紀以來，這種力量獲得許多名稱和形式，有時候對於它的存在會加以保密，有些則將其當作是常識。

力量是用以產生和維持宇宙運行的。從發芽、起風，到我們這顆星球的旋轉，憑藉的都是力量。這是誕生、生命和死亡背後的能量，宇宙中的一切都是由它而起，也都包含著它，並且會回應著這股力量。換句話說，力量就是生命力，是創造物，是存在的本質。

我所看到的這股力量沒有名字，它早就為世人所神化、擬人化，化身

為上千萬個神和女神、靈、惡魔或其他超自然的存在。在科學語彙中僅能得到部分的解釋，甚至至今仍在「發現」它的某些層面。無論好壞，這股力量在人類的演化中發揮了重要作用，不僅所有宗教都在使用不同的符號和儀式，試圖引導和挖掘這股力量，所有的魔法師也都在揮動著它。

這股力量存在於儀式、宗教和魔法之上，在永恆的變化中保持恆常。這股力量存在於萬物之中，萬物都含有這股力量（一些現代宗教的一大問題是，他們聲稱這股力量在我們之外，而不是在我們內部），你喜歡怎樣叫它都可以，請盡可能地去想像它，因為這股力量真的就是力量。

定義：魔法是透過使用這股尚未被科學定義或接受的力量，作為引起改變的操作。

我可以用為世人所接受的方式來造成改變，比方說，打電話給朋友來得知他的狀況，但這不是魔法。不過，當我無法使用電話，或是我的朋友沒有接電話時，我可以製作一個香包，放入百里香、西洋蓍草（歐蓍草）和月桂葉，將它掛在我的脖子上，屏氣凝神，透過這些藥草強化的我的精神力量，來得知他是否安然無恙。這是魔法實用的一面：當沒有其他方法可用時，就可以用魔法。

大多數人會採用哪些方法來防止竊賊入侵家園？一個孤獨的女人如何吸引愛情進入她的生活？除了看醫生和買藥外，大多數人還能用什麼方式來幫助他們的身體抵抗疾病？

很多人並不知道如何以最基本的方法來回答上述問題，這分別可以透過上鎖、使用新的香水，以及在床上休息來解決。這些都是很好的開始，但還可以用更為確定的方法來補強，就是用魔法來支持。

魔法對解決這些問題和其他常見問題很有用，在處理神秘問題上，更

是不可或缺。需要一瞥未來嗎？睡前泡杯玫瑰花蕾茶，將其喝下，並記住你的夢；或是穿上用黃布包裹的鹿皮。你覺得自己遭到妖法控制或詛咒？醫師會建議你去看離你最近的精神科醫師，巫師和魔法師則會告訴你在自家附近撒上紅椒粉，然後在沐浴時放入含羞草花。種種的問題，魔法會提供很多（但不是全部）的解答。

總而言之，這裡要強調的只有一個重要觀點：魔法雖然看起來很簡單，卻能夠為問題提供實用的解決方案。魔法藥草學背後的力量是無形、無體而永恆的。它並不在乎你是以女巫、女神或聖母瑪利亞的名義來將其召喚出來，甚或根本不是在宗教框架內進行。無論我們身在何處，或是旅行到宇宙的哪個角落，它總是在那裡，而且非常豐沛。

雖然這股力量是無形的，卻可以化身成多種形式：牛羚具有力量，電腦或蒲公英也是。有些物質所含的濃度高於其他，特別是植物、寶石和金屬。每種物質還包含不同類型的力量，或是振動率。例如，一塊松木的振頻與具有完美切面的鑽石的振頻就大不相同。

這種振動率取決於物質的化學成分、形狀和密度等因素。藥草的力量則是由這種植物的生長棲地、氣味、顏色、形狀和其他因素所決定。類似的物質通常具有類似的振動模式。

因此，藥草的神奇之處就在於使用藥草來造成所需要的變化。這些植物含有的能量都很獨特，就和人類的面孔一樣，而為了達到最大效應，在施法時要選擇振動形式符合需求的藥草。比方說，雪松適合招財，但在生育能力方面就沒有什麼幫助。

要施行藥草魔法，必須先認識植物的力量，這本書即包含了這些資訊。也就是說，要滿足一項需求，只需操作藥草，引導它們力量的方向，就是這麼簡單。

藥草魔法很容易，因為力量（即振動）就位於藥草本身，不需要動用

外部力量，因為這股力量就存在於有機體的內部，只需要幾個簡單的程序便可以完成。這些「儀式」包括打結、燒開水、點蠟燭、縫製和埋東西到土裡。或許比其簡單性更為重要的是——相信藥草魔法是有用的。

藥草魔法的實際作用

它如何作用呢？首先，必須要具備召喚魔法力量的理由——需要有一個理由。慾望經常會偽裝成需求，但在魔法中，光是有「慾望」還不夠，必須存在一個更廣泛的需求。

是由這項需求的性質來決定要使用的植物。例如，常見的一項魔法需求是吸引愛情，但有數十種植物都具有這樣的效果（有關植物及其相應魔法需求的綜合列表，請參閱本書第三單元）。

接下來，則可能需要設計一個咒語或儀式。很多藥草魔法不需要完整的法術，有些則需要。有的法術施行起來非常簡單，只要將藥草捆在一塊布上，或是將它們放在蠟燭的底部，點燃燭芯，然後在腦中視覺化你的需求即可。若是你想要的話，也可以弄得再複雜一些，去到沙漠邊緣，以豆科植物升火，在其上燒開水，同時等待月亮升起，然後將藥草的根和葉子扔進鍋中。在第三章會討論到通用法術。

第三，可以對藥草施法，使其魔化（見第三章），以確保其振動方式符合需要。

第四，咒語必須在完全自信和保密的狀態下才能作用。這並不是說施用魔法是件羞恥的事，而是因為嘲諷和質疑只會讓你懷疑自己，並阻礙你的魔法效力。

第五，一旦法術奏效，就應該將其忘記。這使它能夠「烹煮」你的需

求，將其展現出來（烤蛋糕時，若是每隔幾分鐘就打開烤箱看一下，就會破壞蛋糕，而魔法就跟做菜一樣，要把烤箱的門關好）。所以，請試著完全忘記這項法術。

然後，你就能夠達到成果。這就是藥草魔法運作的方式。聽起來很基本嗎？確實是如此。而這只是第一步，就跟任何技藝一樣，學徒可以進一步學習魔法，探索神奇的角落。顯而易見的是，很少有人想要遠離這個熟悉而溫馨的魔法。

藥草魔法也存在著黑暗面，就跟生活中的各個層面一樣。那些企圖探尋這條路，走上虐待、操控或殺害他人的法師，將會因為這樣的負面作為而遭到重懲。

力量是中立的，它不能分為正能量和負能量。力量就是力量。

身為魔法師（力量的持有者），我們有責任將其發揮在有益的目標上。然而，我們不需要成為苦行僧或聖徒來幫助他人，或是改善世人生活，我們所需要做的，就是以關愛的方式來使用藥草。

正如很久以前世人所理解的那樣，魔法是一種神聖的行為。確實是如此，在魔法中，我們成為擁有利用力量的人，當中還有些被世人塑造成種種神靈。

這是一種很棒的感覺，但也為發揮這股力量帶來更大的責任。將其用於為惡時，這股神聖的特性頓時就會消散。然而，若將魔法用於正道，我們的生活將變得更加富裕和快樂。

當一個人走上為惡的黑暗道路時，為他人所帶來的痛苦，也會蔓延到這位魔法師的生活中，直到他或她完全遭到摧毀為止。

這樣講太過戲劇性嗎？也許吧！但本質上就是如此。因此，本書沒有納入任何黑魔法，僅歡迎那些希望用古老的藥草魔法幫助自己和他人的人。

Chapter 2

魔法操作

　　雖然這裡沒有足夠的篇幅來完整解釋魔法的方法和理論，但在下面的短文中還是會提到一些重點。

時機

　　在古人創造的魔法系統中，種種魔法都具有不同的複雜程度。他們擅長的領域是按照天文現象來進行各種時節儀式的技藝，其中一些系統嚴格依循月相，另外一些還考慮到季節，其他的則十分看重星星和其運行位置。

　　其中一些系統至今仍在使用，而且效果良好。但任何系統都會導致自發性的消失，並阻礙魔法的效果，甚至是其表現。沒錯，時機很重要，但在魔法中，唯一一條不可更動的規則，就是在需要時便可使用魔法。

　　例如，如果我頭痛到無法睡眠或工作，我不能等月亮進入適當的月相，或直到大熊座升起時才來解決，我需要立即舒緩。

　　這是一個微不足道的例子，但這道理適用於所有魔法。

我不是在說行星屬性、恆星、季節和月相等時機不能為法術提供額外的力量，我只是反對這種額外力量的必要性。若是魔法有效，那麼在白天或晚上的任何時刻都是有效的。

我會聽到魔法師如幽靈般的抱怨：「在月亮轉盈為虧時，你不能施用愛情咒語。」或是「除非是在春天的一個星期四，當月亮進入金牛座，在晚上三點或十點時進行，不然財富咒語就會失效。」

這種說詞在魔法界很常見，通常是來自那些很少或根本沒有實際施法的人。要知道，**法術不需要理想的天文、季節和天氣條件才能成功。**

那些想要遵循古法，依照太陽、月亮和星星的施法時機來使用魔法的人，可以在任何良好的魔法教科書中找到相關資訊，但這絕不是必要的。

如果你在面試之前需要勇氣，用不著去觀察月相，抓一把百里香帶去面試吧！雖然本書會提到一些神奇時刻的例子，特別是關於特定植物的採集，但是讀者可以隨意進行，不一定要遵守，因為結果幾乎沒有差異。

工具

與其他類型的魔法相比，藥草魔法的好處就是需要的工具少得多。

- 一組用來研磨藥草和種子的研缽和研杵，以及一個大的木碗或陶碗來魔化藥草。
- 大型玻璃壺或瓷壺（避免金屬材質），專用於沖泡藥草或稱「魔藥」。
- 基本的縫紉用品（針、釘子、剪刀、棉線與頂針），會在製作香包和串珠時派上用場，還會需要各種顏色的棉布或羊毛布及紗線。
- 當然，蠟燭和藥草是必需品，還有香爐（燃香臺）、燭臺、木炭塊和存放藥草的罐子。

祭壇

也稱之為法術桌或工作臺，但我喜歡「祭壇」（altar）這個詞的英文發音，聽起來沒那麼奇怪，即使它會讓人將魔法與實際上不見得有關聯的宗教聯想在一起。總之，本書從頭到尾都將使用「祭壇」一詞。

許多魔法在施行時都不需要使用到祭壇，但在某些儀式中確實需要。在家中，祭壇就是施法的地方。它也可以作為工作臺使用，在那裡將藥草製作成魔藥，裝成香包，一般來說，所有魔法工作都在這裡完成。

祭壇可以是任何平面，能夠在其上放置蠟燭、香爐、藥草，和法術所需的任何其他材料。它可以是咖啡桌或梳妝臺，也可以是一塊地板。只要你能找到這樣一個地方就足夠了。

有些人想要彰顯他們的宗教信仰，因此會將其信仰的象徵物放在祭壇上。最常見的是雕像和聖書，但其實任何讓你覺得舒適的物品，都可以放在祭壇上，如幸運符、化石、岩石和貝殼等。這類自然物實際上可以進一步強化你的魔力。

我不想過分強調在戶外施法的必要性。在室內施法當然也有效，畢竟大多數人都以起居室或臥室，來代替森林空地或無人的海灘。總之，魔法必須要實用才行。戶外祭壇並不是必要的，有一定需要時，通常是要求一塊空地、一片平坦的岩石，或一根樹樁，但這點也可靠魔法師稍微動動腦筋來解決。祭壇只是一個施法的地方，完全由你的想像力來決定。

視覺化

藥草魔法所需的「先進」技術就是視覺化，即在腦海中形成畫面。這

點可參見丹寧（Denning）和菲利普（Phillips）的《創意想像實用指南》。

有很多書探討過這個主題，因為學生經常抱怨他們難以清晰地視覺化。其實大家都具備有這項能力，只是受到抑制阻礙了。

在讀這本書的這一刻，你有辦法看到自己母親、最好的朋友或是最可怕的敵人的臉嗎？這就是視覺化。在魔法中，視覺化是透過形成所需要的影像，好比說汽車、愛情和工作等來指導力量。若是你需要一樣東西，想像你擁有它的畫面；若是要找工作，想像你工作的情景；若是需要愛，想像一只套在手指上的戒指，或者任何你認為與愛情相關的符號。

將需求視覺化時，必須想像你已經獲得，或已經實現。利用你的創造力和視覺化的天賦來真正了解自己的需求。不要去想你之所以有這項需求的原因，只要簡單地將它具體呈現出來。就跟其他事情一樣，不管是打高爾夫球還是煮飯，只有勤加練習才會達到完美。即使你永遠無法完全將你的需要視覺化，但只要有這樣的意圖，魔法就會作用。

其他考慮因素

可能的話，在施行魔法前可先沐浴淨身，在洗澡水中加入淨化用的藥草香包，會有很大的幫助。

穿著乾淨舒適的衣服，或是你想的話，也可以不穿衣服。一些施行魔法的人會穿長袍和戴珠寶，但這不是必要的。在施法之前，也沒有必要避免性事、食物或飲料。如果你想，都還是可以做，因為這都不是必要的條件。

本書中的大部分魔法都是非常實用的，可以用來解決日常問題。然而，對於重要的法術，特別是那些牽涉到其他人的法術，在施法之前有必要進行占卜，以確定這項法術是必要的。

根據經驗，除非得到他人許可，否則不要為他人施法。避免此類問題的一個方法，是為他們製作小香包或類似的東西（參見第三章的說明），並將其當作禮物贈送。解釋它們的用途和力量，如此，相關的人可以根據他們自己的意願，考量是否要將這些振動帶入自己的生活中。

　　最重要的是，要享受藥草魔法的樂趣。雖然在以藥草來施行魔法和視覺化時，應該要抱持認真的態度，但不需要嚴正看待藥草魔法的各個層面，因為這過程應該是愉快的。

魔法原則

1. 魔法是自然的。
2. 使用時不得傷害任何人，包括自己在內。
3. 魔法需要努力。你投入多少，就會獲得多少。
4. 魔法通常不是即時的。法術需要時間才能奏效。
5. 施行魔法不應求取報酬。
6. 永遠不要拿魔法開玩笑或炫耀自我。
7. 魔法可以用在自己的利益上，但前提是，這不會造成任何傷害。
8. 魔法是一種神聖的行為。
9. 魔法可用於防禦，但絕不能用於攻擊。
10. 魔法是一種知識，不只是施行和法則，還包含其效果。不要相信魔法的作用，要去認識它！
11. 魔法就是愛。所有魔法都應該出於愛的本心，當憤怒或仇恨激起你的魔法時，你已經進入了一個危險的世界，一個最終會消耗掉你的世界。

Chapter
3

魔法和操作程序

藥草的魔化

　　在魔法中實際使用藥草前，可以先將它們魔化（enchantment）。魔化（在魔法脈絡中）是調整植物的振動，使之與魔法需求保持一致。因此，這是一種提高藥草魔法效果的步驟。

　　魔化可以在單一藥草或混合藥草中進行，但應當在藥草即將使用前進行。如果一個咒語需要好幾種藥草時，可以將它們混合起來一起魔化，或者在調配成複方時，一一分別魔化。但是，如果藥草是從野外或花園採集的，最好先進行初步魔化。實際上，在為特定咒語採集藥草時，往往需要強調藥草在這項魔法需求中的作用，比方說：

　　我之所以收集你，（I gather you,）

　　太陽之草迷迭香，（rosemary, herb of the Sun,）

　　是為了增加我的智力和注意力。（to increase my mental powers and concentration.）

這就是魔化過程的開端，雖然只是最初步的。

進行魔化的設備很簡單：一個普通的木碗或瓷碗、兩個燭臺和幾支彩色蠟燭。

將碗放在祭壇的中央，在兩側擺上插有適當顏色蠟燭（參見表格和附錄中關於顏色及其魔法用途）的燭臺。將要魔化的藥草放在容器內，沿著碗的周圍擺放。

點燃蠟燭，淨化心靈；關掉電話並鎖上門。想要的話，也可以降低房間人工照明的亮度，使其變暗。只有當你獨自一人且不受干擾時，才能進行藥草魔化（以及施行所有的魔法）。

調和

將所需的乾燥藥草倒入碗中。靜靜地坐著或站著，凝視著藥草。感受在葉子、花瓣和莖脈中等待釋放出來的振動；觀看它們從植物中浮現或在那裡等待的狀態。

通靈者可以看到這種振動以種種形式離開植物，如尖銳的鋸齒狀線條，或粗略的螺旋狀，或是強烈地噴發。

將碗傾斜，將你的力量集中在手掌，碰觸藥草，讓它靜止幾秒鐘。與此同時，努力在腦海中視覺化你的需求。

魔化

將手指插入藥草中。持續強烈地視覺化你的需求，把它傳送給藥草。

感受你的指尖，彷彿在為藥草充電。若是覺得在腦海中維繫這樣的形象很困難，可以吟唱符合需要的簡單詞語，例如：

洋蓍草，洋蓍草，讓愛成長。

（Yarrow, yarrow, make love grow.）

配合呼吸，反覆念誦這句話。在手指穿過藥草時，感覺將你的需要灌注到這些植物中。在藥草和這股力量作用後（或當你感覺魔化完成時），就可移開你的手。這時植物便完成了魔化。

若添加其他植物到此複方中，每添加一種，就必須重新魔化一次。

想要單獨使用一種藥草，請從碗中取出魔化的藥草，然後用乾毛巾將碗擦拭乾淨。更換過適合新藥草的蠟燭顏色後，重複上述步驟即可。

製作薰香、茶包、香包、人偶以及粉末之類或研磨藥草（若有需要）時，都要在製作前先魔化藥草。

如果是要魔化樹根或樹枝，只需要握在手中，然後視覺化，並／或吟唱，或是將它放在蠟燭之間的碗的頂部。

在過去，「魔化」（enchant）一詞意味著唱歌或誦唸。一旦唱了關於需求的歌給藥草，就可以使用它們了。

當然，魔化並非絕對必要，但這會讓效果更好。明智的藥草師永遠不會遺漏魔化的步驟。

魔法的應用形式

本節將會詳細介紹在本書第二單元中提到的藥草的實際製作方法。例

如，若是文中指示要「攜帶迷迭香」，就應將其製成香包。但不是每種情況
都需要進行這些程序。

香包

要攜帶或放在屋內（門上或窗邊等）的藥草應製成香包。香包是一個
小袋子或是一塊包有藥草的布。在巫毒教（voodoo，又稱伏都教）的魔法
中，這通常稱之為「魔法袋」（charm bag）或「根袋」（root bag）。它們
的製作方式非常容易。

取一小塊適當顏色的布料（方形、圓形或三角形都可）。毛氈的效果
很好，而且相對便宜。

將魔化過的藥草（通常不超過一湯匙左右）放在布料的中心。將兩端
拉起，並繫上一條顏色與其匹配的繩索或紗線。打結時，要認真想像你的需
要（實際上，在整個過程中都要這樣做）。再多打兩個結，香包就完成了。

香包越小，越容易放在口袋裡。居家用的香包，由於不用攜帶，可以
做得大一點。

人偶

也稱之為「巫毒娃娃」（voodoo doll），其實以人偶來施行魔法至少已
有四千年的歷史，一直到晚近才與巫毒教牽扯在一起。儘管雙方都是用樹
根、馬鈴薯、鉛、樹皮、紙和其他材料製成，但在魔法藥草學中，通常會用
布和藥草來修飾人偶。人偶是用來代表那位藉由魔法而獲得幫助的人。

人偶通常是用來加速身體復原，也可以用來吸引財富、愛情，以及各
種魔法的需求。為了達到最佳效果，請不要製作代表另一個人的人偶，只做
你自己的。

人偶的製作很容易：繪製一個人形（約二十公分長）的粗略輪廓。將

此輪廓轉印到適當顏色的雙層布料上。將其剪下來，這樣就會有兩塊相同形狀的布。將它們沿著邊緣縫合，固定在一起。縫完人偶的四分之三邊緣時，即可填入適當的魔法藥草。例如，若是需要克服寒冷，我會用碾碎的桉樹葉來填充人偶。

完成人偶後，將其握在你集中能量的手中，同時在腦海中將自己的需求視覺化。

簡單來說，你已經塑造出可幫助你變得更健康或是招財的人偶。人偶中的藥草將會展現你的需要。比方說，充滿「治療系」藥草的人偶，就代表著「充滿」健康的你。

將人偶放在祭壇上，點燃適當顏色的蠟燭，盯著人偶，將需求視覺化。不使用時，可將人偶存放在安全的地方。

一旦人偶完成其使命後，便將其拆開，把藥草和布料埋進土裡。

浸劑

浸劑（infusion）可說是「魔藥」的起源，所以常被當作女巫的同義詞，其實它只是把藥草浸泡在熱水中的簡單步驟。

不過，還是有一些可供改良之處。在燒開水或浸泡的過程中，不要使用金屬的鍋碗或茶壺，因為這會干擾藥草的力量。在浸泡過程中，要蓋好蓋子，避免流失少量蒸汽。

最後一點，所有的藥草在浸泡之前都要先魔化。

使用量，以每杯水配合使用一茶匙的乾燥藥草。先加熱水的溫度，直到沸騰。然後倒入藥草，蓋好蓋子。萃取約九至十三分鐘。使用前要壓濾和冷卻。

當然，浸劑可當茶飲用，也可加到浴缸中，或是拿來擦拭家具和地板，也可塗抹在身體上。不用說，絕對不要用有毒的植物來做浸劑。

沐浴

沐浴經常用於藥草魔法，因為這是一種將藥草的力量散播到全身的簡單方法。

沐浴有兩種方法：一種是以粗棉布製作香包（使用約半杯到一杯適合的魔化藥草），將其放入泡澡的溫水中。更好的方法是製備浸劑（見上文），將過濾後的液體加入浴缸。

有時也會在水中加入精油。大多數的精油都只需要加幾滴就夠了，太多可能會刺激皮膚（參見表格和附錄中精油及其魔力）。

油膏

油膏是一種藥草魔法的古老形式，也是一種藥物，但說穿了，只是添加有藥草粉末和／或油的任何油脂物質。在錦葵的簡介中可找到一個很好的例子。在過去，通常是以豬油當基底，但今日通常以植物性酥油來代替。這當然也比較好聞。

在一杯酥油或豬油中加入三湯匙的魔化藥草粉。將它們搗碎或混合在一起，同時將魔法需求視覺化，直到混合均勻，然後放入密閉容器中儲存。

另一種方法是低溫融化這些基底油，然後加入藥草，並浸泡約九分鐘，或直到藥草「炒熟」為止。使用油膏前要先行過濾並冷卻。

第三種方法更容易，將豬油或起酥油融化，加入適量精油，拌勻，然後冷卻。

使用油膏很容易：只需在脈搏處（手腕、頸部等）使用。這種油膏最好儲存在密閉容器中，並置於陰涼處。

精油

用蒸汽蒸餾和其他方法來萃取精油，成本幾乎都非常昂貴，不過我們

可以使用今日市面上的精油和種種合成油，來節省這一成本。許多所謂的「精油」，實際上只是合成的化學品，然而這並不表示不能使用它們來施作魔法，只要聞起來很好，就可以使用。

雖然本書沒有納入油類，但附錄中有提供各類精油的魔法作用。

精油的使用方式有很多種，可以塗抹在身上，揉進蠟燭中，灑在香包和人偶上，加入浴缸，在炭塊上燃燒，以及塗抹在植物根部等。

薰香

薰香的成分和使用本身就是一門藝術。

基本上，薰香是植物材料的任意組合，可能也混合有精油和基底油，在混合好後可在木炭上燃燒或悶燒（這種類型的薰香稱為「天然香」或「顆粒」，通常應用於魔法，不會做成棒狀或錐形）。

在魔法的使用中，燒香產生的振動就是一種法術，同時也要將魔法需求視覺化，而這也可以當作是在施行其他類魔法的背景。

在調製自己的薰香配方時，要記住一點：「更多」不見得是更好。任何超過九種材料的配方就可能過於複雜。實際運用上，只需挑選一些適合需求的植物即可。例如，調製愛情薰香，我可能會選擇檸檬香蜂草、荳蔻、肉桂、薑和香茉蘭。用研缽和研杵將藥草磨成粉末狀，然後加以魔化，所得的混合藥草便可立即使用。

要使用薰香，請點燃一塊木炭，將其放入耐熱容器中。用薰香爐很好，或是拿一個盤子，在當中放入鹽或沙子，使其半滿。施法期間，每隔幾分鐘就在燃燒的木炭上添撒少許的薰香。

但請記住，許多甜味植物在燃燒時的味道和平常聞起來差別很大，所以如果發現你的薰香聞起來不是很宜人，不用感到驚訝。這裡的重要因素是振動，而不是氣味。

四種通用法術

這些法術是在無計可施，或是在不想使用其他方法時使用。就跟任何其他的魔法一樣，可以根據個人的喜好和想像來稍作修改。

這些法術大多數應該要在戶外進行，但若稍加調整，也可以想辦法在室內進行。

雖然它們都和風土水火等四元素有關，但每個法術都可以應用於任何魔法需求，可單獨使用，或與其他法術搭配使用。比方說，如果我想要吸引愛情，可能會戴著一個香包，然後將藥草扔到波濤洶湧的海面上，就跟水系魔法一樣。

在使用藥草時，可以隨意發展自己的法術；這麼做非常好，而且法術是可以量身訂做的。

土系魔法

將適當的魔化藥草放入袋中，帶到野外。

徒手在地上挖一個小洞，然後將藥草倒入其中，期間努力地在腦中視覺化魔法需求。最後將藥草掩蓋，然後離開這個地方，就算是完成了。

風系魔法

站在山丘或山頂的空曠地方，遠離高大的樹木、建築物和其他山丘。

在你集中力量的手中握住適合的魔化藥草，面向北方，往北邊吹一點藥草；再轉向東方，重複這個魔法，然後向南方再做一次；在面朝西方時，吹掉手中所有的藥草。

整個過程必須一直盡力的將需求視覺化，如果你想的話，也可以以口語的方式念出來。

火系魔法

　　在一張剪成三角形的紙上寫下、或是以符號來表示你的魔法需求。在腦中將需求視覺化的同時，把合適的魔化藥草放在紙的中心，並將其緊緊捏緊，讓藥草好好包裹在紙張內。

　　若是你想要，也可以塗上油脂。

　　在戶外的坑洞或室內的壁爐中生火，然後把藥草包扔進火裡。

　　在藥草碰觸火焰時，努力視覺化魔法需求，持續到整個藥草包被火焰燃燒殆盡為止。

水系魔法

　　將適當的魔化藥草帶到河流、泉水、湖泊或海濱。將它們緊緊握在你集中力量的手中，在腦中視覺化魔法需求。以橫掃的動作，將藥草撒在水面上。這時，力量便能發送出去了。

Chapter 4

魔法意圖

魔法意圖只是簡單的魔法需求，愛是其中一個，錢財是另一個，第三個則是保護。本章會簡要討論一些最常見的魔法意圖，而表格和附錄中也列出了適合每種用途的藥草。

保護

用於這個項目的藥草數量龐大，可以明顯看出，保護是（一直以來都是）多數人關切的主題。本書中提到的大多數保護性藥草的效果很普遍，會保護攜帶者免於遭受身體和精神的攻擊，舉凡受傷、事故、毒藥、蛇咬、雷擊、邪靈、邪眼（evil eye）等。換句話說，它們具有一般的保護作用。

當然，一旦發生什麼事，它們並不會帶來多少幫助——保護性藥草應是用於預防。所以這並不意味著，若是戴著裝有保護作用的草根或一個香包，就可以輕鬆享受生活，不受俗事煩心。不過，隨身攜帶一點這些藥草，肯定有助於避免掉一些可能的禍事。

在今日的世界裡，我們應當用上一切可能的手段來保護自己，保護性藥草就是其中之一。這會在自家、財產或自我周圍創造出一道力場，隨身攜帶還可以增強身體的自然防禦力。

畢竟，一丁點的預防措施，遠勝於昂貴的治療啊！

愛情

啊！愛情。我們無止無休地尋求友誼、溫暖、性接觸、情感滿足，以及早上喝咖啡時能交談的人。

愛情魔法應該就是這樣的類型：吸引一個尚不確定其身分的人進入你的生活。因此，簡單來說，愛情藥草將會把你帶入能夠遇到他人的情況，幫助你克服害羞（若是有必要的話），並讓人明白這不僅僅是為了愛情。

愛情藥草（相對於慾望藥草；見第38頁）在尋找愛情時，會擴大其溫柔和情感的振動。一般來說，這會吸引到抱持同樣心態的人。

愛情藥草會召喚，而有興趣的人便會回應。

當然，這純然是發生在潛意識層面。沒有人會走近你，說：「嗨！我忍不住注意到你的愛情振動。」但若是你使用這些藥草，人們會更加關注你，你會結識新朋友，而在這些人當中，你或許可以找到一個愛人。

愛情藥草不應用來強迫或說服另一個人愛你，這不僅是對自由靈魂的操縱（若是有人對你這麼做，你會有什麼感受？），也不會起作用。愛是從共享的經歷和安靜的談話中萌生，是在黑暗房間裡的一瞥，是手指交纏，是進城裡度過的美好夜晚。即使開始時是一團迷戀，但真正的愛情是時間醞釀出來的產物。

愛情藥草頂多可以做到（若是用它來迷惑另一個人）混淆受害者的情

緒。起初彼此都會認為這似乎是愛，但它很快就會分解為一些不那麼吸引人的東西，成了一種情感上的奴役。以這種愛情魔法擄獲一個人，有點類似精神上的強姦。

最安全的做法是，使用愛情藥草來吸引幾個人進入你的生活，剩下的就得靠自己了。

驅魔

這種古老形式的魔法，今日依舊派得上用場，不一定是為了將邪魔從人或建築物中驅除，也可以作為清除日常生活所帶來的負面消極情緒。然而，淨化藥草即效力並不強大的驅魔藥草，通常無法擺脫邪惡的實體。

治療

有許多藥草有助於身體的復原，其中一些藥草的用途廣泛，另一些則較為針對性。

所有這些藥草都可以混合到香包中，隨身攜帶，藉以提高身體的復原能力。另外有些是以薰香形式進行，其他的則是加入浴缸中使用。

不過，如果是出現嚴重的病情或症狀，還請立即就醫。藥草魔法就跟所有魔法一樣，仍必須靠有形世界中適當與及時的行動來支援。例如，你不能抱著完全不準備的心態，想要靠一個咒語來通過考試。同樣的，也不要指望魔法能夠完全治癒你，除非你同時也試圖照顧自己的身體。這意味著，在必要時仍應尋求醫療協助。

健康

與大多數類型的魔法一樣，預防勝於治療。因此，若是容易健康不佳，隨時攜帶這些藥草可能是明智之舉。但是，請定期更換它們（每三個月左右更換一次）。

破除詛咒

我收到很多詢問，請教破除詛咒和解除咒語的方法。

其實有百分之九十九的人，無論當下或未來，都不是被降詛或下咒的對象。與一般的看法相反，邪惡的魔術師並不會埋藏在每棵樹的後面，好準備詛咒每個人消失。

一旦有人覺得自己遭到詛咒、下咒語，倒楣帶衰或是受到靈性攻擊的時候，通常可以找出一般的理由，來說明他們的狀況，而不是如他們心中所假想的遭人下咒的情況。

無論這些人有多麼確定自己的狀況，他們都只是生活和恐懼、擔憂的受害者。遭遇一連串的意外事故、災難、疾病、財務和情傷，甚至連車子出問題時，都會讓人陷入遭到詛咒的幻想。

雖然絕大多數的詛咒都是人想像出來的，但還是有些狀況是真的來自巫術的詛咒。

此外，心靈對身體有強大的影響，也是不爭的事實，如果自認遭到詛咒，通常也會展現出生理效應（若是真有其事的話）。

因此，有許多藥草因為其傳統功能，而被用作消除邪惡咒語和詛咒。而且，無論是否真有詛咒，它們都會奏效。

忠誠

雖然可用魔法來迫使你所愛的人忠貞不二，但這卻違反了魔法規則之一（不傷害），有些藥草可以用溫和的方式來提醒對方你的存在，並且防止遭遇不必要的誘惑。

所以，請抱持關愛之心來使用它們。

幸運

幸運只是在對的時間出現在對的地方，說出對的事情，並且根據本能行事的訣竅。若一個人天生就不是「幸運」的，便可以使用藥草來獲得這種能力。

至於這種「運氣」會如何顯現出來，則很難說，但運氣藥草通常會在人倒楣的時候施用，以期達到趨吉避凶的作用。

運氣藥草能讓你有能力為自己製造出「好」運氣。

慾望

好幾世紀以來，已經有人使用一些植物，來引發靠近植物者的性慾。令人毫不訝異的是，它們也經常被用來引發他人的慾望，甚至是在違背他們意願的情況下。

不過，有時也會將它們當作是愛情藥草來使用：吸引想要發生性關係的人，這種做法肯定比上述的情況要少一點操弄。

顯靈

某些類型的魔法是特別用來召喚靈體和所謂的「惡魔」，使其顯現可見。這些魔法通常使用魔法圈或三角。過程中藥草長時間燃燒，讓靈體能夠藉著煙霧為媒介而實體化。

雖然這種魔法較危險，而且難以施作，但仍然是魔法的傳統，所以我在本書中也納入這類藥草。

金錢

這些植物會增加人的賺錢機會，但並不是平空製造出鈔票。這些錢可能以意想不到的禮物或遺產的形式出現，但通常會展現在調薪、找到更好的工作、良好的投資，或是有人突然還錢等等。

為獲取金錢而施行魔法算是相當普遍。然而，很少有人真正需要錢，真正需要的是錢可以買到的東西。比方說，如果我需要足夠的錢來付賬單，我就會使用這些金錢藥草，同時努力在腦中想像我的帳單上面蓋著「全額支付」的印章，然後讓帳單消失。

給力量一個方向，它應該就會往那裡流動。

願望

本書從頭到尾都不斷強調，只有在需要時才使用魔法，或許這可當作在所有方法都失敗時的最後手段。

不過，我們總是會有些願望，可能不像需求那樣緊迫。然而，這些願望可能對情感和身體都很重要，因此可以使用魔法來達成，而藥草可以幫助實現這一目標。

Part 2

藥草

Chapter
5

如何讀懂藥草條目

每種藥草會以一篇資訊量不一的文章來介紹。為了便利查閱，多數資訊會濃縮成最簡單的形式，因此當中有一半的資料基本上是列出其命名、行星屬性、元素屬性和神祇屬性等。

以下簡單介紹本書每個藥草條目的概觀：

第一列是廣為人知的常用名。接著是學名中的屬名和種名（若是已經鑑種）。這些資料非常重要，因為有幾種藥草擁有相同的俗名，很容易混淆在一起，有了這些資料，就可以準確鑑種，避免誤判。

另外，若是該藥草有療效的話，便會列出藥用規範，解釋服用藥草可能導致的任何健康問題（均列於學名之後）。本書是出書十五週年的版本，書中資訊近來已經根據最新的藥草資訊更新過。如果內文中出現「有毒」一詞，表示此藥草絕對不能內服或外用。另外，除非有得到特別指示，否則切勿內服任何藥草（完整的健康代碼列表，請參閱第335頁）。

接下來會列出植物的民間俗名別稱，若有的話。

然後會列出此植物的性別。這是魔法藥草學中有點令人困惑的地方，但這其實只是一種古老的分類方式，是根據藥草基本的振動類型來區分。之

前在魔法藥草學中，我以「熱」和「冷」（就跟早期的藥草學家一樣）來避免性別歧視的意涵，但這種講法更令人困惑。不過，我還是覺得將月桂葉描述成是「雄性」，而柳樹為「雌性」有點不舒服。因此，最後採用「陽性」（masculine）和「陰性」（feminine）來表示每一種植物的性別。

陽性藥草具有強烈、火熱的振動。這些藥草可用於保護、淨化、破除巫術、驅魔、慾望、保持性能力、健康、力量、勇氣等等，也包含任何能夠強化心智的藥草在內。

陰性藥草的作用則是安定、細緻化與柔軟。因此，會用它們來吸引愛情、增加美麗、恢復青春、幫助治癒和發展心理能力、增強生育能力、吸引財富、促進幸福與和平，幫助睡眠和靈性，也會導致看見異象。

這是一種由於其傳統重要性而納入的類別，在判斷藥草是否具有魔法用途上很有幫助。

下一欄是掌控這植物的星體，若已知的話。雖然這裡並不會解釋行星屬性魔法，但長久以來早就將天體（包括太陽和月亮）與各種不同類型的魔法需求聯繫在一起。下面簡單列出一個簡表：

太陽：消除法律糾紛、治療、保護

月亮：睡眠、預言夢境、生育、和平、治癒

水星：心智能力、占卜、靈力、智慧

金星：愛、友誼、忠實、美貌、青春

火星：勇氣、力量、慾望、性能力、驅邪、破除咒語、保護

木星：金錢、發達、消除法律糾紛、運氣

土星：幻覺、長壽、驅魔、結束

接下來列出該植物的元素屬性，若已知的話。四元素是宇宙的基石

（分解力量的另一種方法），這套理論在我的另一本書《大地之力》中有更完整的解釋。在此僅作簡單說明，土、風、火和水這四元素存在於萬物之中，含量各不同，在藥草中也是如此。因此，每一種藥草自然都有其特定的魔法用途：

> 土：金錢、發達、生育、治療、就業
>
> 風：心智能力、幻覺、靈力、智慧
>
> 火：色慾、勇氣、力量、驅魔、保護、健康
>
> 水：睡眠、冥想、淨化、夢境預言、治療、愛情、友誼、忠實

從上表可以清楚看出，每種植物的性別、行星屬性和元素屬性之間的密切關連，而對於專家來說，這當中即包含了許多魔法資訊。

數百年來，有許多植物都與神靈有所關聯，所以若已知某個植物連結了特定相關的神祇，也會在此列出。這將為植物的魔法用途提供另一個線索，因為每種神祇屬性都帶有一種以上的影響力。就拿眾所皆知的金星為例，它代表著愛神，因此具有金星女神屬性的藥草便可用於愛情魔咒。

在每種藥草的力量總結後，另附有一簡易的參考資料。不過，當中所列的可能不會涵蓋文中提及的所有用途。

若是一植物在宗教中曾被當作魔藥使用過，會在儀式用途這一欄列出。最後一欄是魔法用途，開始討論每種藥草的主要內容，若無法取得或不相關的資訊，則予以省略。

藥草介紹

阿拉伯膠樹 ACACIA
（*Acacia senegal*）G

俗名別稱：角膠樹（Cape Gum）、埃及刺（Egyptian Thorn）、阿拉伯膠樹（Gum Arabic Tree）、Kikwata、Mkwatia、Mgunga、Mokala、塞內加爾金合歡、塞內加爾金相思

性別：陽性

行星屬性：太陽

元素屬性：風

神祇屬性：冥王奧賽里斯（Osiris），腓尼基神話中大地和生育女神阿斯塔特（Astarte），自然與豐收女神伊什塔爾（Ishtar），月亮與狩獵女神黛安娜（Diana），古埃及太陽神拉（Ra）

力量：保護、靈力

儀式用途：在印度，這種木材被用作聖火的燃料，也用於建造神廟。

魔法用途：將樹枝放在床上可避邪，在東方國家，會將其捲在頭巾內，也是基於一樣的道理。與檀木一起燃燒時，會激發出其靈力。在金錢和愛情的咒語中也會用到阿拉伯膠樹，但在後者中，僅會得到柏拉圖式的愛情。

亦可參見阿拉伯樹膠（見61頁）。

亞當與夏娃根
ADAM AND EVE ROOTS
（*Orchis spp.*）有毒

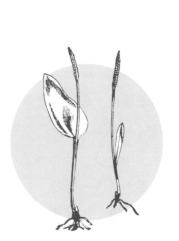

性別：陰性

行星屬性：金星

元素屬性：水

力量：愛情、幸福

魔法用途：在一小袋子中放入兩條根隨身攜帶，可吸引新戀情。若是想要擺脫強勁的情敵，也可將這藥草的兩條根縫在小袋子裡，隨身攜帶。送給一對情人，可確保他們的幸福持續。

艾德之舌 ADDER'S TONGUE
（*Erythronium amertcanum*）

俗名別稱：美鱒魚百合（American Trout-lily）、黃鱒百合（Yellow Trout-lily）、狗牙紫羅蘭（Dog's Tooth Violet）

性別：陰性

行星屬性：月亮

元素屬性：水

力量：治療

魔法用途：將一些艾德之舌浸泡在冷水中，然後將其塗抹在傷口或瘀青上（以一塊布包裹起來），直到藥草變暖。接下來，將濕藥草埋進泥濘的土地中，傷口便會癒合。

非洲堇 AFRICAN VIOLET
（*Saititpaulia ionantha*）G

俗名別稱：非洲紫苣苔、非洲紫羅蘭

性別：陰性

行星屬性：金星

元素屬性：水

力量：靈性、保護

魔法用途：在家中種植這種紫色花朵和植物，能提升住家的靈性。這種植物在生長時也具有輕微的保護作用。

毒蠅傘 AGARIC
（*Amanita muscaria*）有毒

俗名別稱：死亡天使（Death Angel）、死亡帽（Death Cap）、魔法蘑

菇（Magic Mushroom）、紅帽蘑菇（Redcap Mushroom）、神聖蘑菇（Sacred Mushroom）、飛葷（Fly Fungus）

性別：陽性

行星屬性：水星

元素屬性：風

神祇屬性：古希臘酒神戴歐尼修斯（Dionysus）

力量：生育

儀式用途：據推測，至少有一些古典時代的神秘宗教在舉行秘密儀式時，主要使用的藥草就是毒蠅傘。

魔法用途：放在祭壇上或臥室裡，可以增加生育能力。不幸的是，毒蠅傘的毒性很大，使用它是相當不明智的。

龍牙草 AGRIMONY

（*Agrimonia eupatoria*）G

俗名別稱：教堂尖頂（Church Steeples）、Cocklebur、Garclive、Philanthropos、Sticklewort、Stickwort、Umakhuthula、Ntola、仙鶴草

性別：陽性

行星屬性：木星

元素屬性：風

力量：保護、睡眠

魔法用途：可用於所有<u>保護型</u>的香包和法術，也能消除負能量和邪靈。它可以抵抗地精、邪惡和毒藥。

長久以來，龍牙草也用於<u>逆轉法師的咒語</u>，也就是說，它不僅可解除咒語，還會將其反彈回施法者身上。

根據古老的傳說，將龍牙草放在枕頭的下方，會讓人睡著，但千萬不要用它來<u>治療失眠</u>，因為睡眠者在移除此藥草前都不會醒來。

過去曾用龍牙草來檢測是否有巫婆的蹤跡。

瘧疾根 AGUE ROOT

（*Aletris farinosa*）DI *可能會和一些催產素（pitocin）產生拮抗作用

俗名別稱：瘧疾草（Ague Grass）、苦草（Bitter Grass）、黑根（Blackroot）、烏鴉玉米（Crow Corn）、Stargrass、Starwort、真麒麟根（True Unicorn Root）、獨角獸根（Unicorn Root）、Aletris、熾熱之星（Blazing Star）

力量：保護

魔法用途：撒在家裡，可<u>防止邪惡入侵</u>，放在香包中，亦有同樣的效果。此外，亦用於破除咒語、淨化儀式以及混合藥草中。

紫花苜蓿 ALFALFA

（*Medicago saliva*）G

俗名別稱：水牛草（Buffalo Herb）、路蒸
（Lucerne）、紫苜蓿（Purple Medic）、Jat、
Qadb、牧蓿、苜蓿

性別：陰性

行星屬性：金星

元素屬性：土

力量：發達、止飢、金錢

魔法用途：放在家中可以避免陷入貧困和飢餓。最好放在櫥櫃或餐具室的小
罐子中。此外，將紫花苜蓿燒成灰燼，撒在房子周圍，也有同樣的效果。紫
花苜蓿也用於招財法術。

染色朱草 ALKANET

（*Alkanna tinctoria, Anchusa spp.*）X

俗名別稱：戴爾的牛舌（Dyer's Bugloss）、
染匠朱草

性別：陰性

元素屬性：水

力量：淨化、發達

魔法用途：將染色朱草當成薰香來燒，可淨化負面的領域，也用來促成各種
形式的發達。

多香果 ALLSPICE

（*Pimenta officinalis*或*P. dioica*）G

俗名別稱：Eddo、Madere、Basheen、Kouroubaga、眾香子、牙買加胡椒

性別：陽性

行星屬性：火星

元素屬性：火

力量：金錢、運氣、治療

魔法用途：將多香果當成薰香來燒香，可招財或增添好運，也會加到這類魔法的混合藥草中。多香果也用於加強治療。另見牙買加胡椒（見260頁）

杏仁 ALMOND

（*Prunus communis, P. dulcis*）其中*P. duclcis*為苦杏仁，需注意不可內服，因為含有氰甙（一種有毒氰化物）。

俗名別稱：希臘果（Greek Nuts）

性別：陽性

行星屬性：水星

元素屬性：風

神祇屬性：古羅馬復生之神阿提斯（Attis），羅馬神話中神的信使及商人守護神墨丘里（Mercury），古埃及智慧之神托特（Thoth），夢神兼神的信使赫米斯（Hermes）

力量：金錢、發達、智慧

魔法用途：杏仁的果實、葉子和木材可用於發達和金錢法術。此外，據說爬杏仁樹可確保商業投資的成功。

吃杏仁可以治療發燒或退燒，並為服用者帶來智慧。在飲酒前吃五顆杏仁，可防止中毒。

有的魔杖是以杏仁木製作，因其是風向植物，在某些傳統中，這是魔杖的元素屬性。

最後一點，將杏仁放在口袋裡，它會帶領你走向寶藏。

蘆薈 ALOE

（*Aloe vera, A. spp.*）新鮮的：X；乾燥的：P, N, Dh, X

俗名別稱：燙傷草（Burn Plant）、藥草（Medicine Plant）、Saqal、Zabila

性別：陰性

行星屬性：月亮

元素屬性：水

力量：保護、運氣

魔法用途：蘆薈是一種常見的室內植物，也具有保護作用。可以驅邪，並預防家庭事故。在非洲，人們會將蘆薈懸掛在房屋和門上，藉以趨吉避凶。

在墨西哥，用線將整顆大蒜串起來，製成一大蒜圈，裝飾著聖徒照片、魔藥、岩石、岩鹽、松子，以及新鮮切下來的一大把蘆薈。將這些掛在家裡，具有保護、好運和招財等作用。

沉香 ALOES,WOOD
（*Cardia dichotoma, Aquilaria agallocha*）

俗名別稱：Lignum Aloes、Lolu、Mapou

性別：陰性

行星屬性：金星

元素屬性：水

力量：愛、靈性

魔法用途：在經過很長一段不易取得的時期後，今日沉香的取得變得日益普遍。在魔法歷史中，已經使用沉香好幾個世紀，因此將其納入本書中。

在古代，埃及人曾用來吸引好運，在文藝復興時期的召喚儀式中，會將其當成薰香來燒。它具有高靈性的振動，若是攜帶或穿戴在身上，會帶來愛情。現代魔藥師會用沉香來強化藥草效能，加入少許在其他混合藥草中，可強化魔法的效力。

藥蜀葵 ALTHEA
（*Althaea officinalis*）G

俗名別稱：棉花糖（Marshmallow）、搗碎根（Mortification Root）、甜雜草（Sweet Weed）、Wymote、Heemst、Slaz、白錦葵

性別：陰性

元素屬性：水

力量：保護、靈力

魔法用途：藥蜀葵長期以來一直都用在保護儀式中，也是一種很好的靈力誘發劑。要達到這種效果，可將其當成薰香來燒，或是製成香包隨身攜帶。

藥蜀葵也被認定是一種很好的「招神」（spirit-puller）處方。也就是說，將其放在祭壇上，可以在儀式中招來善靈，這是常見的巫毒教法術。

庭薺 ALYSSUM
（*Alyssum spp.*）G

俗名別稱：艾莉森（Alison）、Madwort

力量：保護、化解憤怒

魔法用途：古羅馬《藥物論》作者迪奧斯克里德斯（Dioscorides）建議將庭薺當作護身符，因為它具有「破除魔咒」的能力。掛在房子裡能防止迷戀，這種魔法過程也稱為「魅力」（glamour）。若是握在手中或放在身上，庭薺也能夠平緩人的憤怒，甚至有傳言表示可用來治療狂犬病。

千穗谷 AMARANTH
（*Amaranthus hypochondriacus*）

俗名別稱：不朽之花（Flower of Immortality）、Huauhtli（阿茲特克語）、流血的愛之謊言（Love-Lies Bleeding）、紅色雞冠花（Red Cockscomb）、天鵝絨花（Velvet Flower）、公

主羽毛（Princess Feather）、Floramon、千穗莧、籽粒莧、籽粒芡、莧米

性別：陰性

行星屬性：土星

元素屬性：火

神祇屬性：狩獵女神阿緹密絲（Artemis）

力量：治療、保護、隱形

儀式用途：千穗谷用於異教徒的埋葬儀式。曾被墨西哥的西班牙殖民官所禁用，因為阿茲特克人會使用在他們的儀式中。

魔法用途：將千穗谷做成的花冠戴在頭上，可加速療癒。要確保不會遭槍彈擊中，最好是在滿月的星期五時拔起整棵千穗谷（包括根部）。向這株植物獻上祭品，然後用一塊白布將全株（含折疊起來的根部）包裹起來，並戴在胸前，就可「防彈」。

過去曾用乾燥的千穗谷花來召喚死者，也會用來「治療情傷」，即修補一顆破碎的心。

戴上千穗谷花圈可隱形。

歐洲白頭翁 ANEMONE

（*Pulsatilla vulgars*）X

俗名別稱：草甸海葵（Meadow Anemone）、Pasque Flower、Passe Flower、風花（Wind Flower）

性別：陽性

行星屬性：火星

元素屬性：火

神祇屬性：春季植物之神狩獵人阿多尼斯（Adonis），愛神與美神維納斯
（Venus）

力量：健康、保護、治療

魔法用途：春天第一次看到時，採集其花朵，用紅布包起來，穿戴或攜帶在
身上，可預防疾病。在花園裡種植紅色的歐洲白頭翁，可以同時保護花園和
家庭。在所有的治療儀式中都使用盛開的花朵。

歐白芷 ANGELICA

（*Angelica archangelica*）P, S

俗名別稱：天使草（Archangel）、主人草
（Masterwort）、當歸（Garden Angelica）

性別：陽性

行星屬性：太陽

元素屬性：火

神祇屬性：羅馬神話中的愛神與美神維納斯

力量：驅魔、保護、治療、幻覺

魔法用途：種植這種植物會產生保護作用。用於所有保護型和驅魔型的薰
香。將歐白芷撒在房子的四個角落，或是沿著房子周邊撒，可防止邪靈。加
到浴缸中，可以破除詛咒、咒語，和任何可能加諸在你身上的法術。

在一些印第安部落中，會將歐白芷的根放在口袋中，作為賭博的護身符。

歐白芷也用於治療用的薰香，加在混合藥草中，據說將其葉子拿來當菸
吸，能夠讓人產生幻覺。

大茴香 ANISE
（*Pimpinella anisum*）P

俗名別稱：Anneys、大茴香子（Aniseseed）、
Yanisin、甜孜然（Sweet Cumin）、西洋茴香、
洋茴香、茴芹、歐洲大茴香

性別：陽性

行星屬性：木星

元素屬性：風

力量：保護、淨化、青春

魔法用途：將大茴香的籽裝滿整個枕頭套，睡在上面，可確保不再做噩夢。
可製作用於保護和冥想的薰香。在房間放置新鮮的大茴香葉，可驅除邪惡，
有時也放在魔法陣周圍，保護法師免於惡靈的傷害。也可用來閃避邪眼。
大茴香茴芹籽可用於淨化的沐浴，經常會搭配月桂葉一起使用。也會用來召
靈，幫助魔法操作，若是掛一根小枝在床柱上，能夠恢復失去的青春。

蘋果 APPLE
（*Pyrus spp.*）種子：大量使用會產生毒性

俗名別稱：上帝之果（Fruit of the Gods）、冥
界之果（Fruit of the Underworld）、銀枝（Silver
Branch, The Silver Bough）、愛之樹（Tree of
Love）

性別：陰性

行星屬性：金星

元素屬性：水

神祇屬性：愛神與美神維納斯，古希臘酒神戴歐尼修斯，威爾斯神話中的巨人女兒奧爾文（Olwen），希臘羅馬神話中的光明之神、文藝之神、太陽神阿波羅（Apollo），古希臘神話中的天后赫拉（Hera），古希臘掌管法律與秩序的勝利與智慧女神雅典娜（Athena），希臘神話中代表愛情、美麗與性慾的女神阿芙蘿黛蒂（Aphrodite），月亮與狩獵女神黛安娜，古希臘眾神之神宙斯（Zeus），北歐神話的青春女神伊達納（Iduna）

力量：愛情、治療、花園魔法、不朽

儀式用途：八月十三日是希臘的戴安娜音樂節（也是羅馬神話中維納斯的節日），在這一天，所準備的祭品中包含了還附在樹枝上的蘋果。

由於蘋果被認為是死者的食物之一，因此在死神節（又稱重生節、萬聖節或薩溫節〔Samhain〕）的巫術祭壇上，常常會擺放成堆的蘋果。基於這個原因，薩溫節有時又稱為「蘋果盛宴」。

蘋果是不朽的象徵，一根帶有花蕾、鮮花和成熟果實的蘋果樹枝（有時稱為銀枝），具有一種魔力，能讓擁有者進入凱爾特神話中的神界與冥界。

在古老的英國民謠〈湯瑪士・拉默〉（Thomays the Ryrmour）中，仙界的女王警告湯瑪士不要吃任何掛在花園裡的蘋果和梨子，因為吃亡者的食物，就無法再回到生命世界中。

在一些威卡教（Wicca）的傳統中，蘋果是靈魂的象徵，因此會在薩溫節時埋進土裡，好讓那些在春天重生的人能夠在寒冷的冬季裡食用。

魔法用途：蘋果長久以來一直用於愛情咒語。將蘋果花放入愛情香包，熬煮並調和薰香，讓它們融化在粉紅色的蠟中，然後風乾，就能製作出吸引愛情的蠟燭。

有個簡單的蘋果愛情魔法，只要將蘋果切成兩半，與所愛的人分享即可。這

可以確保兩人在一起時很快樂。

另一種類似的法術是將蘋果拿在手裡，直到變暖，然後把它交給你心儀的人。如果他或她吃了蘋果，你的愛將會得到回報。

蘋果也用在愛情占卜中，幾個世紀以來廣為歐洲未婚女性使用。簡單地將蘋果切成兩半，計算種子數量。若兩半的種子數量是一樣的，代表很快就會結婚。若是有一顆種子被剖開了，可能彼此關係會很火爆。若是有兩顆種子被剖開，則是變成寡婦的前兆。但是，如果兩半的種子數量不等，便表示該女性會繼續維持單身一陣子。

最後再提一個蘋果的愛情咒語。摘一顆「還沒從樹上掉下來的」蘋果，用一把鋒利的刀子在上面刻下：Aleo + Deleo + Delato。

一邊刻寫，一遍唸出下面的話：

> 蘋果，我用這些名字來召喚你，將這些刻寫在你身上，讓碰觸和品嚐你的那女子（或男人），可能會愛上我，在火熔化蠟時也燃燒我的愛。
>
> （I conjure thee, apple, by these names which are written on thee, that what woman (or man) toucheth and tasteth thee, may love me and burn in my love as fire melteth wax.）

然後將這蘋果拿給你的心上人，但在此要特別警告，這個咒語（就像多數的愛情魔咒一樣）已經非常接近「操縱」的邊界。

若是要進行治療，將蘋果切成三塊，拿去摩擦身體受傷的部位，然後將蘋果埋起來。在月相消蝕的期間進行這個程序（儀式），便可以消除疾病。

要避免發燒，就吃一顆蘋果。

若你是園丁，將蘋果酒倒入剛翻好的土壤中，在種植前賦予其生命。在進行

樹祭前，也在根部倒上祭祀用的奠酒。若是要種蘋果樹，在收穫後埋下十三片蘋果樹的葉子，便可確保明年蘋果的品質。

挪威人及許多其他民族都認為吃蘋果能獲得智慧和長生，蘋果樹的木材可用作長壽魔咒的配方。

蘋果木可以用來製作絕佳的魔杖，而且特別適合應用在情感魔法以及愛情儀式中。

在古老的食譜中，會使用蘋果酒來代替血。

可將蘋果塑形成人偶造型或其他魔法形體，用於魔咒中，或者也可用蘋果木材來雕刻形象。

吃蘋果前，先行揉搓，以去除任何可能藏在裡面的惡魔或邪靈（永遠不會太過小心）。

最後一點，獨角獸會生活在蘋果樹下（還有歐洲梣樹），所以，若你知道哪裡有蘋果園，可以在起霧的日子裡靜靜地去那裡。可能會看到一匹像馬一樣的動物，頭上有一隻角倏地升起，靜靜地咀嚼著甜美的魔法蘋果。

杏桃 APRICOT

（*Prunus armeniaca*）種子：X

俗名別稱：Umubli nkosi、杏仁

性別：陰性

行星屬性：金星

元素屬性：水

神祇屬性：愛神與美神維納斯

力量：愛情

魔法用途：吃杏桃可獲得甜美的性格，另一種做法是在愛情咒語和「魔藥」中加入其果汁。可將杏桃的葉子和花朵加到愛情香包中，攜帶其種子也可吸引愛情。

阿拉伯樹膠 ARABIC, GUM
（*Acacia Senegal, A. vera*）G

俗名別稱：阿拉伯膠（Arabic）、埃及樹膠（Egyptian Gum）、印度樹膠（Indian Gum）

性別：陽性

行星屬性：太陽

元素屬性：風

力量：靈性、淨化

魔法用途：添加到薰香中，可以達到良好的能量振動，或者將其個別放在木炭上悶燒。可淨化負面能量和邪惡的領域。

另見阿拉伯膠樹（見45頁）。

草莓樹 ARBUTUS
（*Arbutus unede*）G

性別：陽性

行星屬性：火星

元素屬性：火

神祇屬性：羅馬神話中掌管門軸和門檻的女神卡爾迪亞（Cardea）

力量：驅魔、保護

魔法用途：羅馬人用它來驅逐邪惡，保護孩童。從古希臘時代開始，也用於驅魔。

阿魏 ASAFOETIDA

（*Ferula assa-foetida, Ferula foetida, Ferula rurbicaulis*）P，不可給腹絞痛的孩子食用。

俗名別稱：Assyfetida、惡魔糞（Devil's Dung）、眾神之神（God of the Gods）、Ungoozeh、阿虞、興渠、薰渠、哈昔尼、芸臺

性別：陽性

行星屬性：火星

元素屬性：火

力量：驅魔、淨化、保護

魔法用途：可在驅魔型和保護型的薰香中加入少量，也用於保護型的香包，但會聞到奇怪的味道。在魔法儀式中，會將其扔到火上或是置於香爐裡，可破壞靈的現身。

有時用作護身符來預防感冒和發燒，通常是將其戴在脖子上。

儘管阿魏的力量強大，可惜它的氣味特別可怕，只要聞到一點點，也會讓人作嘔想吐，請小心使用。

歐洲梣樹 ASH
（*Fraxinus excelsior* 或 *F. americana*）

樹皮：G

俗名別稱：Nion、Asktroed、Jasen Beli、
Freixo、歐洲白蠟樹

性別：陽性

行星屬性：太陽

元素屬性：火

神祇屬性：古希臘神話的天空之神烏拉諾斯（Uranus），希臘神話中的海神
波塞頓（Poseidon），北歐神話中的戰神與農業之神、雷神索爾（Thor），
日耳曼神話中至高無上的主神沃登（Woden），羅馬神話中的海神納普敦
（Neptune），羅馬神話中的戰神瑪爾斯（Mars），威爾斯神話人物格威迪
昂（Gwydion）

力量：保護、發達、祭海、健康

儀式用途：對古代條頓人來說，歐洲梣樹代表「世界之樹」（Ygdrasill），
這是他們對宇宙的概念，因此十分崇敬這種樹。

魔法用途：將一塊歐洲梣樹的木材雕刻成一個太陽十字架（即四臂等長的方
形十字架）當作護身符，可在出海時預防溺水。這也用於祭海儀式，因為它
具有水的力量。

將歐洲梣樹的葉子放置在枕頭下，會誘發預言夢境。

因為一般認為這種樹具有保護作用，所以在門柱上掛一把歐洲梣樹樹枝，可
避開負面的影響。

過去曾將綠色樹皮製成襪帶，穿戴起來可形成一個保護層，藉以抵抗巫師和
魔法師的力量。

將葉子撒在房子或某個區域的四方，具有保護的作用，亦可用在保護型香包和法術中。

用於治療的魔杖有時也會使用歐洲梣樹的木材來製作；將幾片葉子放在床邊的一碗水中，靜置一夜，可以預防疾病。不過，需每天早上將水倒掉，每晚再重複同樣的儀式。

若是有人或動物被蛇咬傷，可以將歐洲梣樹的小枝做成小環，綁在遭到咬傷者（無論是人類還是其他動物）的脖子上，便能治癒蛇傷（當然，直接使用蛇傷急救盒，打電話給醫生，也沒有什麼壞處）。這個法術可能是有效的，因為蛇天生就怕歐洲梣樹，不會爬到其樹上。

若是在耶穌聖誕節（Yule）時燃燒歐洲梣樹，或者用其樹根雕刻成人偶祈福，將能促進繁榮發達。

歐洲梣樹會吸引閃電，所以在雷電交加的風暴期間不要站在樹下。

若是希望剛誕生的孩子成為一名優秀的歌手，就把他的第一個剪下來的指甲埋在歐洲梣樹下。

要獲得異性的愛，可隨身攜帶歐洲梣樹的葉子。

歐洲白楊木 ASPEN
（*Populus grandidentate*）G

俗名別稱：白楊（Poplar）、Quaking Aspen

性別：陽性

行星屬性：水星

元素屬性：風

力量：口才、防竊賊

魔法用途：用於防竊盜的法術，在花園或田裡種歐洲白楊木，可防小偷。
如果想要擁有雄辯滔滔的口才，可在舌下放一片歐洲白楊木的葉子。在美國
某些地方，稱這種樹為「顫楊」，用於這裡所列出的魔法。在美國其他地
方，則稱為「白楊」，有不同的用途。

另見白楊（見267頁）。

翠菊 ASTER
（*Callistephus chinensis*）G

俗名別稱：中國翠菊（China Aster）、
Michaelmas、Daisy、Starwort、五月菊、
雲南菊、江西臘

性別：陰性

行星屬性：金星

元素屬性：水

神祇屬性：愛神與美神維納斯

力量：愛情

儀式用途：翠菊對所有的神來說都是聖物，古希臘人在祭典期間會將其放在
寺廟的祭壇上。

魔法用途：用於愛情香包，攜帶盛開的花會贏得愛情。有人將其種在花園
中，也是抱持獲得愛的希望。

歐亞路邊青 AVENS
（*Geum urbanum*）X

俗名別稱：Assaranaccara、Bennet、恩賜草（Blessed Herb）、丁香根（Clove Root）、Colewort、黃金星（Golden Star, Goldy Star）、飛毛腿（Harefoot）、Herb Bennet、Minarta、Pesleporis、地上的星星（Star of the Earth）、Way Bennet、黃色路邊青（Yellow Avens）

性別：陽性

行星屬性：木星

元素屬性：火

力量：驅魔、淨化、愛情

魔法用途：用於驅魔型的薰香和混合藥草中，或是撒在要施法的區域周圍。也用於淨化儀式。

當作護身符佩戴或攜帶時，可以防止有毒動物的攻擊。

美國印第安男性以此來贏得異性的愛。

酪梨 AVOCADO
（*Persea americans*）葉子、樹枝、種子：X

俗名別稱：Ahuacotl（阿茲特克語：「睾丸樹」）、鱷梨（Alligator Pear）、Persea、Zaboca、奶油果、油梨、樟梨

性別：陰性

行星屬性：金星

元素屬性：水

力量：愛情、慾望、美貌

儀式用途：埃及人會崇拜酪梨。

魔法用途：古代的阿茲特克人咸信，吃酪梨的果實會充滿慾望。不妨在家從酪梨的種子開始種起，並將愛灌注進去。

酪梨木製成的魔杖是一強大的萬能工具。隨身攜帶其種子可變美。

矢車菊 BACHELOR'S BUTTONS
（*Centaurea cyanus*）G

俗名別稱：惡魔花（Devil's Flower）、紅石竹（Red Campion）、藍花（Bluet）、Hurtlesickle、藍瓶子（Blue Bottle）、藍芙蓉、車輪花、矢車草

性別：陰性

行星屬性：金星

元素屬性：水

神祇屬性：英國民間傳說中喜愛惡作劇的小妖精羅賓・古德飛妻（Robin Goodfellow）

力量：愛情

魔法用途：女性將這種花佩戴在胸前，能吸引男人的愛。或者將一朵花放在口袋裡，花會根據追求的成敗，呈現凋萎或保持新鮮感。

檸檬香蜂草 BALM, LEMON

（*Melissa officinalis*）G

俗名別稱：蜜蜂花（Bee Balm）、檸檬香脂草（Lemon Balsam）、香蜂葉（Melissa）、甜蜂草（Sweet Balm）、甜香蜂（Sweet Melissa）、Tourengane、Oghoul、香蜂草、檸檬薄荷

性別：陰性

行星屬性：月亮

元素屬性：水

力量：愛情、成功、治療

魔法用途：根據阿拉伯的魔藥學，檸檬香蜂草可用來影響愛情。將這種草浸泡在葡萄酒中幾小時，瀝乾後與朋友分享，或隨身攜帶，能尋找愛情。

也用於治療魔法中，古羅馬博物學家普林尼（Pliny）說它的力量非常強大，若是將其碰觸劍所造成的傷口，受傷處會立即停止流血。儘管今日劍傷很少見，但檸檬香蜂草依舊用於治療型的薰香和香包中。

檸檬香蜂草也用於確保成功的法術，若是有養蜜蜂，可在蜂巢上塗擦這種藥草，這會引來新的蜜蜂，並讓舊的蜜蜂繼續留在蜂巢裡。

基列香膏 BALM OF GILEAD

（*Commiphora balsamea, opobalsamum, Populus Abies balsamifera var. balsamifera, P. jackii*）G

俗名別稱：Balessan、膠冷杉（Balsam Tree）、基列乳香（Balsumodendron

Gileadensis）、Bechan、麥加樟樹（Mecca Balsam）、阿勃參

性別：陰性

行星屬性：金星

元素屬性：水

力量：愛情、顯靈、保護、治療

魔法用途：攜帶基列香膏樹的枝枒，可修復一顆破碎的心，或是吸引新的愛情。亦可將它們浸泡在紅酒中，作為簡單的愛情飲品。也被當作通靈材料的燃燒基底，用於保護和治療。

有許多植物都稱為香膏，所以在購買或挑選時要再行確定！

竹子 BAMBOO

（*Bambusa vulgaris*）G

俗名別稱：竹（Common Bamboo）、Ohe（夏威夷語），Kauayan-kiling

性別：陽性

神祇屬性：夏威夷神話中的月神希娜（Hina）

力量：保護、運氣、破除咒語、願望

儀式用途：在中國的寺廟中會用竹子占卜。法師將竹片往祭拜者處丟去，根據其落地的方式，來解讀是吉兆還是凶兆。

魔法用途：將願望刻在一竹片上，埋葬在一個僻靜的地方。或是在一段竹子上刻出五角的星形，這是保護的符號，將其埋在土中，就可以保護家園。

將竹子種在房子附近，會為房子和居住者帶來好運。也可將竹子放在門

上，因為其材質永遠不會變色，會帶來幸運。

竹子可用於破除咒語，可放在香包中隨身攜帶，或是種在房子附近，再不然就是將竹子壓成粉末（稱為bamba wood）燃燒。

中國人以竹子作為對抗邪靈的符。要召喚善靈，可用竹子製作長笛，將靈的名字（如果有的話）刻在竹笛上，即興演奏一段旋律。

香蕉 BANANA
（*Musa sapientum*）

俗名別稱：Maia（夏威夷語）、Bacove、Sanging

性別：陰性

行星屬性：金星

元素屬性：水

神祇屬性：夏威夷神話中的海神卡納羅瓦（Kanaloa）

力量：生育、性能力、發達

儀式用途：在夏威夷和大溪地向神靈獻祭時，有時會以香蕉柄代替人類祭品。在夏威夷，直到一八一九年破除kapu（一種禁忌的密碼）前，某些種類的香蕉是女性禁止食用的食物，偷吃者會被處死。當代巫毒教儀式中，會將香蕉樹用來代表神靈，因為祂們和香蕉花一樣，都是雌雄同體的。

魔法用途：香蕉可用於增加生育能力，也用於治療性無能。也許是因為這些神奇的力量，所以如果新娘是在香蕉樹下結婚，好運就勢不可擋。

由於香蕉樹結果豐碩的特性，所以香蕉的葉子、花朵和果實都被用於和金錢、發達相關的法術中。

奇怪的是，古人相信，絕不能切香蕉，只能將其折斷。

孟加拉榕 BANYAN

（*Ficus benghalensis*）G

俗名別稱：拱形無花果樹（Arched Fig）、印度
無花果樹（Indian Fig Tree）、印度神樹（Indian
God Tree）、瓦達樹（Vada Tree）、尼拘樹

性別：陽性

行星屬性：木星

元素屬性：風

神祇屬性：玻里尼希亞神話中半人半神的英雄毛伊（Maui）

力量：運氣

儀式用途：印度教徒對孟加拉榕十分敬重，會將其種植在寺廟周圍。這種樹
在夏威夷和玻里尼希亞宗教中，都跟毛伊神的崇拜有關。

魔法用途：光是坐在一棵孟加拉榕樹下，或是看著它，就能帶來好運。在樹
下舉行婚禮，可確保夫妻的幸福。

大麥 BARLEY

（*Hordeum spp. vulgare*）發芽的種子：P

俗名別稱：麥芽（Malt）

性別：陰性

行星屬性：金星

元素屬性：土

力量：愛情、治療、保護

魔法用途：在一些愛情法術中，會使用大麥的穀
粒及水來施行。

牙痛時，可用大麥來治療。拿一根大麥秸稈繞在
一顆石頭周圍，利用觀想，將牙痛注入石頭中，
然後將石頭扔進河裡或任何流動的水中，看著你
的疼痛就此被水沖走。

可將大麥撒在地上，防止邪惡和負面能量入侵。

羅勒 BASIL

（*Ocimum basilicum*）攝取高於平均食物量時，
對嬰幼兒為P, N, X。

俗名別稱：Albahaca，American Dittany，「我
們的藥草」（Our Herb）、聖約瑟夫草（St.
Joseph's Wort）、甜羅勒（Sweet Basil）、女
巫草（Witches Herb）、Njilika、Balanoi、
Feslien、九層塔

性別：陽性

行星屬性：火星

元素屬性：火

神祇屬性：印度教中責維護世界存續的主神毗濕奴（Vishnu），巫毒教的愛

神爾茲莉（Erzulie）

力量：愛情、驅魔、財富、飛行、保護

魔法用途：新鮮羅勒的香味會引發兩人之間的同理心，這就是為何過去會用它來和緩戀人間的脾氣。一般會添加到愛情薰香和香包中；直接在皮膚上摩擦新鮮的葉子，可當作一種天然的愛情香水。

在東歐，曾經認為年輕男子會愛上任何從她手中接過一根羅勒的女人。

羅勒也用於愛情占卜。將兩片新鮮羅勒葉放在點燃的煤碳上，如果它們迅速燃燒成灰燼，那麼婚姻（或關係）將會很和諧；若是產生一些劈啪聲，那兩人關係中將會受到爭吵的干擾。若是葉子在激烈的劈啪聲後飛散開來，則關係預計相當不看好。

想知道某人是純潔還是淫亂？只需在他們手上放一枝新鮮羅勒，如果那人充滿「愛之光」，羅勒會立即枯萎。

在口袋隨身攜帶羅勒可招財，有人會在收銀臺或門檻上擺放羅勒，以吸引顧客到營業場所。

羅勒也用於確保配偶的忠誠。在他或她睡著的時候，將羅勒粉撒在其身上，特別是心臟部位，忠誠會一直鞏固在你們的關係中。

將羅勒撒在地板上，因為有它的地方，邪惡就無法生存。在驅魔薰香和淨化沐浴中的藥草也會使用。有時會在房屋的每個房間放置少量，以達到保護的作用。

也有人使用羅勒來避免山羊靠近家園、預防醉酒。

據說巫婆在飛行前會喝下半杯羅勒汁。

羅勒也可以用來節食，但必須要靠他人的幫助，不能讓節食者得知意圖。在一個古老的咒語中，提到偷偷地將羅勒擺在某人碗盤下方，那麼他或她就無法吃下任何一口菜。

羅勒可以作為禮物，給搬新家者帶來好運。

月桂葉 BAY
（*Laurus nobilis*）G

俗名別稱：Baie、Bay Laurel、月桂樹（Bay Tree）、Daphne、Grecian Laurel、月桂冠（Laurel）、桂冠樹（Laurier d'Apollon）、Laurier Sauce、Lorbeer、Noble Laurel、Roman Laurel、甜月桂（Sweet Bay）

性別： 陽性

行星屬性： 太陽

元素屬性： 火

神祇屬性： 希臘神話中的醫神阿斯克勒庇俄斯（Aesculapius），希臘羅馬神話中的光明之神、文藝之神、太陽神阿波羅，羅馬神話中主管農業和豐收的女神色列斯（Ceres），羅馬神話中半人半羊的精靈法翁（Faunus），希臘神話中掌管性慾的愛神厄洛斯（Eros）

力量： 保護、靈力、治療、淨化，力氣

儀式用途： 古代阿波羅的女祭司會咀嚼月桂葉以進入預言狀態，還會吸其煙霧。在古日耳曼民族的宗教節日耶魯節（Yule），也就是日後接受基督教化而更名的聖誕節，會用月桂葉來作裝飾品。

魔法用途： 在熬煮預言和智慧型藥草時會使用月桂葉，儘管它的味道很濃。將月桂葉放在枕頭下，會誘發預言夢境，燃燒它也會來引發幻覺。

這是一種絕佳的保護型和淨化型藥草，可當作護身符攜帶，抵禦負面力量與邪惡；在驅魔儀式中會燃燒它，或是撒落在四周；放在窗戶上，可預防閃電雷擊；掛在家中可防鬧事搗亂者的任何惡作劇。在淨化儀式中，會拿一根月桂的樹枝來灑水；在家附近種月桂樹，可保護家人免於受到疾病侵害；將月

桂葉與檀香混合一起燃燒，可破除詛咒和惡意的咒語。

要確保愛情永駐，伴侶應從月桂樹上折下一根樹枝，然後將它分成兩半，一人保管一半。

選手在摔跤和體育比賽時佩戴月桂葉，可獲得力氣。將願望寫在月桂葉上，然後將其燃燒，便能成真；在嘴裡含一片月桂葉，可以去除楣運。

菜豆 BEAN

（*Phaseolus spp.*）不能食用的豆類，可能有毒。

俗名別稱：窮人的肉（Poor Man's Meat）

性別：陽性

行星屬性：水星

元素屬性：風

神祇屬性：希臘神話中掌管農業、穀物和母性之愛的地母神狄蜜特（Demeter），羅馬神話中掌管門軸和門檻的女神卡爾迪亞

力量：保護、驅魔、除疣、調解、性能力、愛情

儀式用途：有些菜豆的花是白色的，對收穫女神而言是神聖的，因此是獻給古老女神的聖物。在蘇格蘭，根據傳統只有最高層級的女祭司可以種植或烹煮菜豆。古羅馬在六月一日，會將菜豆連同豬肉一起獻給女神卡爾迪亞。

菜豆也與冥界和死者有關，在古羅馬，葬禮期間會發送菜豆供人食用。

魔法用途：一般來說，在古典時期（現在仍然）會用菜豆來抵抗邪惡巫師的迷術。把菜豆含在嘴裡，然後朝施法者吐去。

乾燥的菜豆可作為護身符攜帶，抵抗負面和邪惡的魔法。也做成搖鈴來嚇跑惡靈，特別是那些會進入人體，導致人生病的。

要避免惡靈，需一口氣連說三次：

> 藍色囊袋裡有三顆藍豆（Three blue beans in a blue bladder.）
> 嘎嘎響、囊袋、嘎嘎響。（Rattle, bladder, rattle.）

與伴侶爭吵，女方攜帶三串用絲線串好的菜豆兩天，能迅速和伴侶和解。
若是隨身攜帶或吃食菜豆類，有助於治療陽痿，因其外型類似睪丸。
有個菜豆的愛情魔咒：一名女性在地面上以七顆菜豆擺成一個圓圈，接下來，她必須讓心儀的男人走進圓圈或是走過去。若是完成這個步驟，他就會被她所吸引（但注意，這也可能是在操弄人心）。
要治療疣，在月亮由盈轉虧時，以乾燥的豆子在疣上摩擦。一邊唸著：

> 隨著這豆子爛去，疣也跟著掉落！
> （As this bean decays, So wart, fall away！）

蓬子菜 BEDSTRAW, FRAGRANT
（*Galium verum, G. triflorum*）

俗名別稱：豬殃殃（Cleavers）、Madder's Cousin
性別：陰性
行星屬性：金星
元素屬性：水
力量：愛情

魔法用途：佩戴或攜帶蓬子菜可吸引愛情。

歐洲山毛櫸 BEECH
（*Fagus sylvatica*）大量堅果：X

俗名別稱：Bok、Boke、Buche、Faggio、
Fagos、Faya、Haya、Hetre、歐洲水青岡
性別：陰性
行星屬性：土星
力量：希望

魔法用途：拿一根歐洲山毛櫸的枝條，將願望畫或刻在其上，把它埋進土地
裡，然後留在那裡。若命中注定，你的願望將會成真。
將枝條或葉子隨身攜帶，可增加創造力。

甜菜 BEET
（*Beta vulgaris*）大量葉子：X

俗名別稱：Mangel、Mangold、恭菜、茄茉菜、
芥茉菜、莙薘菜、牛皮菜、紅柄恭菜、火焰菜
性別：陰性
行星屬性：土星
元素屬性：土
力量：愛情

魔法用途：若是一對男女吃了同一顆甜菜，他們會墜入愛河。

甜菜汁可用作愛情魔法中的墨水，也可代替血液。

顛茄 BELLADONNA
（*Atropa belladonna*）有毒

俗名別稱：Banewort、黑櫻桃（Black
Cherry）、致命夜影（Deadly Nightshade）、
死亡藥草（Death's Herb）、魔鬼櫻桃（Devil's
Cherries）、Divale、Dwale、Dwaleberry、
Dwayberry、窈窕淑女（Fair Lady）、Great Morel、搗蛋者的櫻桃（Naughty
Man's Cherries）、巫師莓（Sorcerer's Berry）、女巫莓（Witch's Berry）

性別：陰性

行星屬性：土星

元素屬性：水

神祇屬性：古希臘神話中掌管月亮、大地和冥界的女神赫卡特（Hecate），
古羅馬神話的女戰神貝羅納（Bellona），希臘神話中住在艾尤島上善用魔
藥的可怕女神喀爾克（Circe）

儀式用途：根據古老的傳統，女戰神貝羅納的祭司在進行祭拜前，要先喝一
口顛茄汁。

魔法用途：在今日，由於顛茄的高毒性，鮮少用於藥草魔法，整株植物都含
有劇毒，到現在仍然有人因誤食而死的意外發生。

在過去，會用來鼓動靈魂出竅，誘導幻覺，不過目前可以找到更安全的替代
品，所以最好避免使用顛茄。

安息香 BENZOIN
（*Styrax benzoin*）

俗名別稱：Ben、Benjamen、安息香膠（Gum Benzoin）、暹羅安息香（Siam Benzoin）、Siamese Benzoin

性別：陽性

行星屬性：太陽

元素屬性：風

力量：淨化、發達

魔法用途：可燃燒安息香來淨化；或加到淨化型薰香中。這是一種很好的「清潔」藥草。

以安息香、肉桂和羅勒做成薰香後燃燒，便可以吸引顧客上門，促進生意的興旺。

常用作薰香的基底。

安息香通常有兩類：暹羅安息香和蘇門答臘安息香（Benzoin Sumatra），皆可用於上述用途，不過蘇門答臘安息香較適合用於清潔，而暹羅安息香更適合用來吸引。

暹羅安息香可用與之相似的蘇合香（storax）替代。

檸檬薄荷 BERGAMOT, ORANGE
（*Mentha citrata*）

俗名別稱：佛手柑薄荷（Bergamot）、柑橘薄荷（Orange Mint）

性別：陽性

行星屬性：水星

元素屬性：風

力量：金錢

魔法用途：將檸檬薄荷的葉子插在皮夾和錢包中可招財。在將錢花出去前，以新鮮葉子摩擦，可確保錢還會回來。也用於「成功」的儀式和法術中。

蜂香薄荷 BERGAMOT,WILD
（*Monarda fistulosa*）P

俗名別稱：馬薄荷（Horsemint）、蜜蜂香脂（Bee Balm）、蒙納爾德（Monarda）、擬美國薄荷

性別：陰性

元素屬性：風

力量：認清

魔法用途：蜂香薄荷可用來釐清各種情況的表象，帶來工作秩序。

黃花夾竹桃 BE-STILL
（*Thevetia peruviana, T. nereifolia*）有毒

俗名別稱：小號花（Trumpet Flower）、黃色夾竹桃（Yellow Oleander）、Flor Del Peru、幸運果（Lucky Nut）

力量：運氣

魔法用途：在斯里蘭卡，黃花夾竹桃的種子被稱為「幸運豆」，將其當作護身符或符咒，可期望帶來好運。

藥水蘇 BETONY, WOOD
（*Stachys betonica, Stachys officinalis, Betonica officinalis*）G

俗名別稱：主教草（Bishopwort）、Lousewort、Purple Betony

性別：陽性

行星屬性：木星

元素屬性：火

力量：保護、淨化、愛情

魔法用途：藥水蘇一直是用於保護和淨化的藥草。偽託古羅馬學者阿普列尤斯的中世紀藥草書上，記載這種植物可以保護佩戴者的靈魂和身體，將其放在枕頭下方，可以防止看見異象和作惡夢。

藥水蘇可加到淨化型和保護型的混合藥草和薰香中；根據傳統，仲夏時在篝火上燃燒藥水蘇，然後跳過煙霧，可用來淨化各種身體疾病。

也可在花園中種植，可保護家園。

將藥水蘇灑在門窗附近，形成一種圍繞家產的保護牆，任何邪惡力量都無法通過。

若是要讓愛情有所進展，藥水蘇也是很適合隨身攜帶的植物，據說加在食物中，可讓發生口角的伴侶重修舊好。

另外，隨身攜帶，也可預防中毒，增強體力，還可以用來治療所謂的「精靈病」（elf-sickness）這種神秘疾病。

樺樹 BIRCH
（*Betula pendula, B. pubescens, B. lenta, B. alba*）
G

俗名別稱：Beithe、Bereza、Berke、Beth、Bouleau、樹林聖母（Lady of the Woods）、樺皮書、白樺、垂枝樺、毛樺

性別：陰性

行星屬性：金星

元素屬性：水

神祇屬性：北歐神話中的戰神與農業之神、雷神索爾

力量：保護、驅魔、淨化

魔法用途：由於樺樹是一種淨化或清潔的藥草，所以會拿樺樹的枝條輕輕拍打遭到附身的人或動物，藉以驅除邪靈。

這種樹也用於保護，俄羅斯人會掛一條紅絲帶在樺樹上，以擺脫邪眼。

樺樹能避免遭到雷擊。

傳統的巫婆掃帚是由樺樹製成的，搖籃也曾經使用樺木製成，藉以保護當中無助的嬰孩。

拳參 BISTORT

（*Polygonum bistorta*）

俗名別稱：龍鬚（Dragonwort）、復活節巨人（Easter Giant）、英蛇根（English Serpentary）、Osterick、苦難（Passions）、耐心碼頭（Patience Dock）、紅腿（Red Legs）、蛇木（Snakeweed）、甜密碼頭（Sweet Dock）

性別：陰性

行星屬性：土星

元素屬性：土

力量：靈力、生育力

魔法用途：若是想懷孕，就隨身攜帶拳參。與乳香一起燃燒，可提升靈力，或是在占卜時使用。

在一個地方噴灑熬煮好的拳參汁液，可驅逐搗蛋者。

可在招財香包中會放入拳參，也可加在財富和金錢類型的薰香中。

南蛇藤 BITTERSWEET

（*Celastrus scandens-American Bittersweet; Solanum dulcamara-European Bittersweet*）美洲

爬藤衛矛：有毒

俗名別稱：美洲爬藤衛矛（American Bittersweet）、假苦甜果（False Bittersweet）、

綻放紫羅蘭（Violet Bloom）、Felonwort、昏睡木（Woody Nightshade）、Scarlet Berry、Dulcamara、昏睡果（Bitter Nightshade）

性別：陽性

行星屬性：水星

元素屬性：風

力量：保護、治療

魔法用途：在枕頭下方放一些南蛇藤有助於忘記過去的愛。

只要在身體某處綁上一小塊藥草，即可用於保護人類和動物，對抗邪靈。

據十七世紀英國藥草學家庫爾柏珀（Culpeper）的說法，若綁在脖子上，可治療頭暈或頭暈目眩。

黑莓 BLACKBERRY

（*Rubus villosus*）G

俗名別稱：鉛（Bly）、懸鉤子（Bramble）、荊棘箏（Bramble-Kite）、Bumble-Kite、雲莓（Cloudberry）、Dewberry，痛風莓（Goutberry）、High Blackberry、茅莓（Thimbleberry）

性別：陰性

行星屬性：金星

元素屬性：水

神祇屬性：凱爾特神話中掌管生育、死亡、農牧、火、光輝、春季、醫術和詩歌的女神布麗姬（Brigit）

力量：治療、金錢、保護

儀式用途：過去黑莓對歐洲一些古老的異教神靈來說是神聖的，並用於這些神靈的崇拜。

今日，一些威卡教徒（Wiccans）在八月二日的收穫節（Lughnasadh）會烤黑莓派來紀念收成，他們很詩意地將這看作是上帝的死亡。

魔法用途：形成自然拱形的黑莓荊棘，在治療魔法中有很大的用處。陽光明媚的日子，在黑莓拱門下爬行三次，盡可能由東向西。這可治療癤、風濕病、百日咳，甚至是黑頭粉刺。

黑莓的葉子以及漿果本身都用於財富咒語，而其藤蔓若是種植良好，也具有保護作用。

黑莓也用於治療燙傷，將九片黑莓葉浸在泉水中，然後輕輕地將它們放在傷口上，同時對每片葉子說三次下列咒語（總共二十七次）：

> 三位女士來自東方，（Three ladies came from the east,）
>
> 一個有火，兩個有霜。（One with fire and two with frost.）
>
> 離開火，進入霜。（Out with fire, in with frost.）

這是古代凱爾特的詩歌、治療和工藝女神布麗姬的古老符咒。

墨角藻 BLADDERWRACK

（*Fucus vesiculosus*;各種其他海藻）P, N, H

＊bladder是形容藻類葉片特化的囊泡狀。

俗名別稱：泡葉藻（Bladder Fucus）、海藻（Cutweed）、海帶（Kelp）、

海精（Sea Spirit）、海蘿（Seawrack）、巨藻（Seetang）、Meeriche，海橡樹（Sea Oak）、Black Tang

性別：陰性

行星屬性：月亮

元素屬性：水

力量：保護、海術、風術、金錢、靈力

魔法用途：墨角藻通常可以保護在海上的人，或飛越海洋上空的人。因此，洲際旅行者應隨身攜帶。它也用在海術上，將其扔到海浪上，並召喚海精靈，可獲得他們的青睞，幫助魔法的施展。

墨角藻可以用來召喚風：站在岸邊，手裡拿著一大條新鮮墨角藻，在你頭的上方以順時針方向揮動，同時吹口哨，就能夠召喚起風。

做成浸劑，拿來擦洗營業場所的地板和門，可吸引顧客上門，為店裡帶來良好的振動。也可以用於所有的金錢法術。有個特別有效的法術，只需要在一個小罐子中倒入威士忌，然後在其中放入一些墨角藻，蓋緊後，將其放在廚房的窗戶中，就可確保家中財源滾滾。

墨角藻也用於增加靈力的香包，隨身攜帶，可避免精神紊亂。

荷包牡丹 BLEEDING HEART
（*Dicentra spectabilis* 或 *D. formosa*）X

俗名別稱：兔兒牡丹、魚兒牡丹、鈴兒草、鈴心草、瓔珞牡丹、荷包花、蒲包花、土當歸、活血草、華鬘草

性別：陰性

行星屬性：金星

元素屬性：水

力量：愛情

魔法用途：將花朵捏碎，若花汁是紅色的，那麼你的愛人就有一顆對你充滿愛意的心；若是白的，他或她就不愛你。

種植這種植物會帶來愛。

將荷包牡丹種在室內會產生負面的振動，為了防止這種情況，可以在種植的土壤中擺一枚硬幣，就可確保一切平安。

血根草 BLOODROOT

（*Sanguinaria canadensis*）有毒 ；P, V

俗名別稱：國王根（King Root）、紅根（Red Root）、泰特草（Tetterwort）

性別：陽性

行星屬性：火星

元素屬性：火

力量：愛、保護、淨化

魔法用途：攜帶或佩帶血根草可吸引愛情，也可以用來避免邪惡咒語和負面力量。

放在門口和窗臺附近，可保護住宅。

顏色最暗沉的血根草最好，又稱為「國王根」或「他根」。

圓葉風鈴草 BLUEBELL
（*Campanula rotundifolia*）

俗名別稱：風鈴草（Harebell）、藍鈴花、蘇格蘭藍鐘花

力量：運氣、真相

魔法用途：若是能將一朵圓葉風鈴草花由內而外翻過來，沒有造成任何撕裂或損傷，你最終就會擁有所愛的人。

下次看到圓葉風鈴草時，摘下花並重複下面的話：

> 藍鈴花，藍鈴花，在明晚前帶給我一些好運。
>
> （Bluebell, bluebell, bring me some luck before tomorrow night.）

然後將花放在你的鞋子裡，封印這項法術。

佩戴圓葉風鈴草在身上的人會不由自主的吐露所有真相。

藍莓 BLUEBERRY
（*Vaccinum frondosum, V. angustifolium, V. corymbosum, V. pallidum*）葉子：G

俗名別稱：山桑子（Bilberry）

力量：保護

魔法用途：放一些藍莓在腳踏墊下方，可驅離那些不受歡迎者遠離你的家門。

藍莓也可以防止邪靈入侵。遭受到靈力攻擊時，可做藍莓派或塔，吃下後可獲得內在的保護，並且提升這種藥草的功效。

藍旗鳶尾 BLUE FLAG
（*Iris versicolor*）有毒P, V

俗名別稱：旗百合（Flag Lily）、鳶尾花（Fleur-de-Lys, Iris）、肝百合（Liver Lily）、毒百合（Poison Lily）、毒旗花（Poison Flag）、蛇百合（Snake Lily）、水旗花（Water Flag）、水百合（Water Iris）

性別：陰性

行星屬性：金星

元素屬性：水

力量：金錢

魔法用途：攜帶其根部，可獲取經濟利益。也可將藍旗鳶尾根放在收銀機中，增加營收。

菩提樹 BODHI
（*Ficus religiosa*）

俗名別稱：Bo-Tree、菩提榕（Peepul Tree）、天竺菩提樹、神聖之樹（Sacred Tree）、思維樹、畢缽羅樹、印度菩提樹、佛樹、覺樹、道場樹

性別：陽性

行星屬性：木星

元素屬性：風

神祇屬性：古印度著名思想家、佛教創始人釋迦牟尼佛（Buddha），印度教中責維護世界存續的主神毗濕奴

力量：生育、保護、智慧、冥想

儀式用途：這種植物是祭拜毗濕奴的聖物，就跟佛陀在菩提樹下開悟一樣，據説毗濕奴是出生在這種樹下。

在東方，會以其木材來維持聖火的燃燒。由於佛陀坐在這棵樹下冥想了六年，因此這也是佛陀的聖物，而樹上心形的葉子，記住了神聖的震動，至今仍在顫抖著。

魔法用途：若是在附近感到有邪惡，只需要繞這棵樹幾圈，邪靈就會害怕地逃離。

不孕女性赤腳走在菩提樹下，就得以生育。

可在冥想薰香中加入菩提樹葉，並且可加入調配用來增加智慧的所有混合藥草中。

貫葉澤蘭 BONESET
（*Eupatorium perfoliatum*）X

俗名別稱：瘧疾草（Agueweed）、Crosswort、發燒草（Feverwort）、印度智草（Indian Sage）、發汗草（Sweating Plant）、Teasel、澤

蘭（Thoroughwort）、木澤蘭（Wood Boneset）

性別：陰性

行星屬性：土星

元素屬性：水

力量：保護、驅魔

魔法用途：這種植物可以防止邪靈。

做成浸劑，灑在房子周圍，能夠驅邪。

琉璃苣 BORAGE

（*Borago officinalis*）草：X；種子油：G

俗名別稱：Bugloss、Burrage、喜樂草（Herb of Gladness）、星花（Star Flower）、Borak、Lisan selvi、Lesan-El-Tour

性別：陽性

行星屬性：木星

元素屬性：風

力量：勇氣、靈力

魔法用途：攜帶新鮮的琉璃苣花可以增加勇氣。在戶外行走時，將一朵花插放在衣服鈕釦洞中，可以產生保護作用。

喝一杯琉璃苣花草茶，可誘發靈力的產生。

歐洲蕨 BRACKEN

（*Pteridium aquilinum*）X

性別：陽性

行星屬性：水星

元素屬性：風

力量：治療、祈雨魔法、預言夢境

魔法用途：若在戶外燃燒歐洲蕨，就會下雨。

歐洲蕨也用於保護、治療和生育的法術。另外，若將其根部放在枕頭下，會誘發尋獲方法的夢境。

巴西堅果 BRAZIL NUT

（*Bertholletia excellsa*）僅能食用處理過的堅果

俗名別稱：巴西果、巴西栗、帕拉果、黃油果、奶油果、鮑魚果

性別：陽性

行星屬性：水星

元素屬性：風

力量：愛情

魔法用途：將其當作護身符攜帶，會在感情方面帶來好運。

瀉根 BRIONY

（*Bryony spp. dioica*）有毒

俗名別稱：痛風根（Gout Root）、仕女印章（Ladies' Seal）、瘋根（Mad Root）、蛇葡萄（Snake Grape）、Tamus、泰特莓（Tetterberry）、野生啤酒花（Wild Hops）、野藤（Wild Vine）、木藤（Wood Vine），英國曼德拉草（English Mandrake）

性別：陽性

行星屬性：火星

元素屬性：火

力量：幻像術、金錢、保護

魔法用途：瀉根通常用在各種幻術的操作中，並代替罕見的曼德拉草根。將錢放在瀉根附近，並持續將它留在那裡，財富便會增加。也可以將瀉根掛在房屋或花園中，可抵禦惡劣天氣帶來的影響。

小鳳梨 BROMELIAD

（*Cryptanthus spp.*）

俗名別稱：變星（Chameleon Star）、大地之星（Earth Star）

性別：陽性

行星屬性：太陽

元素屬性：風

力量：保護、金錢

魔法用途：在家中種植小鳳梨，可帶來金錢和奢侈品。其植株本身也有保護作用，可說是室內植物的良好選擇。

金雀花 BROOM
（*Cytisus scoparius*）有毒

俗名別稱：Banal、Basam、Besom、Bisom、Bizzon、金雀兒（Breeam）、Broom Tops、Brum、吉尼斯塔綠金雀（Genista Green Broom）、愛爾蘭金雀花（Irish Broom）、Irish Tops、Link、蘇格蘭金雀花（Scotch Broom）、豬草（Hog Weed）

性別：陽性

行星屬性：火星

元素屬性：風

力量：淨化、保護、起風術、占卜

魔法用途：金雀花用於淨化和保護法術，掛在家中可防止邪惡。此外，在屋內噴灑其浸劑，也能驅離搗蛋作亂者。

雖然浸劑曾被當作提升靈力的飲料，但這種做法可能有危險，因為這種植物具有輕微的毒性；因此，最好改成隨身攜帶的方式。

若要起風，將金雀花丟到空中，召喚風靈，這個儀式最好是在山頂上進行。要讓風停下來，燃燒金雀花，將其灰燼埋起來。若附近有長金雀花，可在工作之前於戶外施法，用它來掃地，可確保工作順利。

南非香葉木 BUCHU

（*Barosma betulinay, Agathosma betulina*）P, K

俗名別稱：布枯、Bookoo、Bucoo、Buku、橢圓葉布枯（Oval Buchu）、短葉布枯（Short Buchu）、Sab、Pinkaou

性別：陰性

行星屬性：月亮

元素屬性：水

力量：靈力、預言夢境

魔法用途：醉酒時喝下南非香葉木浸劑，就能看見未來。

將南非香木葉與乳香混合，在就寢前直接燒掉，便能產生預言夢境。只需燃燒少量，但必須在臥室進行。

歐鼠李 BUCKTHORN

（*Rhamnus catharticus, R.frangula, R.spp*）P, N, Lt, I, Ab, Ii, Ch-12

歐鼠李樹皮在內服前必須先熟成兩年。

俗名別稱：歐洲沙棘（Hart's Thorn）

性別：陰性

行星屬性：土星

元素屬性：水

力量：保護、驅魔、願望、消除法律糾紛

魔法用途：古羅馬《藥物論》作者迪奧斯克理德斯（Dioscorides）表示，將歐鼠李的樹枝放在門邊與窗邊，可驅離魔咒和巫師。

有一個關於歐鼠李的迷人傳說：

若是將歐鼠李撒放到一個圓圈中，然後在滿月的時候在當中跳舞，就會讓精靈出現。

這時，跳舞的人必須在精靈逃走前對他説：「停下來，賜給我恩惠！」那麼精靈就會允諾一個願望。

不過，我無法保證這一定會發生。

歐鼠李也用於排解法律糾紛（訴訟時，不妨攜帶或穿戴到法院），也會帶來一般的好運。

蕎麥 BUCKWHEAT
（*Fagopyrum spp.*）

俗名別稱：Beechwheat、Brank、法國麥（French Wheat）、Saracen Corn、甜麥、烏麥、花麥、蕎子

性別：陰性

行星屬性：金星

元素屬性：土

力量：金錢、保護

魔法用途：研磨種子（製成麥粉）撒在房子周圍，可防止邪靈。或是在施行魔法時，在周圍的地板上撒上蕎麥粉，可形成一魔法結界。

將一些蕎麥粒加在金錢型的薰香中，放一些在廚房，可避免陷入貧困。

牛蒡 BURDOCK

（*Arctium lappa*）G

俗名別稱：Bardana、乞丐釦子（Beggar's Buttons）、牛蒡子（Burrseed）、Clotbur、Cockleburr、Great Burdock、快樂少校（Happy Major）、Hardock、Hurrburr、Personata

性別：陰性

行星屬性：金星

元素屬性：水

力量：保護、治療

魔法用途：擺放在居家環境周圍，可抵禦負面力量。可添加到保護型薰香中，或是用於這類法術。

在月亮由盈轉虧時，收集牛蒡根，乾燥後將它們切成小塊，用紅線串在一起（如珠子般）戴在身上，可防止邪惡和負面力量。

將牛蒡的葉子放在腳底，有助於治療痛風。

甘藍 CABBAGE

（*Brassica oleracea*）G

性別：陰性

行星屬性：月亮

元素屬性：水

力量：運氣

魔法用途：如果希望在婚姻生活中擁有好運，新婚夫婦婚後的第一件事，就是在花園中種植甘藍，這也能為花園帶來好運。

仙人掌 CACTUS
少數有毒，僅服用當作食物的部分。

力量：保護、貞潔

魔法用途：由於帶刺，所有種類的仙人掌都具有保護作用。

種在室內，可以預防入侵和盜竊，還能夠吸收負面情緒。

在戶外，應該在房子的每一面都種植，就種在房子旁邊，可發揮進一步的保護作用。

有時在女巫瓶（Witch bottles）中會使用仙人掌刺，也會以此在蠟燭和植物根部刻畫符號和文字，然後隨身攜帶它們，或埋在土裡，任其釋放力量。

菖蒲 CALAMUS
（*Acorus calamus*）有毒：市售的幾種菖蒲中，有兩種內服很危險，因此建議不要內服菖蒲。

俗名別稱：Gladdon、Myrtle Flag、Myrtle Grass、Myrtle Sedge、Sweet Cane、甜旗（Sweet Flag）、甜草（Sweet Grass）、甜根（Sweet

Root）、Sweet Rush，Sweet Sedge，Lubigan、白菖蒲、藏菖蒲

性別：陰性

行星屬性：月亮

元素屬性：水

力量：運氣、治療、金錢、保護

魔法用途：將其種子做成串珠，可用於治療，或是將根磨成粉末，加在治療類型的薰香和香包中。

在廚房的各個角落放幾小塊菖蒲的根，可以防止飢餓和貧困。

種植這種植物會為種植者帶來好運，菖蒲也用於加強和結合法術。

山茶花 CAMELLIA
（*Camellia japonica*）

性別：陰性

行星屬性：月亮

元素屬性：水

力量：財富

魔法用途：山茶花能帶來財富和奢侈品，因此會用於這類的法術中。在祈求金錢和發達的儀式裡，會將新鮮的山茶花放在祭壇上的水瓶中。

樟樹 CAMPHOR

（*Cinnamomum catnphora*）X：不要用在小孩的
臉上。

俗名別稱：Kafoor、Camphire、樟腦（Chang
Nao）

性別：陰性

行星屬性：月亮

元素屬性：水

力量：貞潔、健康、占卜

魔法用途：聞到會減少性慾，放在床邊也有同樣的效果。但是，將一包樟腦
（或樟樹的樹皮）掛在脖子上，可以防止感冒和流感。

樟腦有時用於占卜型的薰香；在某些地區或國家（如美國）幾乎買不到真正
的樟腦，因此通常是以其合成物取代。

續隨子 CAPER

（*Capparis spinosa*）

俗名別稱：Fakouha、Lasafa、Shafallah、刺山
柑、馬檳榔、棘風蝶木、西洋風蝶木、酸豆、
水瓜柳、水瓜榴、水瓜鈕

性別：陰性

行星屬性：金星

元素屬性：水

力量：性能力、慾望、愛情

魔法用途：有陽痿問題的男性，只要吃一些續隨子就能獲得治癒。

這藥草也用於愛情和慾望的魔藥配方中。

葛縷子 CARAWAY
（*Carum carvi*）G

俗名別稱：Kummel、Alcaravea、羅馬小茴香、
藏茴香

性別：陽性

行星屬性：水星

元素屬性：風

力量：保護、慾望、健康、防盜、心智能力

魔法用途：葛縷子有保護作用，可對抗法力高強的莉莉絲（Lilith，是蘇美爾神話與猶太教拉比文學中的夜之魔女，被指為亞當的第一位妻子），以及各種邪靈、邪物和一般古老的負面力量，這是通常的用途。

裝有葛縷子種子的東西都有防盜功能。

葛縷子的種子也用於保持伴侶的忠誠，放在香包和護身符中，能吸引配偶。烤成餅乾、麵包或蛋糕時，會夠引起慾望。咀嚼其種子，則有助於獲得想要的愛情。

葛縷子還可以增強記憶力，將一小袋種子放在兒童的床上，可以保護孩子，避免生病。

小豆蔻 CARDAMON
（*Elettaria cardamomum*）G

俗名別稱：白豆蔻、豆蔻、白蔻仁、白蔻、蔻米、白豆叩

性別：陰性

行星屬性：金星

元素屬性：水

神祇屬性：巫毒教的愛神爾茲莉

力量：慾望、愛情

魔法用途：將研磨過的小豆蔻種子加到溫熱的酒水中，就能夠迅速得到一慾望魔藥。

小豆蔻也用於烘烤蘋果派，可製作美味的糕點，還可加入求取愛情的香包和薰香中。

康乃馨 CARNATION
（*Dianthus carophyllus*）Sk, Dg

俗名別稱：Gillies、Gilliflower、Jove's Flower、Nelka、鷹架花（Scaffold Flower）、Sops-In-Wine、香石竹、野生香石竹、剪絨花、洛陽花、麝香石竹、大花石竹、荷蘭石竹

性別：陽性

行星屬性：太陽

元素屬性：火

神祇屬性：木星

力量：保護、力氣、治療

魔法用途：在伊莉莎白時代會戴上康乃馨，防止在鷹架上死亡；康乃馨可用於通用的保護型法術。

將康乃馨放在康復室中，能給予接受治療的患者力氣和能量，也用在治療型的法術。在進行治療儀式時，會在祭壇上放置新鮮的康乃馨（最好是紅色的）；將乾燥的花瓣放到香包和薰香中，也有同樣的效果。

角豆 CAROB

（*Jacaranda procera, Prosopis dulcis, Ceratonia siliqua*）果實：G

俗名別稱：Caaroba、Caroba、Carobinha、巧克力（Chocolate）

力量：保護、健康

魔法用途：隨身攜帶可維持健康，對抗邪惡。

胡蘿蔔 CARROT

（*Daucus carota*）種子：P

俗名別稱：鳥巢（Bird's Nest）、Philtron、Gizri、安妮皇后的蕾絲（Queen Ann's Lace）

性別：陽性

行星屬性：火星

元素屬性：火

力量：生育、慾望

魔法用途：服用其種子可助孕。

胡蘿蔔亦用來促進慾望和治療陽痿。

美鼠李 CASCARA SAGRADA

（*Rhamnus purshiana*）P, N, Lt, I, Ab, Ii, Ch-12

俗名別稱：聖樹皮（Sacred Bark）、苦樹皮（Bitter Bark）、Ecorce Sacree、黃樹皮（Yellow Bark）、Cittim Bark、美洲藥鼠李

力量：消除法律糾紛、金錢、保護

魔法用途：在上法院進行任何訴訟前，噴灑美鼠李浸劑在住家附近，有助於贏得案子。美鼠李也用於金錢法術，將其當成護身符穿戴在身上，可對抗邪惡和咒語。

腰果 CASHEW

（*Anacardium occidentale*）果實：G

俗名別稱：Mbiba、Kasui、Mkanju、樹花生、檟如樹、雞腰果、介壽果

性別：陽性

行星屬性：太陽

元素屬性：火

力量：金錢

魔法用途：腰果多用於發達和金錢的法術中。

蓖麻 CASTOR

（*Ricinus communes*）有毒；種子油：P，I，Ab，Lt（＋8-10天）

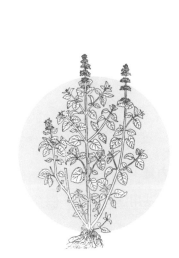

俗名別稱：Palma Christi、Palms Christi Root、Mamona、Makula Kula、Mbono、Mdogo、Racznick

力量：保護

魔法用途：蓖麻的豆子具有良好的保護作用，可對抗邪眼以及所有負面力量。它們能吸收邪惡。

貓薄荷 CATNIP

（*Nepeta cataria*）P

俗名別稱：貓（Cat）、貓薄荷（Catmint）、貓草（Catnep）、Catrup、貓草（Cat's Wort）、野棕櫚（Field Balm）、Nepeta、荊芥（Nip）

性別：陰性

行星屬性：金星

元素屬性：水

神祇屬性：古希臘專司保護和掌管貓的女神巴斯特（Bast）

力量：貓魔法、愛情、美麗、幸福

魔法用途：給你的貓一點貓薄荷，會在你們之間創造出一種心靈聯繫。它也會讓貓陶醉。

貓薄荷可用於愛情香包，通常與玫瑰花瓣搭配使用。如果手上拿著貓薄荷，直到它變溫暖，然後握住任何一個人的手，他們永遠都會是你的朋友，只要你確保施法用的貓薄荷處於某個安全的地方。

在家附近種貓薄荷或是掛在門上，可吸引善靈和好運。貓薄荷也用於變美和幸福的法術。可在魔法書中夾入大片的貓薄荷葉，當作書籤。

香蒲 CAT TAIL
（*Typha capensis, T. spp*）G

俗名別稱：Tabua、Ibhuma、Balangot、貓尾草、水燭

性別：陽性

行星屬性：火星

元素屬性：火

力量：慾望

魔法用途：如果一個女人無法享受魚水之歡，但希望能夠改善，便應該隨身攜帶一些香蒲。

雪松 CEDAR

（*Cedrus libani, C. spp*）葉子、毬果：P

性別：陽性

行星屬性：太陽

元素屬性：火

力量：治療、淨化、金錢、保護

魔法用途：雪松的煙霧有淨化作用，還能改善噩夢的問題，可將雪松的枝條燒成碳、悶燒或製成香來應用。美洲印第安人在治療頭部感冒時，會將雪松放在三溫暖的熱石上來淨化。

將雪松掛在家裡，可避免雷擊。將刻成三叉形的雪松棒放在居家附近的地面，可產生保護作用，抵禦一切邪惡。

放一塊雪松在皮夾或錢包裡，可招財。雪松多用在金錢型的薰香中，也可用在愛情香包；將其燃燒可誘發靈力。

注意，應用時經常會以大西洋雪松（Juniperus verginiana）來代替雪松。

白屈菜 CELANDINE

（*Chelidonium majus*）有毒

俗名別稱：Celydoyne、Chelidoninum、惡魔牛奶（Devil's Milk）、花園白屈菜（Garden Celandine）、大白屈菜（Greater Celandine）、肯寧草（Kenning Wort）、燕子草（Swallow Herb）、燕子草（Swallow-

Wort）、Tetterwort、地黃連、牛金花、斷腸草、土黃連、雄黃草、山黃連、小野人血草、假黃連、八步緊

性別：陽性

行星屬性：太陽

元素屬性：火

力量：保護、逃脫、幸福、消除法律糾紛

魔法用途：白屈菜有助於逃避無端遭到的監禁和誘捕。將其穿戴在身上，與皮膚直接接觸，每三天更換一次，便可達到這種效果。

若是平時穿戴在身上，會帶來好精神和快樂，也能用來治療抑鬱症。

訴訟出庭時，將其佩戴在身上，可贏得法官或陪審團的好感，或是當作保護類型的藥草使用。

芹菜 CELERY
（*Apium graveolens*）P, R

俗名別稱：Aipo、Karafs、Elma

性別：陽性

行星屬性：水星

元素屬性：火

力量：心智能力、慾望、靈力

魔法用途：咀嚼芹菜籽有助於集中注意力，或是用於施術的枕頭，可誘導入睡。芹菜籽和鳶尾根一起燃燒，可增加靈力。連同種子一起吃下芹菜的莖，會引起慾望。據說，巫婆在騎上掃帚飛行前，會吃下芹菜籽，這樣她們就不會眩暈，從空中摔下來！

百金花 CENTAURY

（*Erythraea erythraeacentaurium, Centaurium spp.*）G

俗名別稱：耶穌的梯子（Christ's Ladder）、
發熱草（Feverwort）

性別：陽性

行星屬性：太陽

元素屬性：火

力量：驅蛇

魔法用途：燃燒百金花的煙霧可驅蛇。

德國洋甘菊 CHAMOMILE, GERMAN

（*Matricaria recutita*）

俗名別稱：地蘋果（Ground Apple）、Heermannchen（德文）、
Chamaimelon、Camomyle

性別：陽性

行星屬性：太陽

元素屬性：水

魔法用途：德國洋甘菊多用於鎮靜和舒眠的薰香和浸劑，也用來招財。
德國洋甘菊的陽光性質，可用於對抗詛咒和咒語。

羅馬洋甘菊
CHAMOMILE, ROMAN
（*Chameamelum nobile, Anthemis nobilis*）P

俗名別稱：Camomyle、Chamaimelon、地
蘋果（Ground Apple）、Heermannchen（德
文）、Manzanilla（西班牙文）、Maythen、
Whig Plant

性別：陽性

行星屬性：太陽

元素屬性：水

力量：金錢、睡眠、愛情、淨化

魔法用途：洋甘菊會用於吸引錢財，有些賭徒會在賭博前以其浸劑洗手，來確保贏錢。

洋甘菊用於舒眠和冥想薰香，在浴缸中加入洋甘菊浸劑，可吸引愛情。

這是一種純化和保護性藥草，撒在房子周圍，可解除被惡意所施加的詛咒和咒語。

櫻桃 CHERRY
（*Prunus avium*）種子和枯葉：X

俗名別稱：甜櫻桃（Sweet Cherry）、Mazzard
Cherry

性別：陰性

行星屬性：金星

元素屬性：水

力量：愛情、占卜

魔法用途：長久以來，櫻桃就用於刺激或吸引愛情。有個美麗的日本愛情魔法，相當簡單，只要將一根頭髮綁在盛開的櫻花樹上即可。

下列的愛情魔法較為複雜，但也可以加以簡化。經年累月的收集櫻桃子，然後從新月的那天晚上開始，每晚在一顆種子上鑽一個洞。月亮由盈轉虧的日子不要鑽孔，這表示一個月最多可以鑽十四顆種子。鑽完後，等到下一個新月來臨時，將它們穿在一條紅色或粉紅色的線上，每晚將它綁在左膝蓋上，持續十四個晚上。睡覺時也戴著，早上才將其取下。這將會帶給你一個丈夫或妻子。

要知道自己還有多少年的壽命，繞著一棵長滿櫻桃的樹，然後搖晃它，落下的櫻桃數量代表你剩餘的年數（切記，要用力搖）。

在古老的配方中，也以櫻桃汁代替血液。

栗子 CHESTNUT
（*Castanea sativa, C. dentata, C. spp.*）G

性別：陽性

行星屬性：木星

元素屬性：火

力量：愛情

魔法用途：在愛情魔法中會使用栗子，或直接將其給所愛之人食用。

繁縷 CHICKWEED

（*Stellaria media*）G：從無肥料環境中採收

俗名別稱：艾德之口（Adder's Mouth）、印度鵝腸菜（Indian Chickweed）、Passerina、緞花（Satin Flower）、星繁縷（Star Chickweed）、星草（Starweed）、Starwort、Stellaire（法文）、Stitchwort、舌草（Tongue Grass）、冬草（Winterweed）、Qoqobala

性別：陰性

行星屬性：月亮

元素屬性：水

力量：生育力、愛情

魔法用途：隨身攜帶或用於法術，可吸引愛情，或保持關係。

菊苣 CHICORY

（*Cichorium intybus*）G

俗名別稱：Succory、野櫻桃（Wild Cherry）、Wild Succory、苦苣、苦菜、藍菊

性別：陽性

行星屬性：太陽

元素屬性：風

力量：去除障礙、隱形、善行、節儉

魔法用途：菊苣可用於消除生活中可能出現的所有障礙，只要將其隨身攜帶即可。

過去有人認為戴著它就能隱形，拿著它便可打開鎖住的箱子和門。但是，想要達到上述兩項目的，必須在仲夏的中午或午夜，在完全沉默中，以金刀來採集菊苣。

若是將菊苣汁塗抹在身體上，就能獲得好人的善行。攜帶它也可以讓人變得更節儉。

辣椒 CHILI PEPPER
（*Capsicum spp.*）G

俗名別稱：紅椒（Red Pepper）

性別：陽性

行星屬性：火星

元素屬性：火

力量：忠誠、破除咒語、愛情

魔法用途：若是覺得你的伴侶正在騎驢找馬，買兩條大的乾辣椒，以一條紅色或粉紅色的帶子穿過它們，綁在一起，然後放在你的枕頭下，這應該有助於保持你伴侶的忠誠度。

若是遭到詛咒，在房子周圍撒上紅辣椒，即可破除咒語。

紅辣椒也用在於愛情魔藥中，維持愛人的熱情，或是確保你找到的愛情熱烈如火。

苦楝 CHINA BERRY

（*Melia azederach*）有毒

俗名別稱：中國樹（Chinatree）、Ku Lian Pi、苦苓、楝、楝樹、楝子、森樹、翠樹、旃檀、楝棗樹、紫花樹、紫花木、花心樹、雙白皮、金鈴子及洋花森

力量：運氣

魔法用途：苦楝的種子多應用於招來好運的魔法，攜帶在身上也能改變生活品質。

菊 CHRYSANTHEMUM

（*Chrysanthemum sinense, C. spp.*）有毒

俗名別稱：Mum

性別：陽性

行星屬性：太陽

元素屬性：火

力量：保護

魔法用途：喝一杯菊花茶，可舒緩醉酒。

佩戴菊花可抵禦眾神的憤怒，而種在花園中的菊花，則具有抵抗邪靈的保護作用。

金雞納樹 CINCHONA
（*Cinchona ledgeriana* 或 *C. succirubra*）

俗名別稱：雞納樹、金雞勒、奎寧樹

力量：運氣、保護

魔法用途：隨身攜帶一塊金雞納樹皮可帶來好運，並且可保護身體不受到傷害和邪靈騷擾。

肉桂 CINNAMON
（*Cinnamomum zeylanicum, C. verum*）＋F：P, Lt

俗名別稱：甜木（Sweet Wood）、錫蘭肉桂（Ceylon cinnamon)

性別：陽性

行星屬性：太陽

元素屬性：火

神祇屬性：羅馬神話中的愛神與美神維納斯，美麗與性慾的女神阿芙蘿黛蒂

力量：靈性、成功、治療、力量、靈力、慾望、保護、愛情

儀式用途：古希伯來人將肉桂油作為神聖膏油的一部分。古羅馬的神廟中，裝飾有肉桂樹葉子編織成的花圈。埃及人在製作木乃伊的過程中，也會使用肉桂油。

魔法用途：將肉桂當作薰香燃燒時，會引起高度的精神振動，有助於治療、招財並產生保護性振動。

為達致上述目的，須將肉桂製作成香包和浸劑。

委陵菜 CINQUEFOIL

（*Potentilla canadensis, P. erecta* [G]或*P. reptans*）

俗名別稱：Crampweed、五指花（Five Finger Blossom）、五指草（Five Finger Grass）、五指（Five Fingers）、鵝草（Goosegrass）、Goose Tansy、Moor Grass）、Pentaphyllon、Silver Cinquefoil、銀草（Silverweed）、Sunkfield、Synkefoyle

性別：陽性

行星屬性：木星

元素屬性：火

力量：金錢、保護、預言夢境、睡眠

魔法用途：葉子上的五個點分別代表愛情、金錢、健康、力量和智慧，所以攜帶委陵菜就能確保這些特質。

委陵菜也能掛在門上，或是放在床上，可帶來保護作用。以葉子做的浸劑清潔額頭和手九次，可洗去咒語和詛咒。

如果發現有七個小葉的委陵菜，請將它放在枕頭下，就有可能夢到未來的情人或伴侶。

在床上方掛一袋委陵菜，會讓整晚安眠。

向官員尋求幫助時，攜帶委陵菜能讓口才變好，而且通常能順利獲得幫助。因此，常會在法庭案件中被使用。

委陵菜也可以加到淨化型的香包中。

香櫞 CITRON

（*Citnus medica*）G

俗名別稱：Sukake、禁果（Forbidden Fruit）、
粗檸檬（Rough Lemon）、枸櫞、香水檸檬

性別：陽性

行星屬性：太陽

元素屬性：風

力量：靈力、治療

魔法用途：吃下後會增加靈力。
它也用於治療的法術和薰香中。

豬殃殃 CLEAVERS

（*Galium aparine*）G

性別：陰性

行星屬性：土星

元素屬性：火

力量：關係、承諾、保護、韌性

魔法用途：豬殃殃會攀附在織物上，這可以用於強化法術。

番紅花 CLOTH-OF-GOLD
（*Crocus angustifolia*）X

力量：了解動物語言

魔法用途：番紅花能讓人通曉鳥獸的語言。
在採集時，必須要先洗腳並赤腳，穿著白色衣
服。獻上麵包和葡萄酒，並溫柔地採集。
穿戴這種植物，即可具有這樣的能力。

丁香 CLOVE
（*Eugenia carophyllus, Syzygium aromaticum*或
Caryophyllus aromaticus）G

俗名別稱：Mykhet、Carenfil
性別：陽性
行星屬性：木星
元素屬性：火

力量：保護、驅魔、愛情、金錢

魔法用途：當成薰香燃燒，可吸引財富、驅除敵意和負面力量，產生精神振
動，淨化該區域，也可阻止別人對你的閒言閒語。
佩戴或攜帶丁香可吸引異性，並為失去親人的人帶來安慰。

三葉草 CLOVER

（*Trifolium spp.*）G

俗名別稱：蜂蜜（Honey）、蜜稈（Honeystalks）、Shamrock、Three-Leaved Grass、Trefoil、Trifoil、車軸草

性別：陽性

行星屬性：水星

元素屬性：風

神祇屬性：北歐神話中的女神羅文（Rowan）

力量：保護、金錢、愛情、忠誠、驅魔、成功

魔法用途：

雙葉：如果你能找到一片雙葉的三葉草，很快就會找到愛情。

三葉：三葉草可當作護身符佩戴。

四葉：若是佩戴四葉的三葉草，可以幫助男人免除兵役。還可以防止瘋狂、增強靈力，讓人得以偵測靈魂的存在，並引導佩戴者獲得黃金、金錢或寶藏。若是兩個人一起吃下一片四葉的三葉草，就會產生相互愛慕之情。擺七顆小麥在四葉的三葉草上，可以讓人看到精靈。如果在外出前，擺一片四葉的三葉草在鞋子裡，將會增加遇到新戀人的機會。

五葉：具有招財的力量，要達到此效果，應將其佩戴在身上。

白色三葉草：用於對抗咒語，可穿戴或灑在房屋的周圍。

紅色三葉草（P, B）：將這種三葉草加入洗澡水，有助於處理各種財務安排。紅色三葉草也用於慾望型的魔藥，或噴灑其浸劑，可消除負面精神。

概述：

如果有種植三葉草，能讓蛇遠離家園。將三葉草放在左腳的鞋子裡，然後忘

記這件事，就能驅離邪惡。佩戴在右胸，會在所有事業中都取得成功。
若是對愛情感到失望，以一塊藍絲綢綁著三葉草，佩戴在心臟附近，有助於
走過情傷。

東北石松 CLUB MOSS
（*Lycopodium clavatum*）X

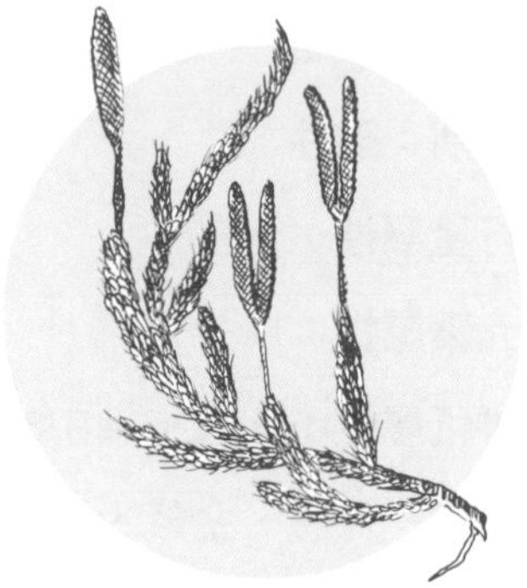

俗名別稱：狐尾（Foxtail）、Lycopod、
Selago、植物性硫磺（Vegetable Sulfur）、狼爪
（Wolf Claw）、Moririr-Wa-Mafika

性別：陰性

行星屬性：月亮

元素屬性：水

力量：保護、力量

魔法用途：以正確方法採集，這種藥草會帶來神的保護、力量和祝福。在流
水中沐浴淨身，獻上麵包和葡萄酒，然後用小指或銀刀將其連根拔起，它就
會具有強大的威力。

椰子 COCONUT
（*Cocos nucifera*）

俗名別稱：Niyog、Ranedj

性別：陰性

行星屬性：月亮

元素屬性：水

力量：淨化、保護、貞潔

魔法用途：長期以來，椰子一直用於維持貞潔
的法術以及保護的儀式。

可以將椰子剖成兩半，倒掉汁液，裝入適當的
藥草並密封起來，然後將其埋起來，便能保護
財產。

在家裡掛一整顆椰子也具有保護的作用。

黑升麻 COHOSH, BLACK
（*Cimicifuga racemosa*）P, N

俗名別稱：黑蛇根（Black Snake Root）、
Bugbane、Rattle Root、Squaw Root、Actaea、
Cimicifuga

性別：陽性

力量：愛情、勇氣、保護、生育力

魔法用途：在愛情香包中使用黑升麻，並在浴缸中加入其浸劑，有助於陽痿
的治療。

攜帶這種藥草，有助於增強溫順者的勇氣。灑在房間周圍或加到浴缸，可驅
除邪靈。

款冬 COLTSFOOT
（*Tussilago farfara*）P, N, X

俗名別稱：屁股腳（Ass's Foot）、英國菸草（British Tobacco）、公牛腳（Bull's Foot）、Butterbur、Coughwort、Pas d'ane（法語）、Sponnc（愛爾蘭）、Foal's Foot、冬花、蜂斗菜、款冬蒲公英

性別：陰性

行星屬性：金星

元素屬性：水

力量：愛情、幻覺

魔法用途：可添加在愛情香包中；用於尋求和平與安寧的法術。吸入其葉子的煙霧，會引起幻覺。

耬斗菜 COLUMBINE
（*Aquilegia canadensis, A. vulgaris*）種子：有毒

俗名別稱：獅子草（Lion's Herb）、漏斗花、駱駝菜、聖母的手套、血見愁、耬斗花、西洋耬斗菜、西洋小田卷（日本）

性別：陰性

行星屬性：金星

元素屬性：水

力量：勇氣、愛情

魔法用途：以此藥草摩擦手，可激發勇氣，變得大膽，或可隨身攜帶。種子則可用來製作愛情香水；磨成粉後摩擦在手和身體上，可吸引愛情。兩性都可以使用這個法術。

聚合草 COMFREY
（*Symphytum officinale*）X

俗名別稱：Assear、黑草（Black Wort）、Boneset、瘀青草（Bruisewort）、Consohda、Consound、Gum Plant、康復草（Healing Herb）、針織背板（Knit Back）、針織骨（Knit Bone）、奇蹟草（Miracle Herb）、滑草（Slippery Root）、Wallwort，Yalluc，Gavez，Smeerwartel，Karakaffes，Ztworkost、康復力

性別：陰性

行星屬性：土星

元素屬性：水

力量：旅行期間的安全、金錢

魔法用途：穿戴或隨身攜帶，可產生保護作用，並確保旅行期間的安全。另外，也可放一些在行李箱內，可避免遺失或被偷。

根部也用於金錢法術。

柯巴樹 COPAL

（*Bursera odorata, B. fugaroides*）：G

性別：陽性

行星屬性：太陽

元素屬性：火

力量：愛情、淨化

魔法用途：柯巴樹會添加到愛情和淨化薰香中，特別是在墨西哥。

可以用一塊柯巴樹代表人偶的心臟。

全世界有三百多種可用的柯巴樹。所有的柯巴樹都帶有輕微的甜味，因此常用於愛情魔法。每種常用的柯巴樹都具有獨特的性質。

阿茲特克柯巴樹或是黑柯巴樹具有松香味，因此和其他柯巴樹不同；馬尼拉柯巴樹特別清淡甜美；瑪雅柯巴樹、馬尼拉柯巴樹和金黃柯巴樹是今日少數幾種可用的柯巴樹。

芫荽 CORIANDER

（*Coriandrum sativum*）G

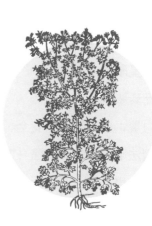

俗名別稱：中國歐芹（Chinese Parsley）、Cilentro、Culantro、鹽須（Uan-Suy）Stinkdillsamen，胡荽（Hu-Sui）、香菜

性別：陽性

行星屬性：火星

元素屬性：火

力量：愛情、健康、治療

魔法用途：長久以來，芫荽一直用於愛情的香包和法術中。將粉狀種子加到溫熱的酒中，可製成慾望魔藥。

種子則用於治療，尤其是舒緩頭痛，將其佩戴在身上，便能發揮療效。若是孕婦吃芫荽，未來的孩子將會很聰明。

玉米 CORN
（*Zea Mays*）種子、鬚：G

俗名別稱：生命賜予者（Giver of life）、玉蜀黍（Maize）、聖母（Sacred Mother）、種子之種（Seed of Seeds）

性別：陰性

行星屬性：金星

元素屬性：土

力量：保護、運氣、占卜

儀式用途：玉米之母，或是玉米女神，是主管豐收和生育的神祇，在整個北美洲東部長期受到崇拜。美國新墨西哥州的祖尼人（Zunis）在他們的宗教儀式中，常會使用不同顏色的玉米。藍玉米粉用來祝福，會灑在大地上作為祭品。

魔法用途：拿一根玉米，隨意拉出玉米穗，計算上面的玉米粒。每十二粒玉米代表一年，由此可得知你的年齡。將玉米穗放在搖籃內，可保護寶寶免受負面力量的影響。

懸掛一把玉米稈在鏡子前，可為家裡帶來好運，用乾燥的紅色玉米粒製作成

項鍊，可**防止流鼻血**。古代的中美洲人會用玉米花粉來**造雨**，可能是將其灑在空中施法。

有一段時間，在美國山區若是出現難產，會在門口（甚至是床底下）燒紅色玉米棒，以**加速生產過程**。

棉花 COTTON

（*Gossypium barbadense*）根皮：P

性別：陰性

行星屬性：月亮

元素屬性：土

力量：運氣、治療、保護、雨術、釣魚術

魔法用途：如果將一塊棉花放入糖碗中，就會有**好運降臨**；在黎明時將棉花丟過右肩，也會有同樣的效果。在後者這種情況下，好運將會在白天結束前到來。

將棉花塞在疼痛的牙齒中，可以**止痛**。在院子裡種植或撒棉花，可**防止鬼魂**進入；將棉花浸泡在醋中，然後放在窗臺上，可以**驅邪**。

要找回失去的愛人，將一些胡椒放在一塊棉花中，將其縫製成香包，佩戴在身上，便能讓魔法產生作用。

棉花是製作魔法香包的上好材料（僅次於羊毛），或是用於任何魔法所需的材料。

若是在颶風的日子去釣魚，帶上二十粒棉花種子，將它們放在水的邊緣，至少會有一隻魚上鉤。

燃燒棉花會下雨。

黃花九輪草 COWSLIP
（*Primula veris*）G

俗名別稱：Arthritica、Artetyke、Buckles、Cuy、Drelip、仙女杯（Fairy Cup）、Frauenschlussel（德文）、彼得草（Herb Peter）、鑰匙花（Key Flower）、天堂之鑰（Key of Heaven）、聖母之鑰（Lady's Key）、Lippe、聖母之鑰（Our Lady's Keys）、Paigle、Paralysio、密碼（Password）、Peggie、Plumrocks

性別：陰性

行星屬性：金星

元素屬性：水

神祇屬性：北歐神話中的愛神、戰神與魔法女神弗蕾亞（Freyja）

力量：治療、青春、尋寶

魔法用途：如果不想被人打擾，在前廊下方放一點黃花九輪草，可以阻止訪客上門。

佩戴黃花九輪草可維持青春，或恢復失去的青春氣息。黃花九輪草的氣味有治療效果；手上捧一束黃花九輪草的鮮花，有助於尋找隱藏的寶藏。

荷蘭番紅花 CROCUS
（*Crocus vemus*）X

俗名別稱：紫番紅花、春番紅

性別：陰性

行星屬性：金星

元素屬性：水

力量：愛情、幻覺

魔法用途：這種植物長大後會吸引愛情。
將荷蘭番紅花與明礬一起在香爐中焚燒，可能
會看到之前搶劫你的小偷的身影，過去在古埃
及都是這樣做的。

蓽澄茄 CUBEB
（*Piper cubeba*）未成熟的果實：Ne

俗名別稱：尾胡椒（Tailed Pepper）

性別：陽性

行星屬性：火星

元素屬性：火

力量：愛情

魔法用途：以蓽澄茄的漿果應用於愛情香包和法術中。

草甸碎米薺 CUCKOO-FLOWER
（*Cardamine pratensis, Orchis morior*或*O. spp.*）

性別：陰性

行星屬性：金星

元素屬性：水

力量：生育、愛情

魔法用途：草甸碎米薺的新鮮塊莖可用於愛情魔法；佩戴在身上，可增加受孕機會，若佩戴大塊莖將會產下男嬰，若是小的，則是女嬰。

黃瓜 CUCUMBER
（*Cucumis sativus*）G

俗名別稱：Cowcucumber、Agurk、Haswey、Kheyar、Lekiti、Gurka

性別：陰性

行星屬性：月亮

元素屬性：水

力量：貞潔、治療、生育

魔法用途：吃黃瓜的果實會降低慾望。

將黃瓜皮放在額頭上，可舒緩頭痛，吃種子可促進生育。

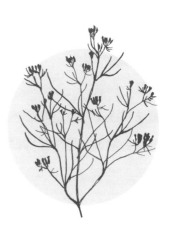

孜然 CUMIN
（*Cumimum cyminum*）G

俗名別稱：Cumino、Cumino Aigro、Sanoot、Kimoon、小茴香、阿拉伯茴香、安息茴香

性別：陽性

行星屬性：火星

元素屬性：火

力量：保護、忠誠、驅魔、防盜

魔法用途：在德國和義大利，會將孜然放入麵包中，以防止木靈偷麵包。孜然種子擁有「保留的特性」，可防止任何含有它的物體遭到偷竊。

將孜然與乳香一起焚燒，可產生保護作用，撒在地板上，有時還需加鹽，可以驅邪。在過去，新娘會噴灑在身上，藉以避免婚禮上有壞事降臨。

用於愛情魔法，將孜然送予愛人時，可加強忠誠度。將種子浸泡在酒中，可調製出慾望魔藥。

將孜然攜帶在身上，可以帶來內心的平靜；若是打算自己種植這種植物，請記住，播種時必須要念咒語，才能有好的收成！

咖哩葉 CURRY
（*Murraya koenigii*）

俗名別稱：可因氏月橘、調味九里香

性別：陽性

行星屬性：火星

元素屬性：火

力量：保護

魔法用途：在黃昏時燃燒咖哩葉（是一種特定的植物，而不是用於烹飪的香料混合物），可防止邪惡力量的影響。

仙客來 CYCLAMEN

（*Cyclamen spp.*）大量時可能是X

俗名別稱：地麵包（Groundbread）、Pain-de
Porceau（法文中的酸麵包）、酸麵包（Sow-
Bread）、Swine Bread

性別：陰性

行星屬性：金星

元素屬性：水

神祇屬性：古希臘神話中掌管月亮、大地和冥界的女神赫卡特

力量：生育、保護、幸福、慾望

魔法用途：在臥室中擺一盆仙客來，可保護在房中睡眠的人；據說在有種植
仙客來的地方，所有有害的法術都無法起作用。

仙客來也用於促進受孕、提高激情，花朵可消除心中的悲傷。

絲柏 CYPRESS

（*Cupressus sempervirens*）P

俗名別稱：死亡之樹、地中海柏木

性別：陰性

行星屬性：土星

元素屬性：土

神祇屬性：遠古印度－伊朗的契約守護神，後來也視作太陽神的密特拉
（Mithras），羅馬神話中的冥王普路托（Pluto），美麗與性慾女神阿芙蘿

黛蒂，以色列傳統信仰中迦南諸女神之通稱、象徵生殖、愛情和戰爭的神后亞斯他錄（Ashtaroth），月亮、自然與狩獵女神阿緹密絲，光明之神、文藝之神也是羅馬神話中的太陽神阿波羅，古羅馬愛神邱比特（Cupid），古羅馬神話中掌管宇宙、天氣、秩序與命運的眾神之王朱彼特（Jupiter），古希臘神話中掌管月亮、大地和冥界的女神赫卡特，古希臘神話中負責司掌青春的女神赫柏（Hebe）或譯作希比，索羅亞斯德教或稱拜火教的創始人索羅亞斯德（Zoroaster）

力量：長壽、治療、舒適、保護

儀式用途：古代的米諾斯人崇拜絲柏，將其當作是神聖的象徵，並將這種信仰從克里特島傳到塞浦路斯。在埃及，會使用絲柏的木材來製作棺材。

魔法用途：在面臨危機時可使用絲柏，特別是在朋友或親戚去世時。在葬禮佩戴或攜帶，可以緩解心靈，減輕悲痛。

如果種在住家附近，這種樹會產生相當的保護作用，絲柏的樹枝可用於保護和祝福。

由於絲柏是永恆和不朽的象徵，長久以來都有將其攜帶在身上用以延長壽命的習俗。

要製作治療型的絲柏魔杖，必須花三個月的時間緩慢地切下一根樹枝，這稱之為「治療樹幹」（healing stock），只用於治療儀式。拿著樹枝繞行病人幾次，觸碰患處，然後將尖端插入火中以求清潔療癒。這也用於對神的祈求儀式中。

絲柏的根和毬果也有治療效果，將乾燥的綠葉燒成香後也可用於治療。

將一枝絲柏枝扔進墳墓，可給予往生者在來世的運氣和愛情。

過去曾用絲柏做成的木槌來找小偷，但目前確切的施用程序已佚失。

水仙 DAFFODIL

（*Narcissus spp.*）有毒

俗名別稱：Asphodel、Daffy-Down-Dilly、咕咕花（Fleur de Coucou）、鵝蔥（Goose Leek）、Lent Lily、Porillon、天蒜、僊蘭

性別：陰性

行星屬性：金星

元素屬性：水

力量：愛情、生育、運氣

魔法用途：在施作愛情法術時，會將水仙花放在祭壇上，隨身攜帶亦可達到此目的。

將鮮花放在臥室裡，可增加生育力。

若是將水仙花佩戴在心臟旁，保證會帶來好運。

雛菊 DAISY

（*Chrysanthemum leucanthemum American Daisy; Bellis perenis-European Daisy*）

俗名別稱：Bairnwort、Bruisewort、Eyes、野菊花（Field Daisy）、Llygady Dydd（威爾斯語：日之眼）、Maudlinwort、月菊（Moon Daisy）

性別：陰性

行星屬性：金星

元素屬性：水

神祇屬性：北歐神話中的愛神、戰神與魔法女神弗蕾亞，月亮、自然與狩獵女神阿緹密絲，北歐神話中的戰神與農業之神、雷神索爾

力量：慾望、愛情

魔法用途：據說摘下當季第一朵雛菊的人，將擁有無法控制的「撒嬌心態」。睡覺時將雛菊的根放在枕頭下面，離開的愛人有可能會回到你身邊。佩戴在身上，雛菊會帶來愛情。

透納樹葉 DAMIANA
（*Turnera diffuse*或*T. aphrodisiaca*）G

俗名別稱：墨西哥達米阿那（Mexican Damiana）

性別：陽性

行星屬性：火星

元素屬性：火

力量：慾望、愛情、幻覺

魔法用途：多用於製作慾望的浸劑以及法術。燃燒它也會產生幻覺。

蒲公英 DANDELION
（*Taraxacum officinale*）葉子：G；根：Bb, Bi, Gi

俗名別稱：絮球（Blowball）、Cankerwort，獅

子牙（Lion's Tooth）、尿床草（Piss-a-Bed）、神父冠（Priest's Crown）、
泡芙球（Puffball）、豬鼻草（Swine Snout）、白苣（White Endive）、野苣
（Wild Endive）

性別：陽性

行星屬性：木星

元素屬性：風

神祇屬性：古希臘神話中掌管月亮、大地和冥界的女神赫卡特

力量：占卜、願望、召靈

魔法用途：要知道壽命有多長，你會活多久？朝著蒲公英的頭吹一口氣，剩
下的種子即代表你還剩下的年數。

要知道時間，朝蒲公英吹三次，剩下的種子數，便代表現在是幾點。

將蒲公英的根乾燥後加以烘烤，像咖啡一樣研磨成粉，然後泡成茶，這種浸
劑能提升靈力。蒸發這種茶水，將其放在床邊，可召靈。

要向愛人發送訊息，可朝著他或她的方向吹出蒲公英的種子，並在腦中想像
訊息。

將蒲公英埋在房子的西北角，能帶來有利的風。

曼陀羅 DATURA

（*Datura stramonium, D. metel, D. spp.*）有毒：
毒性非常強，絕對不可服用！光是觸碰這種植
物就會刺激皮膚。

＊常見花朵呈喇叭狀下垂者，為木本曼陀羅。

俗名別稱：惡魔的蘋果（Devil's Apple）、鬼花

（Ghost Flower）、吉森草（Jimsonweed）、愛情力（Love-Will）、瘋蘋果（Mad Apple）、瘋草（Madherb）、Manicon、臭草（Stinkweed）、巫師草（Sorcerer's Herb）、刺蘋果（Thornapple）、Toloache、女巫頂針（Witches' Thimble）、Yerba del Diablo（西班牙文：惡魔之草）

性別：陰性

行星屬性：土星

元素屬性：水

力量：解除咒語、睡眠、保護

儀式用途：不知有多少個世紀，薩滿教徒一直有使用曼陀羅，並且用在宗教儀式中。阿茲特克人認為這種植物是神聖的。

魔法用途：曼陀羅可用來破除咒語，只要撒在房子四周即可。它還可用來防止邪靈。若是連續失眠好幾晚，可以在每只鞋子中放一些曼陀羅的葉子，然後將鞋子放在床下，腳趾的方向朝最近的牆壁，便能解決失眠問題。將一些曼陀羅葉放在帽子頂部，有保護作用，可避免中風和中暑。

鹿舌草 DEERSTONGUE
（*Liatris odoratissima; Frasera speciosa*）X

俗名別稱：香草葉（Vanilla Leaf）、野香草（Wild Vanilla）、獵犬舌（Hound's Tongue）

性別：陽性

行星屬性：火星

元素屬性：火

力量：慾望、靈力

魔法用途：穿戴或攜帶在身，可吸引男性。將鹿舌草撒在床上，也有同樣的功能。佩戴在身上時，有助於提升靈力。

山蘿蔔 DEVIL'S BIT

（*Scabiosa succisa*）

俗名別稱：Ofbit

性別：陽性

力量：驅魔、愛情、保護、運氣

魔法用途：將山蘿蔔戴在脖子上，會驅走邪靈，提供保護。

山蘿蔔也用來吸引女性，增加好運。

魔鬼的鞋帶
DEVIL'S SHOESTRING

（*Viburnum alnifolium*）G

＊魔法應用的「魔鬼的鞋帶」，指的是各種莢蒾，最常見的是「椆葉莢蒾」。

力量：保護、賭博、運氣、力量、就業

魔法用途：將魔鬼的鞋帶戴掛在脖子上，便可以驅退邪惡，避免攜帶者遭受意外中毒。

賭徒會將魔鬼的鞋帶帶在身上，當作是好運符。

將根切成小塊，放在裝滿威士忌和樟腦的罐子裡，在需要任何類型的力量時，從中取出一塊根，拿來摩擦手，然後以適當的方式使用這塊根（也就是如果需要錢，請放在錢或錢包的附近）。

找工作時（或在工作中遇到問題時），在口袋中放一塊魔鬼的鞋帶，可以幫助你找到工作，或是解決困難。在要求加薪時，也可隨身攜帶。

蒔蘿 DILL

（*Anethum graveolens*）G

俗名別稱：Aneton、蒔蘿草（Dill Weed）、Dilly、花園蒔蘿（Garden Dill）、Chebbit、Sowa、Keper、Hulwa、Buzzalchippet、刁草

性別：陽性

行星屬性：水星

元素屬性：火

力量：保護、金錢、慾望、愛情

魔法用途：將這種藥草做成的保護型香包掛在門上或隨身攜帶，具有保護作用。放在搖籃裡可以保護孩子。如果把它放在門上，心懷惡意或嫉妒你的人就無法進入你家。

由於這種植物產生的種子數量甚多，因此蒔蘿也用於金錢法術。

加到浴缸中，會讓沐浴者變得難以抗拒，若是吃到或聞到蒔蘿，會刺激慾望（這就是為什麼醃蒔蘿會如此受歡迎的原因）。

聞蒔蘿可治療打嗝。

克里特白蘚 DITTANY OF CRETE

（*Dictamus origanoides, D. albus*）G

性別：陰性

行星屬性：金星

元素屬性：水

力量：顯靈、靈魂出竅

魔法用途：燃燒的白蘚是絕佳的顯靈劑基底；

靈會出現在香爐升起的煙霧中。

將白蘚與等量的香草、安息香和檀香混合，可製成靈魂出竅法術用線香。在嘗試靈魂出竅前，先燃燒少量這種香。

汁液可驅走有毒野獸，所以進入其棲息地前，可先塗抹一些汁液在身上。

大羊蹄 DOCK

（*Rumex spp. crispus, R. obtusifolius*）Ks

俗名別稱：黃色碼頭（Yellow Dock）、

鈍葉酸模

性別：陽性

行星屬性：木星

元素屬性：風

力量：治療、生育、金錢

魔法用途：大羊蹄的種子可用於財富型法術和

金錢薰香中，也會用來製做浸劑，灑在商業場所，可吸引顧客上門。

將大羊蹄的種子綁在女人的左臂上時，可幫助她懷孕。

菟絲子 DODDER
（*Cuscuta glomurata*或*C. europaea*）P, V, D

俗名別稱：乞丐草（Beggarweed）、惡魔腸（Devil's Guts）、火草（Fireweed）、地獄草（Hellweed）、聖母蕾絲（Lady's Laces）、愛情藤（Love Vine）、燙傷草（Scaldweed）、勒草（Strangle Tare）、女巫髮（Witches' Hair）

性別：陰性

行星屬性：土星

元素屬性：水

力量：愛情、占卜、結魔法

魔法用途：用於占卜愛情時，摘下菟絲子，將其丟過所寄生的植物（菟絲子是寄生生物），然後隔天返回這株植物，如果菟絲子再次附著在植物上，那就表示你的意中人愛你，如果沒有，就表示他不愛你。

可將菟絲子當作結魔法的繩索（不要把結打得太緊）。

毒狗草 DOGBANE
（*Apocynum androsaemifolium*）X

俗名別稱：Rheumatism Weld、Wild Ipecac

力量：愛情

魔法用途：可以應用在愛情魔藥的混合物中。

山茱萸 DOGWOOD

（*Cornus florida*）G

俗名別稱：黃楊木（Boxwood）、芽木
（Budwood）、狗樹（Dogtree）、佛羅里
達山茱萸（Florida Dogwood）、開花山茱萸
（Flowering Dogwood, Flowering Cornel）、綠
柳（Green Osier）、維吉尼亞山茱萸（Virginia Dogwood）

力量：願望、保護

魔法用途：在仲夏前夕，將山茱萸的汁液滴在手帕上，能保證願望實現，只
需要一直攜帶著手帕。

山茱萸的葉片（或木塊）也可放在保護型的護身符中。

龍血 DRAGON'S BLOOD

（*Daemonorops draco, D. propinquos*）G

俗名別稱：血（Blood）、花（Blume）、
Calamus Draco、Draconis Resina、Sanguis
Draconis、龍血棕櫚（Dragon's Blood Palm）、
血竭

性別：陽性

行星屬性：火星

元素屬性：火

力量：愛情、保護、驅魔、性能力

魔法用途：燃燒這種棕櫚樹的樹脂，可讓犯錯的愛人返回身邊。通常是由女性在夜晚時坐在開著的窗戶旁來施行。

將一條龍血放在枕頭或床墊下，可治療陽痿。

乾燥的樹脂是強力的保護劑，可隨身攜帶，或灑在房子周圍，或是當作薰香來燃燒。燃燒時，還能消除邪惡和負面力量。

將一小撮龍血加到其他薰香中，可增加它們的效用和力量。

要讓喧鬧的居家安靜下來，將一些龍血的粉末與糖、鹽混合，然後放入瓶中。蓋緊後放置在家中不會被找到的地方，即可擁有和平和寧靜。

紅藻 DULSE
（*Rhodymenia palmatta*）H, Lt

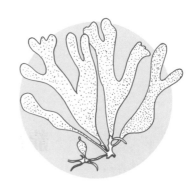

性別：陰性

行星屬性：月亮

元素屬性：水

力量：慾望、和諧

魔法用途：加在飲品中會料誘導慾望產生，灑在家裡會促進和諧。

紅藻也用於海上儀式，通常會將它拋到海浪中，藉以安撫海中的靈魂。也會從高處扔紅藻，使其與風靈接觸。

兜狀荷包牡丹
DUTCHMAN'S BREECHES
（*Dicentra cucullaria*）X

俗名別稱：荷蘭人馬褲

力量：愛情

魔法用途：將兜狀荷包牡丹的根佩戴在身上，可
吸引愛情。

另見86頁「荷包牡丹」。

豆柿 EBONY
（*Diospyros lotus*）

俗名別稱：Lama（夏威夷語）、非洲黑木
（Obeah Wood）、君遷子、黑棗、猴棗木

力量：保護、力量

魔法用途：豆柿具有保護作用，因此會用來製
作護身符。

豆柿魔杖賦予魔法師純粹而完全的力量。

不要在暴風雨中站在這種樹的下面！

狹葉紫錐花 ECHINACEA
（*Echinacea augustifolia*）G

俗名別稱：黑色桑普森（Black Sampson）、金
光菊（Coneflower），黑心實（Rudbeckia）、
紫錐菊

力量：強化法術

魔法用途：美洲印第安人會用狹葉紫錐花作為獻給靈的祭品，從而確保和加
強其法術。

高山火絨草 EDELWEISS
（*Leontopodium alpinum*）

俗名別稱：高山薄雪草、雪絨花、小白花

力量：隱形、防彈

魔法用途：將高山火絨草做成花圈穿戴在身
上，可隱形。

要抵禦匕首和子彈的攻擊，可在滿月的星期五白天，將整棵高山火絨草連根
拔起，以白色亞麻布包裹，穿戴在身上。

高山火絨草也能實現願望，只需要種植和照顧這棵植物即可。

西洋接骨木 ELDER, AMERICAN

（*Sambucus canadensis*）成熟果實：G；所有其
他部分：X

俗名別稱：Alhuren、Battree、Boure Tree、Bour
Tree、Eldrum、Ellhorn、Frau Holle（德文），
Hildemoer（德文）、Hollunder（德文）、
Hylder、艾爾霍恩夫人（Lady Ellhorn）、Old Gal、老夫人（Old Lady）、
水管樹（Pipe Tree）、強盜接骨木（Rob Elder）、Sureau（法文）、甜蜜接
骨木（Sweet Elder）、末日之樹（Tree of Doom），Yakori Bengeskro（吉普
賽語中「惡魔之眼」的意思）

性別：陰性

行星屬性：金星

元素屬性：水

神祇屬性：斯勘地納維亞傳統中的植物女精靈胡爾達（Hulda），羅馬神話
中的愛神與美神維納斯

力量：驅魔、保護、治療、繁榮、睡眠

儀式用途：在古代英國的墓室中，會應用這種接骨木於墓葬儀式中。由於花
朵是白色，是祭拜許多女神的聖物。

過去相信有女巫和靈魂居住在接骨木內，所以切割時才會有紅色汁液出
來，像是「流血」。

在砍下一棵接骨木前，會吟誦下面的咒語：

> 艾爾霍恩夫人，給我你的木頭，
> （Lady Ellhorn, give me of the wood,）

當我成為一棵樹時，我也會給你我的。

（And I will give thee of mine, when I become a tree.）

在砍下第一刀前，跪在樹前吟誦這一段咒語，讓這棵樹木內的巫婆或靈魂有時間搬移。

魔法用途：若是將接骨木穿戴在身上，可以抵禦各種攻擊者。掛在門口和窗戶上，能夠驅除邪惡。

它還有能力迫使邪惡的魔法師釋出任何意欲施加的任何結界或法術。攜帶其漿果，可以防止邪惡和負面力量。

將接骨木種在花園裡，能夠保護家庭免受巫術以及閃電的侵害。

要祝福一個人、一個地方或一樣事物，將接骨木的葉子和漿果以受祝福的人或事物名義撒到四處，然後將更多的接骨木果葉撒在人或物身上，儀式就算完成。

要退燒，在完全沉默的狀態下，將一根接骨木的樹枝插到地上即可。

要解除牙痛，可以咀嚼接骨木的老枝，然後將它放入牆壁，同時說：

邪靈，離開吧！（Depart thou evil spirit!）

這樣可以緩解牙痛！因為過去曾認為牙痛是由邪靈所造成的。

要預防風濕，不妨將一根接骨木樹枝折成三、四段，放入口袋。

以綠色的長枝揉搓疣，然後將其埋在泥中，任其腐爛，便能治癒。

在住家附近種接骨木，會為家庭帶來繁榮，在房子周圍擺放樹枝，可以防止劫匪和蛇的入侵。

在婚禮上會用接骨木來為新婚夫婦帶來好運；孕婦親吻這種樹，會為即將誕生的寶寶帶來好運。

如果難以入睡，請將接骨木的果實放在枕頭下方，能讓人安穩入睡。攜帶接骨木能夠避免通姦的誘惑。

以接骨木來製作長笛，可用笛子的樂聲召喚靈魂。最好是在午夜時分，在遠離塵囂荒蕪人煙的地方進行。

許多人認為燃燒接骨木很危險，有些吉普賽人嚴格禁止用這種木頭當作柴火。然而，幾個世紀以來，魔法師都使用它來製作魔杖。

土木香 ELECAMPANE
（*Inula helenium*）PN, D+

俗名別稱：Alantwurzel（德文）、Alycompaine、Aunee（法文）、精靈酸模（Elf Dock）、Elfwort、Horseheal、護士治療、Scabwort、天鵝絨酸模（Velvet Dock）、田野向日葵（Wild Sunflower）

性別：陽性

行星屬性：水星

元素屬性：風

力量：愛情、保護、靈力

魔法用途：將土木香穿戴在身上，會吸引愛情。

以粉紅色的布料將土木香的葉子或花朵縫製成香包，攜帶在身上，也有保護作用；以木炭悶燒這種藥草，能夠提升靈力，特別是在占卜時。

榆樹 ELM
（*Ulmus campestris*）G

俗名別稱：精靈樹（Elven）、英國榆樹（English Elm）、歐洲榆樹（European Elm）

性別：陰性

行星屬性：土星

元素屬性：水

神祇屬性：北歐神話中眾神之父奧丁（Odin）、海尼爾（Hoenin，一作 Hoenir）、洛德（Lodr，一作 Lodur）

力量：愛情

魔法用途：由於榆樹在精靈中相當受歡迎，一度被稱為「精靈樹」（Elven），現在則是用於防止雷擊；隨身攜帶能吸引愛情。

苦苣 ENDIVE
（Cichorium endivia）

性別：陽性

行星屬性：木星

元素屬性：風

力量：慾望、愛情

魔法用途：用於魔法時，最好是依下列方式採集：在六月二十七日或七月二十五日，拿一塊金子或一隻雄鹿的角來挖掘苦苣。無論是以何種方式採集，都可用作吸引愛情的護身符。

此法需要使用新鮮的藥草，因此應該每三天更換一次。

也會放在沙拉中食用，挑起分食者的慾望。

刺芹 ERYNGO

（*Eryngium spp. maritinum, E. planum, E. yuccifolium, E. campestre, E.foetidum*）G

俗名別稱：Sea Holly、Yerba del Sapo

性別：陰性

行星屬性：金星

元素屬性：水

力量：旅行者的運氣、和平、慾望、愛情

魔法用途：旅行者攜帶或穿戴刺芹，可以確保旅途中的安全和運氣。

這種藥草也可帶來和平，可撒在某個地方，或是給予爭吵中的夫婦。

吃下刺芹會引發慾望，所以這也用於所有類型的愛情咒語。

藍桉 EUCALYPTUS

（Eucalyptus spp. globulus）Li, Bd：不要用在小孩的臉上。

俗名別稱：藍膠樹（Blue Gum Tree）、刺皮樹（Stringy Bark Tree）、藍膠尤加利

性別：陰性

行星屬性：月亮

元素屬性：水

力量：治療、保護

魔法用途：會用藍桉葉子來填充治療型的人偶，隨身攜帶，可保持良好的健康狀態。要舒緩感冒，將葉子和豆莢環繞綠色蠟燭，在容器內燃燒，並在腦中想像病患（或是自己）完全健康的景象。

也可在病床上掛一小枝藍桉的樹枝或枝芽，或以綠色的線來串未成熟（綠色）的豆莢，戴上便有助於喉嚨痛的治療。將豆莢放在枕頭下方，可預防感冒。葉子也有保護作用。

飛揚草 EUPHORBIA

（*Euphorbia spp. pilulifera, E. hirta*）有毒：V

俗名別稱：荊棘冠（Crown of Thorns）、大戟（Spurge）、狼奶（Wolf's Milk）、Pill-bearing Spurge、Catshair、Mziwaziwa

性別：陰性

行星屬性：土星

元素屬性：水

力量：淨化、保護

魔法用途：在安曼，婦人分娩後，會拿一枝飛揚草進屋，用以潔淨。

將飛揚草種植在室內或室外，可產生很好的保護作用。

乳白色的汁液有時會被用來製作魔法油和魔法藥膏，但是此藥草毒性高，應謹慎使用。

小米草 EYEBRIGHT

（*Euphrasia officinalis*）G

俗名別稱：Euphrosyne、紅色亮眼草（Red Eyebright）

性別：陽性

行星屬性：太陽

元素屬性：風

力量：心智能力、靈力

魔法用途：將小米草釀成茶飲用，可提神醒腦、提升記憶。

以棉片拍打小米草浸劑到眼瞼上，能產生透視的魔力，但在產生這樣的結果前，必須持續這麼做。

攜帶在身上可增加靈力。需要了解一件事情的真相時也可使用。

茴香 FENNEL

（*Foeniculum vulgare*）G

俗名別稱：Samar、甜茴香（Sweet Fennel）、Sheeh

性別：陽性

行星屬性：水星

元素屬性：火

神祇屬性：希臘神話中泰坦神族中造人並傳火到世界的神普羅米修斯（Prometheus），古希臘酒神戴歐尼修斯

力量：保護、治療、淨化

儀式用途：在祭拜酒神的儀式中，經常會用大的茴香莖來製作酒神權杖，其末端還附上松果。

魔法用途：在家附近種植茴香，可產生保護作用。

在左腳的鞋中放一塊茴香，可以防止木蝨叮咬腿部。

如果將茴香掛在窗戶和門上，可以防止邪靈；隨身攜帶種子，也能達到同樣的效果。

茴香會用於淨化型的香包，也用在治療型的藥草混合物中。

葫蘆巴 FENUGREEK

（*Trigonella foenum-graecutn*）種子：P

俗名別稱：鳥腳（Bird's Foot）、希臘乾草（Greek Hayseed）、Watu，Hilba、云香草、香草、苦草、苦豆、苦朵菜、香苜蓿、香豆子

性別：陽性

行星屬性：水星

元素屬性：風

神祇屬性：希臘羅馬神話中的光明之神、文藝之神、太陽神阿波羅

力量：金錢

魔法用途：要讓家裡錢財滾滾，可以在拖地水中加入一些胡蘆巴種子（或是倒入少量的胡蘆巴浸劑）。另外，也可放一個裝入半瓶胡蘆巴的小罐子在房子裡，並將瓶蓋打開，亦可招財。每隔幾天加幾粒種子，直到將罐子裝滿，然後將胡蘆巴倒出來，重新開始。將用過的種子倒回土裡。

蕨類 FERN

有些蕨類有毒

性別：陽性

行星屬性：水星

元素屬性：風

神祇屬性：夏威夷神話中的舞蹈女神拉卡（Laka），小精靈帕克（Puck）

力量：造雨、保護、運氣、財富、青春永駐、健康、驅魔

魔法用途：蕨類具有保護作用，因此會插在花瓶中，也會將其種在門口。放在室內，也具有保護作用。

將乾燥的蕨類扔在燒熱的煤上，可以驅除邪靈。在戶外燃燒蕨類，會導致降雨。燃燒蕨類的煙霧也會驅走蛇類或是喧鬧的生物。

蕨類能夠引導攜帶者發現寶藏；在春天摘下第一片蕨葉的人會有好運氣。

若是發現自己身處蕨類植物覆蓋的地方，而且正好是在午夜，又沒有聽見任何聲音，小精靈帕克就會現身，送給你一個裝著黃金的錢包。故意這樣做，就稱為「守蕨待金」。

若是咬一口春天冒出來的第一根蕨類植物的邊緣，就不會齒痛，至少可持續到下一個春天。

若是能得到蕨類的汁液，據說將其喝下，就得以青春永駐。若要隱形，可隨身攜帶蕨類的種子。

小白菊 FEVERFEW

（*Tanacetum parthenium, Chrysanthemum parthenium*）P, Dg

俗名別稱：Featherfew、Febrifuge Plant、短舌匹菊

性別：陽性

行星屬性：金星

元素屬性：水

力量：保護

魔法用途：隨身攜帶有保護作用，能抵禦感冒、發燒以及意外事故。

無花果 FIG

（*Ficus carica*）G

俗名別稱：普通無花果（Common Fig）、Fico、Mhawa、Chagareltin

性別：陽性

行星屬性：木星

元素屬性：火

神祇屬性：古希臘酒神戴歐尼修斯，羅馬神話中天神朱特之妻、也是女性、婚姻、生育和母性之神朱諾（Juno），古埃及的母性與生育之神艾西斯（Isis，或譯艾西絲）

力量：占卜、生育、愛情

魔法用途：想要懷孕的女性，可攜帶由無花果木雕刻而成的小型陽具圖像，也可以用來治療男性的不孕或陽痿問題。食用新鮮的無花果也可獲得相同的效果。

在無花果葉上寫一個問題。若葉子緩慢地變乾，答案是肯定的，或者至少是個好兆頭；若如快速變乾，則剛好相反。

在家中種植無花果樹，具有保護作用，可為住戶帶來好運。種在臥室裡，有助安眠；在廚房裡，可確保一家永不挨餓。

要吸引任何一位男性或女性，就送給他們一個無花果，只要他們喜歡無花果，就會被你的存在所迷惑。

在出發旅行前，將一根無花果樹枝放在門前，日後就能安全返回家。

玄參 FIGWORT
（*Scrophularia nodosa, S. marilandica*）Vt

俗名別稱：木匠方塊（Carpenter's Square）、Rosenoble、喉嚨草（Throatwor）

性別：陰性

行星屬性：金星

元素屬性：水

力量：健康、保護

魔法用途：掛在脖子上，玄參可維持健康，並抵禦邪眼。也可以在盛夏時間以火燃燒這種植物，然後掛在家中，可產生保護的力量。

亞麻 FLAX

（*Linum usitatissimum*）L

俗名別稱：Linseed、Linaza、Sib Muma

性別：陽性

行星屬性：水星

元素屬性：火

神祇屬性：斯勘地納維亞傳統中的植物女精靈胡爾達（Hulda）

力量：金錢、保護、美貌、靈力、治療

儀式用途：亞麻用於祭拜條頓女神胡爾達的儀式中，因為是祂首先教導凡人種植亞麻，並將其紡成亞麻線，編織成布。

魔法用途：亞麻籽可用於金錢法術。放一些在口袋、錢包或皮夾中，或是放一個罐子在祭壇上，加上一些錢幣，再放入一些亞麻籽。每天重複上述做法，可以招財。在鞋子裡放一點亞麻可以防止貧困。

佩戴藍色的亞麻花可防止巫術。要在睡覺時保護自己，混合等量的亞麻籽和芥菜籽，然後將混合物放在床邊。在床的另一邊放一鍋冷水，這樣在睡眠期間便會受到保護。

或是將紅辣椒和亞麻籽的組合，放在房子的某個地方，可防止邪惡入侵。

要確保孩子長大成為一個美麗或英俊的成年人，便讓他或她七歲時，在栽種的亞麻間跳舞。

在進行治療儀式祭壇時，可撒上亞麻籽，或是在治療的混合藥草中加入。要幫助治療腰痛，可在腰部繫上一束亞麻。

若是頭暈，可採用一種較為激烈的治療方法：日落後裸體穿越亞麻田三次。這樣做時，亞麻會將頭暈症狀吸收，病症便得以治癒。你可能會因此感冒，不過不會再頭暈了！

蚤草 FLEABANE

（*Inula dysenterica, Corydalis spp.*）Corydalis

spp.X

性別：陰性

行星屬性：金星

元素屬性：水

力量：驅魔、保護、貞潔

魔法用途：自古以來就有使用蚤草來驅除邪靈，防止進入家中。要做到這一點，只需在香包中放入一些蚤草、聖約翰草、小麥和一些刺山柑的葉子，掛在門楣上即可。

將蚤草的種子放在床單上可維持貞潔。

毛地黃 FOXGLOVE

（*Digitalis purpurea*）有毒

俗名別稱：牛圈（Cow-Flop）、喪鐘（Deadmen's Bells）、洋地黃（Digitalis）、狗指頭（Dog's Finger）、仙女手指（Fairy Fingers）、仙女襯裙（Fairy Petticoats）、仙女頂針（Fairy Thimbles）、仙女草（Fairy Weed）、Floppy-Dock, Floptop、Floptop、精靈手套（Folk's Gloves）、狐狸鈴（Fox Bells）、Foxes Glofa、大藥草（The Great Herb）、獅子嘴（Lion's Mouth）、Lusmore，Lus na mbau side（愛爾蘭蓋爾語），聖母手套（Lady's Glove）、女巫鈴（Witches'

Bells）、Witches' Thimsbles

性別：陰性

行星屬性：金星

元素屬性：水

力量：保護

魔法用途：種在花園裡，可保護花園和家庭。過去英國威爾斯地區的家庭主婦會用毛地黃的葉子製作黑色染料，在他們小屋的石頭地板上畫出交叉線條，藉以防止邪惡入侵。

毛地黃有毒，不可內服。

乳香 FRANKINCENSE
（*Boswellia carterii*）G

俗名別稱：香（Incense）、Olibans、Olibanum、Olibanus、天澤香、摩勒香、馬尾香、滴香

性別：陽性

行星屬性：太陽

元素屬性：火

神祇屬性：古埃及太陽神拉，腓尼基人的太陽神與農業神巴力（Baal）

力量：保護、驅魔、靈性

儀式用途：古埃及人在日出時會燃燒燒乳香，膜拜古埃及太陽神拉。時至今日，乳香卻成了天主教堂所使用的一些薰香成分。

魔法用途：燃燒時，乳香會釋放出強大的震動，不僅可以提升所在區域的活

力，還可以消除所有邪惡和負面力量。因此，會將乳香加在驅魔、保護、淨化和奉獻的薰香中。

也會燃燒乳香來誘導幻覺和幫助冥想，或是添加在用於運氣、保護和精神成長的香包中。

可用迷迭香來代替乳香。

球果紫菫 FUMITORY
（*Fumaria officinalis*）

俗名別稱：Beggary、大地煙霧（Earth Smoke）、Fumiterry、Fumus、Fumus Terrae、Kaphnos、Nidor、Scheiteregi、Taubenkropp、蒸汽（Vapor）、蠟娃娃（Wax Dolls）、歐煙菫

性別：陰性

行星屬性：土星

元素屬性：土

力量：金錢、驅魔

魔法用途：在房子周圍噴灑球果紫菫的浸劑，並且每週用這個浸劑擦一次鞋子，能夠快速招財。

幾世紀以來，都會以燃燒球果紫菫來驅除邪靈。

龍艾 FUZZY WEED
（*Artemisia dracunculus*）G

俗名別稱：法國龍蒿草（French Tarragon）、香艾菊、狹葉青蒿、蛇蒿、椒蒿、他拉根香草

力量：愛情、狩獵

魔法用途：這種植物和艾蒿與艾草是同一屬，美洲印第安人會用來於吸引愛情，只要將其摩擦在衣服和身體上，即可產生作用。

龍艾也用來為狩獵帶來好運，過去這曾是存活下去的一個要件。

高良薑 GALANGAL
（*Alpina officinalum*或*A. galanga*）G

俗名別稱：咀嚼約翰（Chewing John）、中國根（China Root）、絞痛根（Colic Root）、東印度卡塔拉根（East India Catarrh Root）、Galingal、Galingale、Gargaut、印度根（India Root）、Kaempferia Galanga，征服者矮約翰（Low John the Conqueror）、Rhizoma Galangae、良薑、小良薑、蠻薑、南薑、山薑、大高良薑

性別：陽性

行星屬性：火星

元素屬性：火

力量：保護、慾望、健康、金錢、靈力、破除魔咒

魔法用途：高良薑用於許多不同的魔法需求。穿戴或攜帶會產生保護作用，還能吸引好運。與銀放在一個皮革香包中，能夠招財。燃燒磨成粉的高良薑，可以破除咒語和詛咒。攜帶或灑在家中，會提升慾望。

穿戴高良薑有助於靈力發展，並維持健康。若是無法取得高良薑，可用同屬的薑取代。

梔子花 GARDENIA

（*Gardenia jasminoides, G. Gardenia jasminoides: G. spp.*）

俗名別稱：木丹、鮮支、卮子、越桃、水橫枝、支子花、枝子花、山梔花、黃雞子、黃梔子、黃梔子、黃梔、黃梔花、山黃梔、玉荷花、白嬋花、玉堂春

性別：陰性

行星屬性：月亮

元素屬性：水

力量：愛情、和平、加熱、靈性

魔法用途：將新鮮花朵放置在病房，或是為了治療而擺設的祭壇上，有助於療癒過程的進行。

乾燥的梔子花瓣也可加在治療用的薰香和混合藥草中。

將乾燥梔子花散落在房間周圍，能引發寧靜的震動。

如果用於愛情咒語，在魔法儀式中往往會吸引善靈，因為它們擁有極高的精神振動。

大蒜 GARLIC

（*Allium sativum*）N

俗名別稱：Ajo（西班牙語）、窮人的靈芝（Poor Man's Treacle）、臭草（Stinkweed）

性別：陽性

行星屬性：火星

元素屬性：火

神祇屬性：古希臘神話中掌管月亮、大地和冥界的女神赫卡特

力量：保護、治療、驅魔、慾望、防盜

儀式用途：在膜拜女神赫卡特的慶典期間會吃大蒜，並將大蒜留在十字路口，以祂的名義獻祭。

魔法用途：大蒜曾用來對抗瘟疫，至今仍然用於吸收疾病。只需將新鮮去皮的大蒜瓣搗碎，塗抹在身體受影響的部位，然後將其丟入流動的水中。

有個古老的咒語是利用大蒜來預防肝炎，只需要在脖子上掛一串有十三瓣的大蒜十三天。在最後一天的半夜，走到兩條街的交叉口，在角落取下大蒜項鍊，扔在身後，然後頭也不回的跑回家。

大蒜具有極佳的保護作用。水手上船時會攜帶一些，藉以防止船難。中世紀時，士兵會佩戴大蒜，當作防禦，而羅馬士兵則會吃大蒜來增加勇氣。放在家裡，可防止邪惡入侵，因此能防止強盜和小偷；掛在門上還能驅逐嫉妒者。大蒜在新房子中尤其具有保護作用。

將大蒜穿戴在身上，可對抗惡劣天氣（所以登山者會穿戴它）；還能對抗怪物以及抵抗敵人的打擊。邪靈即將到來時，咬一口大蒜可驅逐它們，或是在地板上撒大蒜粉（若是不介意聞一段時間的話）。也會將大蒜放在兒童枕頭下面，在睡覺時保護他們；過去新娘會在口袋裡裝大蒜瓣，藉以求好運，並

在她的大日子中讓邪靈遠離而去。在使用鍋碗瓢盆前，以大蒜塗抹，可去除可能會污染食物的負面震動。

吃大蒜有誘發慾望的作用；磁鐵或磁石以大蒜摩擦後，會失去魔力。

黃龍膽 GENTIAN
（*Gentiana lutea*）U, Dg

俗名別稱：苦根（Bitter Root），黃龍膽（Yellow Gentian）、Hochwurzel

性別：陽性

行星屬性：火星

元素屬性：火

力量：愛情、力量

魔法用途：黃龍膽可添加在具愛情作用的洗浴和香包中。若添加在任何類型的薰香或香包中，黃龍膽會增加大量額外的力量。

它也用於破除不祥之物和詛咒。

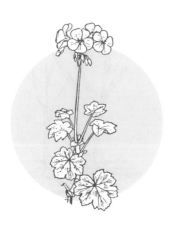

天竺葵 GERANIUM
（*Pelargonium maculatum*和*P. odoratissimum, P. spp.*）G

性別：陰性

行星屬性：金星

元素屬性：水

力量：生育、健康、愛情、保護

魔法用途：所有種在花園中，或是新鮮採下帶回家中並插在水裡的天竺葵，都具有保護作用。

天竺葵可以防蛇，因為蛇不會去天竺葵生長的地方。

在巫婆小屋附近種植的紅色天竺葵，會由訪客的動作得知其動向。天竺葵的花能夠神奇地指向陌生人的方向，警告女巫有人到來。

一片或一盆的紅色天竺葵即具有保護作用，還能加強健康。

粉紅花朵的天竺葵可用於愛情法術，而白色的品種，則是增加生育力。當代墨西哥的民間治療師，會以紅色天竺葵和新鮮的芸香和胡椒樹枝刷病患的身體，來清潔和治療。

玫瑰天竺葵（Pelargonium graveolens）的葉子非常香，可用於製作保護型的香包，或是將其新鮮的葉子摩擦在門把和窗戶，也有保護效果。

所有有香味的天竺葵都具有各種魔法特性，其中大部分都可以從不同的香味（如肉荳蔻、檸檬、薄荷等）推斷出來，如肉荳蔻香味的天竺葵具有與肉荳蔻相同的能力，以此類推。

薑 GINGER

（*Zingiber officinale*）乾燥的根部：+ F, P, Sg ；

生薑：G

俗名別稱：非洲生薑（African Ginger）

性別：陽性

行星屬性：火星

元素屬性：火

力量：愛情、金錢、成功、力量

魔法用途：在施法之前吃薑，會更具有力量，因為薑能夠將人「加熱」，尤其是要進行愛情法術時，經常會用到薑。

整顆薑的根部可以招財，或是把薑粉末撒在口袋裡或金錢上，也會有同樣的效果。

薑也用於成功法術，或用來確保一項魔法的成功。

在太平洋地區的杜布島（Dobu），居民在他們的魔法中會大量使用薑。他們將其咀嚼後，吐在病患的「座位」來加以治療；在海上即將有暴風雨來臨時，也會對著大海吐出咀嚼過的薑，以求平息。

花旗參 GINSENG, AMERICAN

（*Panax quinquefolius*）G

俗名別稱：神奇世界根（Wonder of the World Root）、洋參、西洋參、野山泡參、廣東人參

性別：陽性

行星屬性：太陽

元素屬性：火

力量：愛情、願望、治療、美貌、保護、慾望

魔法用途：攜帶花旗參的根能吸引愛情，還能守護個人健康、招財，並且確保性能力。

花旗參會為所有攜帶它的人帶來美貌。

燃燒花旗參，可抵禦邪靈，破除詛咒和咒語。花旗參茶可用來誘發強烈的慾

望，無論是單獨使用，還是與其他類似的藥草混合使用。

要實現願望，可將花旗參的根部握在手中，想像願望進入根部，然後將其扔到流動的水中；或是將願望刻在根上，並扔進水裡。

花旗參可作為曼德拉草的替代品。

山羊豆 GOAT'S RUE
（*Galega officinalis*）

俗名別稱：法國金銀花（French Honeysuckle）、
Rutwica、Lavamani

性別：陽性

行星屬性：水星

元素屬性：風

力量：治療、健康

魔法用途：在治療儀式中會用到山羊豆。將山羊豆的葉子放入鞋中，可治療並預防風濕病。

一枝黃花 GOLDENROD
（*Solidago odora, S. virgaugrea, S. canadensis, S. gigantea*）P, Sg, K

俗名別稱：Aaron's Rod、藍山茶（Blue Mountain Tea）、黃金潮（Goldruthe）、Gonea

Tea、香甜金盞花（Sweet Scented Goldenrod）、Solidago、Verg d'Or、傷草（Wound Weed）、Woundwort、毛果一枝黃花、秋麒麟草、麒麟草、北美一枝黃、高莖一枝黃、黃花滿天星、黃金鞭

性別：陰性

行星屬性：金星

元素屬性：風

力量：金錢、占卜

魔法用途：要看到未來的愛人，戴上一枝黃花，他或她將會在明天現身。

想找失物或寶物，將花握在手中，花朵會朝向隱藏或找不到的東西、或是埋藏有寶藏的地方彎去。

若是一枝黃花突然在房門附近盛開，那表示很快就會有意想不到的好運降臨在這個家中。

一枝黃花也用於金錢型的法術。

金印草 GOLDEN SEAL
（*Hydrastis canadensis*）P, Lt

俗名別稱：眼霜（Eye Balm）、眼根（Eye Root）、地面覆盆子（Ground Raspberry）、印第安染料（Indian Dye）、印第安顏料（Indian Paint）、黃疸根（Jaundice Root）、橙根（Orange Root）、薑黃根（Tumeric Root）、Warnera、野生薑黃（Wild Curcurma）、北美黃蓮（Yellow Puccoon）、黃根（Yellow Root）、白毛莨

性別：陽性

行星屬性：太陽

元素屬性：火

力量：治療、金錢

魔法用途：金印草多用於金錢法術以及治療儀式中。

荊豆 GORSE
（*Ulex europaeus*）

俗名別稱：Broom、Frey、Furze、Fyrs、Gorst、Goss、Prickly Broom、Ruffet、Whin

性別：陽性

行星屬性：火星

元素屬性：火

神祇屬性：北歐神話中的戰神與農業之神、雷神索爾

力量：保護、金錢

魔法用途：荊豆是對抗邪惡的極佳保護藥草。在威爾斯，多刺的荊豆籬笆可用來保護抵禦妖精，因為他們無法穿透這種樹籬。

荊豆也用於金錢法術，它會吸引來黃金。

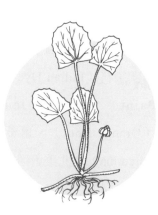

雷公根 GOTU KOLA
（*Hydrocotyl asiatica*）G

俗名別稱：印度圓葉（Indian Pennywort）、天

胡荽（Hydrocotyle）、積雪草、落得打、崩大碗、蚶殼草

力量：冥想

魔法用途：用於冥想薰香。在冥想之前（但不是在冥想期間）燃燒一點。

南瓜 GOURD

（Curcurbita spp.）

有些南瓜有毒性，僅食用那些當作食物販售的南瓜。

性別：陰性

行星屬性：月亮

元素屬性：水

力量：保護

魔法用途：將南瓜掛在前門會有保護作用，可抵抗邪惡。可將切片的南瓜放在口袋或錢包中，有避邪的作用。

會用南瓜來製造聲響（把乾燥的豆放在裡面），能夠嚇唬邪靈；將一個乾南瓜從頂部切開，裝滿水，可作為占卜用碗。

穀物 GRAIN

力量：保護

魔法用途：要保護自己抵禦邪惡，可在臥室四周處撒穀物種子。

要在孩子遠離你時（比如去上學校時）能保護他們，可在他們離家時灑一把穀物。但要確保他們沒有看到你這樣做。

參見特定穀物。

天堂籽 GRAINS OF PARADISE

（*Aframomum melegeuta; Amomum melequeta*）

G

俗名別稱：非洲椒（African Pepper）、幾內亞胡椒（Guinea Grains）、梅萊蓋塔胡椒（Mallaquetta Pepper）Melequeta、非洲豆蔻、椒蔻、樂園籽

性別：陽性

行星屬性：火星

元素屬性：火

力量：慾望、運氣、愛情、金錢、願望

魔法用途：天堂籽多運用於愛情、慾望、運氣和金錢的法術，以及這類型的香包中。

它也是用於許願的一種藥草：握一些在手中，許下一個願望，然後順時針向每個方向扔一點藥草，從北開始，到西結束。

釀酒葡萄 GRAPE
（*Vitis vinifera*）G

性別：陰性

行星屬性：月亮

元素屬性：水

神祇屬性：古希臘酒神戴歐尼修斯、古羅馬人信奉的酒神巴克斯（Bacchus），古埃及主掌愛、美、富裕、舞蹈與音樂的女神哈索爾（Hathor）

力量：生育、花園魔術、心智能力、金錢

魔法用途：就像古羅馬時代，在花園的牆壁塗上釀酒葡萄的圖像，可確保豐收。吃釀酒釀酒葡萄或釀酒葡萄乾可以增加生育力，並增強精神力量。

在施行金錢法術期間，會將釀酒葡萄放在祭壇上。

草 GRASS

力量：靈力、保護

魔法用途：在家的前窗掛一把綠草，可以驅邪並保護居家環境。在家裡的草地上將草打結，也可以達到為同樣效果。

攜帶草葉葉片，可幫助靈力。

以綠草在石頭上標註願望，或者簡單地用草揉搓成一個綠色斑點，並在腦中想像自己的需要，然後把石頭埋起來，或是扔進流動的水中。

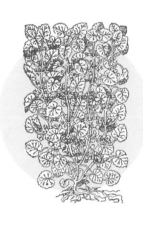

金錢薄荷 GROUND IVY

（*Nepeta heredacea, Nepeta Glechoma hederacea, glechoma*）

俗名別稱：Alehoof、貓腳（Cat's Foot）、Gill Go-Over-the-Ground、Haymaids、Herb Hedgemaids、Lizzy- Run-Up-The-Hedge、Robin-Run-In-The-Hedge、Tunhoof、野油（Field Balm）、逃跑羅賓（Runnaway Robin）、連錢草、歐活血丹、大馬蹄草、虎咬黃

力量：占卜

魔法用途：可利用金錢薄荷來找出是誰對你施以惡意的魔法。將藥草放在黃色蠟燭的底部，在星期二時燃燒，便可得知施法者為何人。

歐洲黃菀 GROUNDSEL

（*Senecio vulgaris, S. spp.*）X

俗名別稱：Groundeswelge（盎格魯撒克遜語「地面吞食者」之意）、地面吞食者（Ground Glutton）、Grundy Swallow、Sention、Simson、歐洲千里光

性別：陰性

行星屬性：金星

元素屬性：水

力量：健康、治療

魔法用途：將歐洲黃菀攜帶在身上，可作為對抗牙痛的護身符，也可以在疼痛一開始時發揮止痛作用。一般來說，攜帶它也有保健牙齒的作用。

山楂 HAWTHORN

（*Crataegus oxacantha*）DI *可能會干擾毛地黃類的藥物

俗名別稱：麵包起士樹（Bread and Cheese Tree）、Gaxels、Hagthorn、Halves、Haw、榛樹（Hazel）、Huath、聖母肉身（Ladies' Meat）、五月（May）、五月花（Mayblossom）、五月木（May Bush）、五月花（Mayflower）、快克（Quick）、刺（Thorn）、貞操樹（Tree of Chastity）、山裡紅、大紅果、山楂肉、酸楂、赤棗、山楂炭、生山楂、焦山楂、山櫨、仙楂、仙查、山查

性別：陽性

行星屬性：火星

元素屬性：火

神祇屬性：羅馬神話中掌管門軸和門檻的女神卡爾迪亞，羅馬神話中司花朵、青春與歡樂的花神佛洛拉（Flora，或譯作芙蘿拉），希臘羅馬神話中主掌婚姻的神海曼（Hymen）

力量：生育、貞節、釣魚術、幸福

儀式用途：過去山楂曾用來裝飾五朔節花柱（May poles）。山楂曾經被認為是女巫幻化成的樹。

另外，女巫會在山楂樹下長時間跳舞，並舉行她們的儀式。

魔法用途：很久以前就知道山楂可用來強化生育力，由於具有這種力量，因此會在婚禮中使用，特別是在春天舉行的婚禮。

奇妙的是，許多人會用山楂的葉子來強化或維持貞潔或獨身，做法是將葉子放在床墊下面，或臥室的周圍。

去釣魚時，攜帶以山楂做成的香包，可保證漁獲豐收；穿戴或攜帶山楂，還可以讓煩惱、沮喪或悲傷的人感到幸福。

山楂可以抵禦閃電，邪靈無法進入種植有山楂的房子。它還有助於防止房屋受到風暴破壞。

羅馬人會將山楂放在搖籃中，防止孩子受到邪惡法術的傷害。

在過去，大多數女巫的花園都至少會立有一道山楂樹籬。

山楂是精靈的聖物，名列英國三樹精之一（橡樹、梣樹和山楂）；在這三種樹一起生長的地方，據說可以看到精靈。

榛樹 HAZEL
（*Corylus spp.avellana Corylus cornuta*）G

俗名別稱：Coll

性別：陽性

行星屬性：太陽

元素屬性：風

神祇屬性：羅馬神話中神的信使墨丘里，北歐神話中的戰神與農業之神、雷神索爾，月亮、自然與狩獵女神阿緹密絲，月亮與狩獵女神黛安娜

力量：運氣、生育、抗閃電、保護、願望

魔法用途：把榛果串起來，掛在屋裡會帶來好運，送給新娘一堆榛果，也能祝福她好運。

吃榛果能長智慧，增加生育力，攜帶榛果也能增加生育力。

許多占卜師在占卜前經常會吃榛果。

在戶外要保護自己（或是所種植的植物），可用榛樹樹枝在沙土上圍繞自己，或在想要保護的植物外畫一個圓圈形成結界。

將榛樹枝編織成冠，戴在頭上，認真許願，願望就可能成真。榛樹冠也可用來啟動隱身術。

將榛樹的枝條放置在窗框上，可防止房子遭到閃電擊中；將三根榛木針插在房子上，可預防火災。

榛木可用於製作精美的通用魔杖。尋物者會用叉形的榛樹樹枝來占卜，藉以尋找隱藏的東西。

帚石楠 HEATHER
（*Calluna spp., Erica spp. vulgaris*）花：G

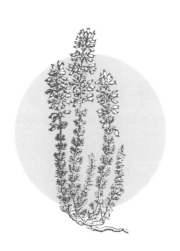

俗名別稱：石楠（Common Heather）、Heath、Ling、蘇格蘭石楠（Scottish Heather）

性別：陰性

行星屬性：金星

元素屬性：水

神祇屬性：古埃及的母性與生育之神艾西斯

力量：保護、造雨、運氣

魔法用途：攜帶帚石楠可防強姦犯和其他暴力罪犯，或者純粹只是為增加好

運，而白石楠在這方面的效果最好。

在戶外同時燃燒帚石楠和蕨類，會引來雨水。長久以來，帚石楠也被用來召喚幽靈。

天芥菜 HELIOTROPE
（*Heliotropium europaeum*或*H. arborescens*）

有毒

俗名別稱：櫻桃派（Cherry Pie）、Turnsole、Hindicum

性別：陽性

行星屬性：太陽

元素屬性：火

神祇屬性：希臘神話中的光明之神、文藝之神，也是羅馬神話中的太陽神阿波羅

力量：驅魔、預言夢境、治療、財富、隱形

魔法用途：將天芥菜放在枕頭下方，能夠誘發預言夢境，這在遭遇搶劫時尤其有用：小偷會出現在夢中。

天芥菜會用在驅魔型的薰香和混合藥草中，包括治療型的香包在內。放在口袋或錢包中，能夠招財致富。也可將薰香圍繞在綠色蠟燭旁，然後將其燃燒到底。

將天芥菜裝滿在小號角中佩戴或攜帶，如此一來，行為和動作都不會引起注意，進而達到隱形的效果。

聖誕玫瑰 HELLEBORE, BLACK

（*Helleborus niger*）有毒

俗名別稱：Melampode、聖誕玫瑰（Christmas Rose）、冬天玫瑰（Winter Rose）、黑嚏根草、黑鹿食草、雪玫瑰

性別：陰性

行星屬性：土星

元素屬性：水

魔法用途：行動前先撒一些聖誕玫瑰的粉末，能夠隱形。在過去，聖誕玫瑰也用於驅魔儀式，以及引發靈魂出竅。

與大多數有毒藥草一樣，使用起來過於危險，須注意。

毒參 HEMLOCK

（*Conium maculatum*）有毒

俗名別稱：毒河狸（Beaver Poison）、班內特草（Herb Bennet）、Keckies、Kex、麝鼠根（Musquash Root）、毒堇（Poison Hemlock）、毒巴西利（Poison Parsley）、斑點毒草（Spotted Corobane）、斑點毒參（Spotted Hemlock）、水巴西利（Water Parsley）

性別：陰性

行星屬性：土星

元素屬性：水

神祇屬性：古希臘神話中掌管月亮、大地和冥界的女神赫卡特

魔法用途：毒參是魔法中另一種用來誘導靈魂來保護的藥草，也用於消除性慾的法術。在過去，會將其汁液塗在魔法刀劍上，以便在使用前賦予它們能力，並加以淨化。

大麻 HEMP
（*Cannibis sativa*）G

俗名別稱：Chanvre、Gallowgrass、Ganeb、Ganja、Grass、Hanf、Kif、Marijuana、Neckweede、Tekrouri、Weed、尋常大麻、線麻、白麻

性別：陰性

行星屬性：土星

元素屬性：水

力量：治療、愛情、幻覺、冥想

魔法用途：大麻曾在魔法中廣泛被運用，但由於在一九三〇年代頒布了使用和銷售禁令，許多相關法術於是漸漸為人所遺忘，以下是一些例子。

長久以來，大麻一直用於愛情的法術和占卜，比如下面這個惡名昭彰的「大麻法術」。在午夜時，拿一些大麻子到教堂，最好是在仲夏開始的時候。繞行教堂九次，走路時一邊撒大麻種子，一邊重複下面的話：

我播種的大麻，我播種的大麻，

（Hempseed I saw, hempseed I saw,）

誰會跟著我來收割？

（Who will come after me and mow?）

這樣，就能看到未來丈夫或妻子的影像，但也有可能因此讓當地教會惹上法律麻煩。

大麻是許多幻覺和占卜型薰香的成分，薰香的煙霧會打開精神感官。過去，會在一座魔鏡前燃燒艾草和大麻，以獲得幻覺。大麻也會加入在冥想型薰香中。

在中國，會用以大麻製作的鞭子來模仿蛇，鞭打病床，藉以驅逐惡毒的致病惡魔。

天仙子 HENBANE
（*Hyosycatnus niger*）有毒

俗名別稱：黑夜影（Black Nightshade）、Cassilago、Cassilata、Deus Caballinus、魔鬼眼、Hebenon、Henbells、Hogsbean、Isana、泰坦的豆子（Tatain's Bean）、Jusquiame（法文）、毒菸草（Poison Tobacco）、Symphonica、莨菪、菲沃斯

性別：陰性

行星屬性：土星

元素屬性：水

魔法用途：在今天的藥草魔法中，這是另一種因為其毒性而幾乎為人所遺忘的有毒植物。今日，天仙子有時仍會用作愛情魔藥，使用方式如下：要獲得愛情，一個男人必須在早晨時裸體，並且單腳站立地採集天仙子。然後將其穿戴在身上，便能得到愛情。

在戶外燃燒天仙子，會吸引雨水，但所產生的煙霧有毒（在這種情況下，可用蕨類替代）。

指甲花　HENNA
（*Lawsonia inermis*）X

俗名別稱：散沫花、漢娜

力量：治療

魔法用途：放在額頭上，能夠緩解頭痛。若是穿戴在心臟附近，可吸引愛情。

具有保護作用，能夠抵抗疾病與邪眼。

朱槿　HIBISCUS
（*Hibiscus spp. sabdariffa; H. rosanensis*）花：G

俗名別稱：Kharkady（阿拉伯語）、Graxa、Gumamela、Shoeflower、Tulipan

性別：陰性

行星屬性：金星

元素屬性：水

魔法用途：將紅色的朱槿花泡成濃烈的紅色茶汁，飲用後會產生慾望所引發的力量。基於這個原因，在埃及是禁止女性飲用這種飲料。

朱槿花也會用於愛情類型的薰香和香包中。在熱帶地區的婚禮，會將其放在花圈中。

在西太平洋的杜布島，巫師在進行占卜時，會在一個裝水的木碗中放置幾朵朱槿花。

山核桃 HICKORY

（*Carya spp.*）G

力量：消除法律糾紛

魔法用途：將一塊山核桃根燒成灰燼，與五葉草混合，裝到一個盒子中，掛在門上，就能避開法律糾紛。

藥喇叭 HIGH JOHN THE CONQUEROR

（*Ipomoea purga, Ipomoea jalapa*）有毒

俗名別稱：征服者高約翰、球莖牽牛

性別：陽性

行星屬性：火星

元素屬性：火

力量：金錢、愛情、成功、幸福

魔法用途：用薄荷油塗抹藥喇叭的一條根，並用綠色香包紮起來，攜帶在身上，可招財。

將藥喇叭帶在身上也能停止抑鬱的心情，帶來愛情和成功，並能抵抗和破解所有詛咒和咒語。

要製作適合各種用途的塗抹油，可取三條藥喇叭的根，以鋒利的刀子切成小塊，然後放入一瓶蔬菜油、橄欖油或礦物油中，讓根浸泡在油中，需要時使用，可將其塗在蠟燭或香包等東西上。

冬青 HOLLY
（*Ilex aquifolium*或*I. opaca*）V

俗名別稱：Aquifolius、蝙蝠翅膀（Bat's Wings）、基督刺（Christ's Thorn）、聖樹（Holy Tree）、貞潔聖櫟（Holm Chaste）、Hulm、Hulver Bush、Tinne

性別：陽性

行星屬性：火星

元素屬性：火

力量：保護、避雷電、運氣、夢魔法

魔法用途：這是一種保護效果極佳的藥草，能夠抵禦閃電、毒藥和邪靈。種植在家中，能夠保護居家環境和當中的居住者，免受惡作劇的巫師騷擾。

朝著野生動物扔去，即使沒有擊中，冬青也會讓牠們安靜地躺下，不會向人靠近。

在新生兒身上撒冬青水（浸劑或蒸餾液），具有保護的作用。

冬青也可用來增添好運，由於這是一種「雄性」植物，在男性身上尤其有效

（對女性而言，相應植物是常春藤）。在耶穌聖誕節（Yule）時，也會將其掛在屋子周圍，以求好運。

在星期五的午夜過後，最好挑一棵刺不多的（葉子比較光滑），不發出任何聲音地採集九片冬青葉，將它們用白布包起來，用九個結將兩端繫在一起。把它放在枕頭下，夢想就會成真。

銀扇草 HONESTY
（*Lunaria spp.*）

俗名別稱：Lunary、金錢花（Money Plant）、硬幣草（Silver Dollar）、大金幣草、合田草

性別：陰性

行星屬性：月亮

元素屬性：土

力量：金錢、驅魔

魔法用途：隨身攜帶銀扇草，或者將其撒在一個你想施法的地方，能夠驅除所有的怪物。

因為豆莢很像銀幣，所以銀扇草會用在金錢型的法術中。將其中一個豆莢置於綠色蠟燭下，使其完全燃燒，直至燭臺底部，或將其放入錢包或口袋中，皆可招財。

忍冬 HONEYSUCKLE

（*Lonicera caprifolium, L.japonica*）L.japonica

花：G；L. spp.漿果：Dg

俗名別稱：荷蘭忍冬（Dutch Honeysuckle）、
羊葉（Goat's Leaf）、Woodbine、金銀花、忍冬
藤、鴛鴦草、雙花、雙寶花

性別：陽性

行星屬性：木星

元素屬性：土

力量：金錢、靈力、保護

魔法用途：將忍冬花繞在綠色蠟燭旁，可招財；擺在房子裡的花瓶內也有同
樣效果。輕輕壓碎鮮花，在額頭上摩擦，可提高靈力。

若是在住家附近種植忍冬，可帶來好運；如果忍冬生長超過了門的高度，可
確保家人不會發燒。

蛇麻 HOPS

（*Humulus lupulus*）D

俗名別稱：啤酒花（Beer Flower）、Flores de
Cerveza、忽布

性別：陽性

行星屬性：火星

元素屬性：風

力量：治療、睡眠

魔法用途：將乾燥的蛇麻花塞滿枕頭，可讓人好眠和休息。
蛇麻花也用在治療型的香包和薰香中。

歐夏至草 HOREHOUND
（*Marrubium vulgare*）P

俗名別稱：公牛血（Bull's Blood）、星星時分（Even of the Star）、哈蘭（Haran）、Hoarhound、Huran，Llwyd y cwn（威爾斯語），Marrubium、Maruil、角種（Seed of Horns）、軍人茶（Soldier's Tea）、白歐夏至草（White Horehound）

性別：陽性

行星屬性：水星

元素屬性：風

神祇屬性：古埃及神荷魯斯（Horus）

力量：保護、心智能力、驅魔、治療

儀式用途：因為會燒給古埃及神荷魯斯，所以這植物的英文名稱便來自於祂的名號。

魔法用途：歐夏至草多應用於製作保護型香包，攜帶在身上，可以對抗巫術和迷術。

歐夏至草也可當作驅魔藥草使用，將其撒落即可。

飲用其浸劑，可淨化心靈，讓思維敏捷，並增強心智能力。

馬栗 HORSE CHESTNUT

（*Aesculus hippocastanum; A. spp.*）

俗名別稱：鹿瞳（Buckeye）、七葉樹、歐洲七
葉樹

性別：陽性

行星屬性：木星

元素屬性：火

力量：金錢、治療

魔法用途：攜帶馬栗可避免風濕、背痛、關節炎和發冷。攜帶三顆在身
上，可防止眩暈。

以一張鈔票來包馬栗，然後放入香包中，可招財。也有人為了萬事成功而將
香包隨身攜帶。

辣根 HORSERADISH

（*Cochlearia armoracia, Armoracia rusticana*）K,
Gm, Ch-4, +F, X

俗名別稱：西洋山　菜、馬蘿蔔、山蘿蔔、粉
山葵、西洋山葵

性別：陽性

行星屬性：火星

元素屬性：火

力量：淨化、驅魔

魔法用途：將辣根（乾燥或磨碎的）撒在房屋周圍、角落、戶外臺階和門檻上，便能清除所有邪惡的力量，並反轉任何施加於你的法術。

木賊 HORSETAIL

（*Equisetum arvense; E. telmateia,E. spp.*）：R,
C；Equisetum hyemale：P

俗名別稱：瓶刷（Bottle Brush）、荷蘭蕳草
（Dutch Rushes）、馬場管（Paddock Pipes）、
Pewterwort、Shavegrass、杉菜、問荊、馬尾草

性別：陰性

行星屬性：土星

元素屬性：土

力量：蛇術、生育

魔法用途：吹以木賊的莖製成的口哨，能夠召喚蛇到身邊來。
木賊會加在用於促進生育的混合藥草中，放在臥室也能達到同樣的效果。

紅花琉璃草 HOUNDSTONGUE

（*Cynoglossum officinale*）G

俗名別稱：狗（Dog-Bur）、獵狗舌（Dogs
Tongue）、吉普賽花（Gypsy Flower）、羊蝨
（Sheep Lice）、狗舌（Tongue of Dog）、羊毛

墊（Wool mat）

性別：陽性

行星屬性：火星

元素屬性：火

力量：捆綁狗舌

魔法用途：將紅花琉璃草放入鞋中，可阻止狗對你吠叫，實際上這是「捆綁」住牠們的舌頭。

長生草 HOUSELEEK
（*Sempervivum teetotum*）G

俗名別稱：母雞和公雞（Hen and Chickens）、Sengren，歡迎老公回家但別喝這麼醉（Welcome-Home-Husband-Though-Never-So-Drunk）、歡迎老公回家但別這麼晚（Welcome-Home-Husband-Though-Never-So-Late）、佛座蓮、觀音蓮

性別：陽性

行星屬性：木星

元素屬性：風

力量：運氣、保護、愛情

魔法用途：若是種在屋頂上，可帶來好運，還能避免建築遭到雷擊。石蓮花也是用於誘發愛情的藥草，將鮮花佩戴在身上即可，不過每隔幾天就必須換一次。

歐洲越橘 HUCKLEBERRY
（*Vaccinium myrtillus, Gaylussacia spp.*）

俗名別稱：Whortleberry、Bilberry、
Hurtleberry、黑果越橘

性別：陰性

行星屬性：金星

元素屬性：水

力量：運氣、保護、夢魔法、破咒

魔法用途：將歐洲越橘的葉子放在香包中隨身攜帶，可以誘導好運氣的來臨。它們也能驅邪，並且打破詛咒和咒語。

要讓所有夢想成真，可在睡覺前直接在臥室裡燃燒樹葉，七天後應當能看到成果。

風信子 HYACINTH
（*Hyacinthus orientalis*）X

性別：陰性

行星屬性：金星

元素屬性：水

力量：愛情、保護、幸福

魔法用途：用於製作香包，可舒緩分娩時的痛苦。在臥室裡種這種植物，可避免做噩夢。

聞風信子的花，可以舒緩悲傷和沮喪的心情，也可以治療迷戀。

乾燥花可用於愛情混合藥草中。

繡球花 HYDRANGEA
（*Hydrangea arborescens*）X

俗名別稱：七樹皮（Seven Barks）

力量：破咒

魔法用途：攜帶、撒在家中，或是燃燒繡球花
的樹皮，可破解咒語。

牛膝草 HYSSOP
（*Hyssopus officinalis*）P

俗名別稱：Hyssop Herb、Isopo、Ysopo、
Yssop、柳薄荷、海索草、神香草

性別：陽性

行星屬性：木星

元素屬性：火

力量：淨化、保護

魔法用途：在魔法中，牛膝草廣泛用於純化，會將其香包放在澡盆中，以浸
泡或噴撒的方式，作用在物體或人身上，使其潔淨。掛在家中，能清除邪惡
和負面力量。

火焰草 INDIAN PAINT BRUSH
（*Castilleja spp.*）

俗名別稱：蛇友（Snakes Friend）、蛇伴
（Snake's Matches）、印地安畫筆

性別：陰性

行星屬性：金星

元素屬性：水

力量：愛情

魔法用途：火焰草的花朵具有強大的愛情吸引力，要尋找愛人，應當攜帶這
種藥草製作的香包。

鳶尾花 IRIS
（*Iris florentina, I. spp.*）有些物種不可內服。

性別：陰性

行星屬性：金星

元素屬性：水

神祇屬性：希臘神話中的彩虹女神和諸神的使者伊麗絲（Iris），羅馬神話
中女性、婚姻、生育和母性之神朱諾

力量：淨化、智慧

魔法用途：鳶尾花是一種愛情花，自羅馬時代起就用於淨化，將鮮花置於待
清潔的區域即可。

花朵的三個頂端象徵信仰、智慧和勇氣，因此可以用來引導這些特質。

鹿角菜 IRISH MOSS
（*Chondrus crispus*）

俗名別稱：皺葉角叉菜（Carrageen）、珍珠蘚（Pearl Moss）、愛爾蘭苔、角叉苔

性別：陰性

行星屬性：月亮

元素屬性：水

力量：金錢、運氣、保護

魔法用途：隨身攜帶鹿角菜或將其放置在地毯下方，可增添運氣，確保錢財穩定流入房屋或口袋。

旅行時也可攜帶鹿角菜，有保護作用，能夠確保安全；也用於填充運氣或金錢型的人偶。

常春藤 IVY
（*Hedera helix, H. spp.*）G

俗名別稱：Gort

性別：陰性

行星屬性：土星

元素屬性：水

神祇屬性：古羅馬人信奉的酒神巴克斯，古希臘酒神戴歐尼修斯，冥王奧賽里斯神

力量：保護、治療

儀式用途：崇拜巴克斯的權杖上經常會以常春藤纏繞。

魔法用途：一般來說，女性攜帶常春藤會帶來好運，基於同樣原因，很多新娘也會穿戴常春藤。

在常春藤生長或散落的地方，可防止負面力量和災難。

常春藤也用於忠誠和愛情魔法，在魔法上是與冬青「配對」。

茉莉 JASMINE

（*Jasminum grandiflorum, J. officinale*或*J. odoratissimum*）花朵：G

俗名別稱：Jessamin、樹林的月光，詩人茉莉花（Poet's Jessamine）、Anbar、Yasmin、素馨花、秀英、耶悉茗花、野悉蜜、玉芙蓉、素馨針、大花茉莉、藥用茉莉

性別：陰性

行星屬性：月亮

元素屬性：水

神祇屬性：印度教中負責維護世界存續的主神毗濕奴

力量：愛情、金錢、預言夢境

魔法用途：乾燥的茉莉花可加在香包和其他愛情類的混合藥草中，這會吸引精神性（而非肉體的）愛情。

如果是隨身攜帶、燃燒或穿戴其花朵，也能夠吸金招財。在臥室燃燒茉莉花，也會引起預言夢境，聞花香則會到引致睡意。

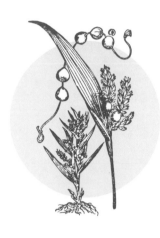

薏苡 JOB'S TEARS
（*Coix lachryma-jobi*）P

俗名別稱：淚草（Tear Grass）、草黍子、六穀子、菩提珠、草珠子、薏米、紅薏苡、薏仁米，溝子米

力量：治療、願望、運氣

魔法用途：將其種子串成項鍊戴在孩子的脖子上，可以幫助孩子長牙，成人帶著能舒緩喉嚨痛和感冒。其種子可吸收疼痛或疾病。

攜帶三粒種子會帶來好運。

可用於願望魔法，拿著七粒種子（或所謂的「眼淚」）許願，然後投入流動的水中。或者一邊數出七顆種子，一邊專心想著自己的願望。攜帶這些種子一星期，願望就得以實現。

紫澤蘭 JOE-PYE WEED
（*Eupatoriutn spp.purpureum*）X, N, Br

俗名別稱：礫石根（Gravelroot、Hempweed）、Joe-Pie、Jopi Weed、斑莖澤蘭（Trumpet Weed）

力量：愛情、尊重

魔法用途：想要愛情有所進展，在嘴裡含幾片紫澤蘭葉子會有所幫助，應當不會失敗。

攜帶一些紫澤蘭葉子，就會得到所有遇到的人的尊重和青睞。

杜松 JUNIPER

（*Juniperus communes*）P, Lt（內服一次最多四至六週時間）

俗名別稱：Enebro、Gemeiner、刺柏（Wachholder）、日內瓦（Geneva）、琴莓（Gin Berry）、Ginepro、琴樹（Gin Plant）、歐刺柏

性別：陽性

行星屬性：太陽

元素屬性：火

力量：保護、防盜、愛情、驅魔、健康

魔法用途：在整個歐洲都用作保護型的藥草，杜松有也防盜功能。

它可能是地中海女巫最早使用的一種薰香。將杜松掛在門口，可以抵禦邪惡勢力和惡人，也會在驅魔儀式中燃燒。

一枝杜松可以保護其持有者免受野生動物的意外和攻擊。還可以護衛、抵禦鬼魂和疾病的侵襲。

在愛情魔咒的混合藥草中也會添加杜松，如果攜帶其漿果，能夠增加男性的性能力。

攜帶或燃燒杜松，有助於提升靈力，破除詛咒和咒語，以及驅蛇。

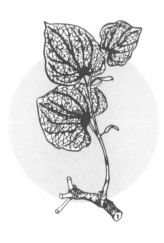

卡瓦胡椒 KAVA-KAVA

（*Piper methysticum*）P, N, Pa, D+

俗名別稱：艾娃（Ava）、艾娃椒（Ava Pepper）、艾娃根（Ava Root）、艾瓦根（Awa Root）、毒椒（Intoxicating Pepper）、卡活、卡法、卡法胡椒、麻醉椒

性別：陰性

行星屬性：土星

元素屬性：水

神祇屬性：夏威夷神話中的農耕之神羅諾（Lono），夏威夷神話中擁有智慧和創造萬物力量的天父凱恩（Kane），夏威夷神話中的海神卡納羅瓦

力量：幻覺、保護、運氣

儀式用途：在夏威夷和玻里尼希亞，長久以來都應用於儀式中。

魔法用途：這種玻里尼希亞植物的根可用來浸泡，飲用其茶湯，能獲得保護、抵禦邪惡，還能招來好運。

在冰箱中浸泡過夜，飲用後可以增強靈力，並且可誘發幻覺。不過，若是飲用過多，可能會傷腎。

海帶 KELP

（*Laminaria digitata*）

行星屬性：木星

元素屬性：水

力量：旅行、保護

魔法用途：用於保護長途航行。

萹蓄 KNOTWEED

（*Polygonum aviculare*）

俗名別稱：阿姆斯壯（Armstrong）、Centinode、牛草（Cowgrass）、豬草（Hogweed）、結草（Knotgrass）、九結草（Nine Joints）、九十結（Ninety Knot）、豬木（Pigrush）、豬草（Pigweed）、紅羅賓（Red Robin）、松鼠舌（Sparrow's Tongue）、Swynel Grass

性別：陰性

行星屬性：土星

元素屬性：土

力量：連結、健康

魔法用途：手裡拿著一些萹蓄，可將困境和苦難「束縛」起來。把問題送入藥草，想像它為萹蓄吸收，然後將其燒掉。

隨身攜帶萹蓄，可增強並保護眼睛。

斗蓬草 LADY'S MANTLE
（*Alchemilla vulgaris*）G

俗名別稱：熊掌（Bear's Foot）、
Leontopodium、獅腳（Lion's Foot）、
九鉤（Nine Hooks）、Stellaria、羽衣
草、美擷草

性別：陰性

行星屬性：金星

元素屬性：水

力量：愛情

魔法用途：用於愛情法術和這類型的香包。

拖鞋蘭 LADY'S SLIPPER
（*Cypripedium pubescens*）

俗名別稱：黃色莫卡辛花（Yellow Moccasin
Flower）、Nerveroot、美國纈草（American
Valerian）、北美毛杓蘭

性別：陰性

行星屬性：土星

元素屬性：水

力量：保護

魔法用途：拖鞋蘭會用在保護型的香包，因為可以防禦各種咒語、詛咒、法
術和邪眼。

歐洲落葉松 LARCH

（*Larix europaea*）大量：X

性別：陽性

力量：保護、防火

魔法用途：根據長久以來的魔法傳統，火無
法燒過歐洲落葉松的木材，因此會用於避免
爆炸型的香包。

攜帶或穿戴歐洲落葉松也能防止中邪與邪眼的侵害。

翠雀 LARKSPUR

（*Delphinium ajacus, D. consolida, D. spp.*）X

俗名別稱：飛燕草（Delphinium）、騎士刺
（Knight's Spur）、Lark's Heal、Staggerweed

性別：陰性

行星屬性：金星

元素屬性：水

力量：健康、保護

魔法用途：翠雀可讓鬼魂遠離。若是在仲夏的火中看到一堆翠雀，那麼眼睛
就會受到保護，直到來年的仲夏。

翠雀花會阻嚇蠍子和其他有毒生物。

薰衣草 LAVENDER

（*Lavendula officinale* 或是*L.vera*）花：G

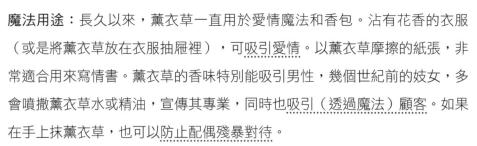

俗名別稱：精靈葉（Elf Leaf）、Nard、Nardus、Spike

性別：陽性

行星屬性：水星

元素屬性：風

力量：愛情、保護、睡眠、貞操、長壽、淨化、幸福、和平

魔法用途：長久以來，薰衣草一直用於愛情魔法和香包。沾有花香的衣服（或是將薰衣草放在衣服抽屜裡），可吸引愛情。以薰衣草摩擦的紙張，非常適合用來寫情書。薰衣草的香味特別能吸引男性，幾個世紀前的妓女，多會噴撒薰衣草水或精油，宣傳其專業，同時也吸引（透過魔法）顧客。如果在手上抹薰衣草，也可以防止配偶殘暴對待。

也可以透過燃燒或悶燒這種花，來助眠和幫助休息；撒在家裡可保持寧靜。這種植物的力量非常強大，沮喪時盯著薰衣草看，所有的悲傷都會消失，一種歡樂感會在觀者身上油然而生。

事實上，薰衣草的氣味有助於延長壽命，因此若想要得享天年，應該盡可能聞這種花。

薰衣草也用於治療型的混合藥草，攜帶在身上可以看到鬼魂，塗抹在身上，可對抗邪眼，也可以添加到淨化用的浴池裡。

儘管薰衣草和愛情有所關連，不過在文藝復興時期，一般相信，若是塗抹薰衣草和迷迭香，可保持女人的貞操。

有一種願望占卜方式：許願時，將薰衣草放在枕頭下。這要在晚上臨睡前進行，到了凌晨時分，若是夢到任何與願望相關的畫面，願望就會實現。但如

果沒有夢到，或者夢境與願望無關，那就不會實現。

醒目薰衣草（Lavindin）的香味強烈，是特別育種出來的品種，是製作香包和枕頭的絕佳選擇。

韭蔥 LEEK
（*Allium porrum*）G

性別：陽性

行星屬性：火星

元素屬性：火

力量：愛情、保護、驅魔

魔法用途：當兩人一起吃韭蔥時會陷入情網，因此韭蔥也用作保護型的護身符，還可用來破除詛咒與驅邪。

檸檬 LEMON
（*Citrus limon*）G

俗名別稱：Ulamula

性別：陰性

行星屬性：月亮

元素屬性：水

力量：長壽、淨化、愛情、友誼

魔法用途：將檸檬汁與水混合，所得的汁液可用來清洗護身符、珠寶和其他

魔法物品。這種清洗方式可確保清除掉上述所有物件的負面振動。在滿月時，也會將檸檬汁加到洗澡水中，藉以獲得淨化能力。

乾燥的檸檬花和果皮可加入愛情類型的香包與混合藥草中，葉子則用於製作刺激慾望的茶。

用吃下檸檬後所取出的種子來種檸檬樹，送給愛人非常適合，儘管這是一段漫長的過程。讓配偶吃檸檬，有助於強化其忠誠度，在訪客椅子下放一片新鮮檸檬，可確保友誼長久。

從樹上摘一顆綠色（未成熟）的檸檬，直徑不要大過三點八公分。接下來，拿一些彩色圖釘（除了黑色以外的任何顏色都可以；若發現有任何黑頭圖釘，請立即將它們移除），將圖釘一個一個插在檸檬上，直到排得密密麻麻為止。然後附上一條紗線或緞帶放在檸檬上，掛在家裡，會帶來祝福和好運，或者也可將其送給朋友。這些「檸檬針」魔法用具很容易製作，也非常有效。

檸檬也可當作人偶造型使用。

檸檬香茅 LEMONGRASS
（*Cymbopogon citratus*）P

性別：陽性

行星屬性：水星

元素屬性：風

力量：驅蛇、慾望、靈力

魔法用途：在家中和花園裡種植檸檬香茅可驅蛇。這也用於製作一些慾望魔藥，以及可幫助發展靈力的浸劑。

檸檬馬鞭草 LEMON VERBENA
（*Lippia citriodora*）G

俗名別稱：Cedron、Yerba Louisa

性別：陽性

行星屬性：水星

元素屬性：風

力量：淨化、愛情

魔法用途：若是將這種植物環繞在脖子上，或是喝一點其果汁，就不會做噩夢。

檸檬馬鞭草也可以用來增加自己對異性的吸引力，所以會應用於愛情法術和混合藥草中。

這種草也會加到其他混合藥草中，藉以增加其強度，有時也用於淨化一個區域，或將其加到洗澡水中，以求淨化。

萵苣 LETTUCE
（*Lactuca saliva*）G

俗名別稱：花園萵苣（Garden Lettuce）、Lattouce、睡眠草（Sleep Wort）

性別：陰性

行星屬性：月亮

元素屬性：水

力量：貞潔、保護、愛情、占卜、睡眠

魔法用途：用萵苣菜汁來摩擦額頭或是直接吃食萵苣的葉子，就不會有失眠的問題。

種萵苣在花園裡具有保護作用，但有人說，若是產量太大，家庭就會有不育的問題。

若是讓想自己免受肉體的誘惑，可以吃萵苣。

吃萵苣也可防止暈船。

以你愛人的名義來種萵苣或水芹，如果種子發芽得很好，表示你們之間也會有愛意萌芽。

甘草 LICORICE

（*Glycyrrhiza glabra*）P, K, Li, Hy, Di, Hk, Lt, D+：可能會耗盡鉀。

俗名別稱：Lacris（威爾斯語）、Licourice、Lycorys、Reglisse（威爾斯語）、甜根（Sweet Root）

性別：陰性

行星屬性：金星

元素屬性：水

力量：慾望、愛情、忠誠

魔法用途：咀嚼甘草棒（是甘草的根而不是一般的甘草糖）會讓你充滿熱情。這也是戒菸的好方法。

甘草會添加在愛情和慾望型的香包中，隨身攜帶，可吸引愛情，還可用於確保忠誠的法術。甘草枝可做出實用的魔杖。

永生草 LIFE-EVERLASTING
(Anaphalis spp; Gnaphalium uliginosum, Antennaria dioica)

俗名別稱：香青、鼠麴草、蝶須、Chafe Weed、Everlasting、野香脂（Field Balsam）、Indian Posy、老野香脂（Old Field Balsam）、甜香長生草（Sweet Scented Life-Everlasting）、白香脂（White Balsam）

力量：長壽、健康、治療

魔法用途：用於長壽法術，以及恢復青春。存放在家中或是隨身攜帶，可預防疾病及健康問題。

每天早上在吃喝任何東西前，飲用永生草浸劑，同時說：

> 發抖和疾病、疼痛和禍害，（Chills and ills, pains and banes,）
> 有了永生草都消失吧！（Do your fasting with life everlasting.）

這將確保你能度過一段沒有病痛的漫長人生。

紫丁香 LILAC
（*Syringa vulgaris*）G

俗名別稱：普通紫丁香（Common Lilac）、西洋丁香、歐丁香、洋丁香

性別：陰性

行星屬性：金星

元素屬性：水

力量：驅魔、保護

魔法用途：種植或散落紫丁香的地方能夠驅邪，事實上，當初在新英格蘭地區種植紫丁香，就是為了避免邪惡進入家園。

在鬼屋中放置鮮花，有助於驅除鬼魂。

百合 LILY
（*Liliwn spp.*）有些有毒

性別：陰性

行星屬性：月亮

元素屬性：水

神祇屬性：羅馬神話中的愛神與美神維納斯，羅馬神話中女性、婚姻、生育和母性之神朱諾，埃及神話中死者的守護神、也是生育之神奈芙蒂斯（Nephthys），觀音（Kwan Yin）

力量：保護、破解愛情法術

魔法用途：在花園裡種植百合，可驅離鬼魂與邪靈，抵禦邪眼，並阻擋不受歡迎的訪客上門。

百合也是愛情魔法的良好解藥，只要佩戴或攜帶新鮮的百合就能破解施加在特定人身上的愛情魔咒。

想要找到去年罪行的破案線索，不妨將一塊舊皮革埋在百合花床裡。

在開花的季節裡找到第一朵白百合的人，將會被賦予力量。

鈴蘭 LILY OF THE VALLEY
（*Convallaria majalis*）有毒

俗名別稱：鈴蘭（Convallaria）、賈克伯的梯子（Jacob's Ladder）、天堂的梯子（Ladder to Heaven）、永恆百合（Lily Constancy）、雄百合（Male Lily）、五月百合（May Lily）、聖母之淚（Our Lady's Tears）

性別：陽性

行星屬性：水星

元素屬性：風

神祇屬性：希臘羅馬神話中光明之神、文藝之神、太陽神阿波羅，希臘神話中的醫神阿斯克勒庇俄斯

力量：心智能力、幸福

魔法用途：用於提升記憶力和心智。

擺放在房間，鈴蘭花會激勵人心，振奮精神。

萊姆 LIME
（*Citrus aurantifolia*或*L. Limetta*）皮：G

俗名別稱：Loomi、Dayap、Calmouc

性別：陽性

行星屬性：太陽

元素屬性：火

力量：治療、愛情、保護

魔法用途：取一顆新鮮的萊姆，用舊鐵釘、釘子、別針和繡針刺穿它，然後扔進地上的深洞裡，這將消除身上所有的疾病和咒語等負面能量。

戴一條萊姆做成的項鍊，可治療喉嚨痛。萊姆皮會用於愛情類的混合藥草和薰香中。要治療牙痛，將一根釘子釘入萊姆樹的樹幹（但在釘之前，要先感謝萊姆樹）。

攜帶萊姆樹的枝條，可防止邪眼。

歐洲椴樹 LINDEN
（*Tilia europaea*）葉、花：G

俗名別稱：菩提花（Lime）、西洋菩提樹（Lime Tree）、Linnflowers

性別：陽性

行星屬性：木星

元素屬性：風

神祇屬性：羅馬神話中的愛神與美神維納斯，斯拉夫神話中的和諧女神拉達（Lada）

力量：保護、不朽、運氣、愛情、睡眠

儀式用途：在過去，立陶宛會將女性獻祭給歐洲椴樹，這是其宗教古老儀式的一部分。

魔法用途：歐洲椴樹在歐洲廣泛用作保護樹。將樹枝懸掛在門上，或是種在花園裡，也同樣有保護的效果。

攜帶椴樹樹皮，可防止中毒，而葉子和花朵則用於愛情法術。由於歐洲椴樹

是不朽的樹，其葉子會用於這類法術中。

將等量的歐洲椴樹和薰衣草混合，可製成絕佳的枕頭，失眠時可助眠。

可以利用其木材，雕刻出好運符，隨身攜帶。

蘇合香 LIQUIDAMBER
（*Liquidambar orientalis, L. styraciflua, L. spp.*）

G

俗名別稱：安息香（Styrax, L. orientalis）、甜膠樹（Sweet Gum, L. styraciflua）、巫毒女巫毛刺（Voodoo Witch Burr）、女巫毛刺（Witch Burr）、美洲楓香

性別：陽性

行星屬性：太陽

元素屬性：火

力量：保護

魔法用途：為了對抗邪惡勢力求得保護，會在祭壇上放置其豆莢，或是在魔法儀式期間拿在手上。

可以用安息香的樹皮來代替蘇合香的皮。

雪割草 LIVERWORT

（*Hepatica nobilis P., Anemone hepa-tica-Amerian;*
Peltigera canina-English）

俗名別稱：Edellebere、心形葉（Heart Leaf）、
三一草（Herb Trinity）、肝葉（Liverleaf）、甘
草（Liverweed）、三葉草（Trefoil）、獐耳細
辛、蝴蝶草

性別：陽性

行星屬性：木星

元素屬性：火

力量：愛情

魔法用途：女人可以隨時攜帶加入地錢的香包，來鞏固男人對她的愛情。

北美山梗菜 LOBELIA

（*Lobelia inflata*）有毒 P, D+

＊此種植物目前並無正式統一中文名稱。

俗名別稱：氣喘草（Asthma Weed）、膀胱莢
（Bladderpod）、Gagroot，印第安菸草（Indian
Tobacco）、Pukeweed

性別：陰性

行星屬性：土星

元素屬性：水

力量：停止暴風雨、愛情

魔法用途：在迎面而來的暴風雨中投擲一些粉狀的北美山梗菜，可阻止其接近。北美山梗菜也可用來吸引愛情。

千屈菜 LOOSESTRIFE
（*Lythrum salicaria*）D+

俗名別稱：盛開莎莉（Blooming Sally）、珍珠菜（Lythrum）、Partyke、紫柳草（Purple Willow）、彩虹草（Rainbow Weed）、鼠尾柳（Sage Willow）、Salicaire

性別：陰性

行星屬性：月亮

元素屬性：土

力量：和平、保護

魔法用途：要解決和朋友的爭吵，給他或她一些這種藥草。
撒在家中，千屈菜會散發和平的震動，排除邪惡的力量。

蓮花 LOTUS
（*Nelumbium nelumbo, Nymphaea nelumbo, Nelumbo nucifera, Nymphaea lotus*）Dg

俗名別稱：Baino、埃及蓮（Egyptian Lotus）

性別：陰性

行星屬性：月亮

元素屬性：水

力量：保護、解鎖

儀式用途：在東方，長久以來視蓮花為生命、靈性和宇宙中心的神秘象徵。古埃及人認為這種植物是神聖的，會將蓮花獻祭給神靈。

魔法用途：任何聞到蓮花香味的人，都會得到它的保護。

將蓮花的根置於舌下，並向鎖上的門說：「SIGN, ARGGIS！」門就會奇蹟般地打開。

蓮花的種子和豆莢都可用作愛情法術的解藥；攜帶或穿戴蓮花的任何部分，都可確保得到神的祝福和好運。

圓葉當歸 LOVAGE
（*Levisticum officinale*）P, K

俗名別稱：中國獨活草（Chinese Lovage）、康沃爾獨活草（Cornish Lovage）、義大利獨活草（Italian Lovage）、義大利歐芹（Italian Parsley）、Lavose、愛情草（Loving Herbs）、藥，愛情棒（Love Rod）、愛情根（Love Root）、愛藥草（Love Herbs）、Lubestico、海香芹（Sea Parsley）、拉維紀草

性別：陽性

行星屬性：太陽

元素屬性：火

力量：愛情

魔法用途：將圓葉當歸放在洗澡水中（置於一香包內），會讓人更有吸引力，散發愛情熱力。最好是在出去結識新朋友前，直接以這種方式泡澡。

沙漠歐芹 LOVE SEED
（*Lomatium foeniculaceum*）

俗名別稱：沙漠餅根（desert biscuitroot）、野芹菜

性別：陰性

行星屬性：金星

元素屬性：水

力量：愛情、友誼

魔法用途：爪哇的印第安人會在其魔法中使用這種藥草。攜帶這藥草會吸引愛情和新的友誼。

幸運手 LUCKY HAND
（*Orchis spp.*）

俗名別稱：力量之手（Hand of Power）、手根（Hand Root）、助力之手（Helping Hand）、薩拉普（Salap）

性別：陰性

行星屬性：金星

元素屬性：水

力量：就業、運氣、保護、金錢、旅行

魔法用途：這種蘭花植物的根，是美國新奧爾良地區一種非常著名的魔法植物。長久以來都用作香包和召喚袋的材料，以求得好運和普遍的成功，攜帶在身上，有利於找工作與持續就業，還有保護作用，不致疾病纏身。

以玫瑰油填充罐子，將幾朵幸運手放入油中浸泡。有需要時，取出一根穿戴在身上。若是想要愛情，請戴在心臟附近；若是想旅行，就放在鞋子裡；若是需要錢，就放一根在皮夾或錢包中，以此類推。

肉荳蔻皮 MACE
（*Myristica fragrans*）D+, X

性別：陽性

行星屬性：水星

元素屬性：風

力量：靈力、心智能力

魔法用途：燃燒肉荳蔻的假種皮，可增加靈力；隨身攜帶，可提高智力。

龍舌蘭 MAGUEY
（*Agave spp.*）Sk

俗名別稱：龍舌蘭（Agave）、萬年蘭、百年草

性別：陽性

行星屬性：火星

元素屬性：火

力量：慾望

魔法用途：長久以來，一直用於慾望魔藥。

洋玉蘭 MAGNOLIA

（*Magnolia grandifolia, M.virginiana, M.stellata*）

G

俗名別稱：藍玉蘭（Blue Magnolia）、黃瓜樹（Cucumber Tree）、沼澤檫木（Swamp Sassafras）、北美木蘭

性別：陰性

行星屬性：金星

元素屬性：土

力量：忠誠

魔法用途：在床的下方或附近放一些洋玉蘭，可與伴侶維持忠誠的關係。

山地桃花心木 MAHOGANY, MOUNTAIN

（*Cercocarpus ledifolius*）種子和葉子：有毒

性別：陽性

元素屬性：火

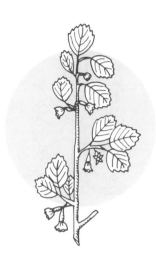

力量：避雷

魔法用途：長久以來多用於<u>抵禦閃電</u>，特別是在登山者之間。

根據古老的美洲印第安人傳統，山地桃花心木生長在雷電棲息的高海拔地區，這種樹因此而獲得免受雷擊的保護。登山時，不妨放一塊樹皮在帽子上或身上的某處。

鐵線蕨 MAIDENHAIR
（*Adiantum pedatim*）P, D+

俗名別稱：鐵線蕨（Maidenhair Fern）、維納斯的頭髮（Venus Hair）、岩石蕨（Rock Fern）

性別：陰性

行星屬性：金星

元素屬性：水

神祇屬性：羅馬神話中的愛神與美神維納斯

力量：美貌、愛情

魔法用途：將一些鐵線蕨浸泡在水中，然後取出。之後若是穿戴在身上或留在臥室裡，會賦予人優雅、美麗和愛情。

歐洲鱗毛蕨 MALE FERN
（*Dryopteris filix-mas*）有毒

俗名別稱：Paproc、藍蕨（Basket Fern）、
Aspidium、邊緣鱗毛蕨（Marginal Shield
Fern）、雄鱗毛蕨（Male Shield Fern）、邊緣蕨
（Marginal Fern）、雄蕨

性別：陽性

行星屬性：水星

元素屬性：風

力量：運氣、愛情

魔法用途：歐洲鱗毛蕨是一種強大的運氣誘發劑，也會吸引女性。

錦葵 MALLOW
（*Malva sylvestris, M. spp.*）G

俗名別稱：高錦葵（High Mallow）、Mauls、
起士花（Cheese Flower）、藍錦葵（Blue
Mallow）、普通錦葵（Common Mallow）

性別：陰性

行星屬性：月亮

元素屬性：水

力量：愛情、保護、驅魔

魔法用途：如果是愛人離開，採一把錦葵放在門外（或窗戶旁）的花瓶

裡。這將會導致他或她想到你，之後可能會因此而回心轉意。攜帶錦葵也可吸引愛情。

要製作具有保護效果的魔法油膏，在植物起酥油中浸泡錦葵的葉和莖，然後將其濃縮。將這種油膏塗抹在皮膚上，可以防止黑魔法的傷害。

曼德拉草 MANDRAKE
（*Atropa tnandragora, Mandragora officinale*）
有毒

俗名別稱：Alraun、Anthropomorphon、Baaras、聰明賊（Brain Thief）、Circeium、Circoea、Galgenmannchen、Gallows、女神喀爾克之草（Herb of Circe）、Hexenmannchen（德語：女巫風茄）、Ladykins、Mandragen、Mandragor、風茄（Mannikin）、浣熊莓（Raccoon Berry）、Semihomo、野檸檬（Wild Lemon）、Womandrake，Zauberwurzel（德語：巫師根）、毒參茄

性別：陽性

行星屬性：水星

元素屬性：火

神祇屬性：古希臘神話中掌管月亮、大地和冥界的女神赫卡特，古埃及主掌愛、美、富裕、舞蹈與音樂的女神哈索爾

力量：保護、生育、金錢、愛情、健康

魔法用途：將整株曼德拉草的根置於家中的壁爐架上，可以為房屋裡的人帶來保護、生育力和繁榮。

睡覺時，將曼德拉草掛在床頭板上，也有保護的作用；隨身攜帶，可吸引愛情；穿戴可避免感染疾病。長有曼德拉草的地方，惡魔便不能停留，所以其根可用來驅魔。

要「活化」乾燥的曼德拉根（即讓它有能力脫離冬眠），將其置於屋內某個顯眼的位置，在那裡靜置三天。然後放入溫水中過夜。之後，根就活化完成，可應用於所有的魔法。之前泡根的水可以撒在房子的門窗上，可有保護作用，或是撒在人身上，有淨化功能。

長久以來，曼德拉草一直用作視覺魔法中會用到的人偶造型，但它非常稀有，而且價格昂貴，通常魔法師和女巫會另外尋找替代品，如桉樹根、蘋果、葫蘆籐（Briony）的根、鬼臼等其他藥草植物。

將錢（特別是銀幣）放在曼德拉根旁邊，據說會變成兩倍，而曼德拉的氣味會讓人產生睡意。

槭樹 MAPLE
（*Acer spp.*）G

性別：陽性

行星屬性：木星

元素屬性：風

力量：愛情、長壽、金錢

魔法用途：槭樹的葉子會用於愛情和金錢的魔法與儀式中，其枝條長久以來都是製作魔杖的材料。

穿過槭樹樹枝的孩子會很長壽。

金盞花 MARIGOLD

（*Calendula officinalis*）G

俗名別稱：太陽的新娘（Bride of the Sun）、金盞花（Calendula）、醉漢（Drunkard）、Goldes、Holigolde、農民的刻盤（Husbandman's Dial）、Marybud、Marygold、Mary Gowles、Ruddes、Ruddles、Spousa Solis、夏天的新娘（Summer's Bride）

性別：陽性

行星屬性：太陽

元素屬性：火

力量：保護、預言夢境、消除法律糾紛、靈力

魔法用途：在正中午陽光最熱和最強的時候所採摘的金盞花，能強化和安撫心臟。

在門柱上掛串金盞花的花環，可阻止邪靈進入房子；將金盞花撒在床底下，睡覺時會有保護作用，並且能讓夢想成真，產生預言夢境，在尋找搶劫的小偷這方面特別有效。

將金盞花加入洗澡水，有助於贏得所遇到的人的尊重和欽佩。觀看鮮豔的花朵，能夠強化視覺。

在法庭上隨身攜帶金盞花，則有助於讓正義傾向你這一邊。

若是一個女孩赤腳觸摸金盞花的花瓣，就會懂得鳥語。

馬鬱蘭 MARJORAM
（*Origanum majorana*或*O. vulgare*）G

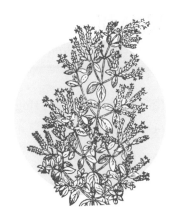

俗名別稱：山的喜悅（Joy of the Mountain）、結狀馬鬱蘭（Knotted Marjoram）、Marjorlaine、山薄荷（Mountain Mint）、壺狀馬鬱蘭（Pot Marjoram）、甜馬鬱蘭（Sweet Marjoram）、冬甜草（Wintersweet）

性別：陽性

行星屬性：水星

元素屬性：風

神祇屬性：羅馬神話中的愛神與美神維納斯，美麗與性慾女神阿芙蘿黛蒂

力量：保護、愛情、幸福、健康、金錢

魔法用途：在愛情魔咒中會用到馬鬱蘭，也會加在食物中強化愛情。

隨身攜帶具有保護作用，也可放在房子周圍，同時每個房間放一點，但必須每個月更新。

如果種在花園裡，等於有了一層防護罩，能夠抵擋邪惡的力量。

將紫羅蘭和馬鬱蘭混合一起，在冬季的時候穿戴在身上，可作為抵抗感冒的護身符。

將馬鬱蘭送給鬱悶的人，會為其帶來幸福。

此藥草也用於招財和混合藥草的香包中。

歐前胡 MASTERWORT
（*Imperatoria ostruthium*）

俗名別稱：豬茴香（Hog Fennel）、Imperatoria

性別：陽性

行星屬性：火星

元素屬性：火

力量：力氣、勇氣、保護

魔法用途：將歐前胡穿戴在身上，能夠增加體力，因此許多勞動者和運動員會利用它來強化身體。

攜帶在身上，也可以用來幫助意志與平撫情緒，而且可以而當作對抗邪惡的護身符。

將其四散撒開來，會引靈現身。

薰陸香 MASTIC
（*Pistacia lentiscus*）

俗名別稱：乳香脂（Gum Mastic）、Masticke、Pistachia Galls、乳香黃連木

性別：陽性

行星屬性：太陽

元素屬性：風

力量：靈力、顯靈、慾望

魔法用途：在施法時燃燒薰陸香，便能將願望顯靈而出。

也用於輔助靈力的香料裡，中東的魔法師和巫師長久以來將其用於慾望的魔藥中。

將薰陸香添加到任何類型的薰香中，會增添其效力和力量。

鬼臼 MAY APPLE
（*Podophyllum peltatum*）有毒

俗名別稱：美國曼德拉（American Mandrake）、鴨腳（Duck's Foot）、豬蘋果（Hog Apple），曼德拉克（Mandrake）、浣熊漿果（Raccoon Berry）、野檸檬（Wild Lemon）

性別：陽性

行星屬性：水星

元素屬性：火

力量：金錢

魔法用途：鬼臼，或是許多種蘋果，通常會用作歐洲（真正的）曼德拉草的替代品，用途幾乎相同。然而，鬼臼與真正的曼德拉草並沒有相關。

唐松草 MEADOW RUE
（*Thalictrum spp.*）G

俗名別稱：長笛草（Flute Plant）

力量：愛情、占卜

魔法用途：美國印第安人會將其戴在脖子上，當作<u>萬用護身符</u>，攜帶在身上還能<u>吸引愛情</u>。

旋果蚊子草 MEADOWSWEET
（*Spiraea filipendula, Filipendula ulmaria, Spiraea ulmaria*）G

俗名別稱：草地新娘（Bride of the Meadow）、金針草（Bridewort, Dollor）、金錢草（Dollor）、礫石根（Gravel Root）、草地聖母（Lady of the Meadow）、小女王（Little Queen）、Meadowwort、草地女王（Queen of the Meadow）、繡線菊（Steeplebush）、小號草（Trumpet Weed）

性別：陽性

行星屬性：木星

元素屬性：風

力量：愛情、占卜、和平、幸福

魔法用途：在施行<u>愛情法術</u>時，會將新鮮的旋果蚊子草放在祭壇上，乾燥花則用於各種愛情混合藥草中。

也會撒在房子周圍，保持居住的和平。旋果蚊子草的氣味會鼓舞人心。

若是在仲夏採集，旋果蚊子草將會<u>透露關於小偷的資訊</u>；遭到偷盜時，將旋果蚊子草放在水面上，如果下沉，表示小偷是男人，如果漂浮在水面，則是女人。

牧豆樹 MESQUITE
（*Prosopis juliflora*）G

俗名別稱：Mizquitl（阿茲特克語）、墨西哥合
歡、結亞木

性別：陰性

行星屬性：月亮

元素屬性：水

力量：治療

魔法用途：會加到治療型的薰香和混合藥草中，也用作魔法火焰的燃料。

銀葉合歡 MIMOSA
（*Acacia dealbata*）P

俗名別稱：含羞草（Mimos Pudica）、
Albizzialebbeck、金合歡、銀合歡、銀荊

性別：陰性

行星屬性：土星

元素屬性：水

力量：保護、愛情、預言夢境、淨化

魔法用途：銀葉合歡可用於和淨化（撒在該區域周圍）、愛情、治療與預言
夢境的法術中。

當然，在施行預言夢境的法術時，需要將其放在枕頭下，之後便睡在這個枕
頭上。

泡銀葉合歡浴（或將這種植物的泡沫塗抹在身體上），會<u>破除迷惑和詛</u><u>咒</u>，<u>並防止未來出現問題。</u>

薄荷 MINT

（*Mentha spp.*）*特別注意，必須要找特定種類的薄荷。*

俗名別稱：花園薄荷（Garden Mint）

性別：陽性

行星屬性：水星

元素屬性：風

神祇屬性：羅馬神話中的冥王普路托，古希臘神話中掌管月亮、大地和冥界的女神赫卡特

力量：金錢、慾望、治療、旅行、驅魔、保護

魔法用途：薄荷長久以來被用於治療型的魔藥和混合藥草中，以新鮮葉子摩<u>擦頭部，可舒緩頭痛</u>。將薄荷擦拭在手腕上，<u>可確保不會生病</u>。將薄荷填裝在人偶中，並用治療油塗抹它，可以<u>緩解胃部問題</u>。

薄荷也用在旅行法術中，還可用來<u>引起慾望</u>。因為其葉子呈鮮綠色，味道清爽，所以會用在<u>金錢和繁榮的法術</u>中；當中最簡單的一種，是在皮夾或錢包裡放幾片葉子，或者是拿葉子來摩擦一下錢。

要讓一個地方擺脫邪惡，就撒上混合有新鮮薄荷、馬鬱蘭和迷迭香的鹽水。在祭壇上擺放新鮮薄荷，可以<u>召喚出善靈</u>，協助施法。

在家中存放薄荷，也能產生<u>保護作用</u>。

「薄荷」（Mint）是所有薄荷類（Mentha）植物的總稱。

槲寄生 MISTLETOE

（*Viscum album-European Mistletoe Pr CPI; Phoradendron leucarpum P. flavescens-American Mistletoe*）有毒

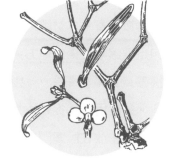

俗名別稱：萬靈藥（All Heal）、鳥黐（Birdlime）、Devil's Fuge、Donnerbesen，歐洲槲寄生（European Mistletoe）、黃金枝（Golden Bough）、聖木（Holy Wood）、Lignam sanctae crucis、槲寄生（Misseltoe）、Thunderbesem、女巫掃帚（Witches Broom）、十字木（Wood of the Cross）

性別：陽性

行星屬性：太陽

元素屬性：風

神祇屬性：希臘羅馬神話中的光明之神、文藝之神、太陽神阿波羅，北歐神話中的愛神、戰神與魔法女神弗蕾亞，北歐神話中掌管婚姻、家庭的愛神和天空女神弗麗嘉（Frigga），羅馬神話中的愛神與美神維納斯，北歐神話中眾神之父奧丁

力量：保護、愛情、狩獵、生育、健康、驅魔

儀式用途：眾所周知，德魯伊人（Druids）崇敬槲寄生，特別是長在橡樹上的。過去，他們會在仲夏那天（現在仍然是）或是在新月算起的第六天將其切下。在以前，會用金鐮刀來砍，而且禁止讓槲寄生碰觸到地面。

魔法用途：長久以來，槲寄生被用於抵抗雷擊、疾病，以及各種不幸事故與火災等，可攜帶或是放置在適當地方，便能發揮這種用途。葉子和漿果都會用到。

將槲寄生放在搖籃中，可阻止精靈偷走嬰孩，將其以變形物替換。

戴著以槲寄生木材雕刻成的戒指，能夠抵禦疾病；攜帶這種植物在身上，能夠迅速讓剛受傷的地方癒合（不可直接放在傷口上）。

攜帶或穿戴槲寄生，也會在狩獵中帶來好運，女性攜帶在身上可以幫助受孕。這也用於捕捉難以捉摸的狀態，以及開鎖的法術。

將槲寄生放在臥室門口附近，可以享受寧靜的睡眠與美夢，放在枕頭下或掛在床頭板上，也有同樣的效果。

在槲寄生下親吻愛人，會助你處於愛情之中。燃燒後，槲寄生可驅逐邪惡。戴在脖子上能夠隱形。

槲寄生可以說是一種多用途的藥草。

摩魯卡 MOLUKKA

俗名別稱：精靈蛋（Fairy's Eggs）、聖母瑪利亞之果（Virgin Mary's Nut）

力量：保護

魔法用途：將白色的摩魯卡堅果掛在脖子上，可以顯示及破除魔咒和詛咒。如果堅果變黑了，就表示它們阻擋了一個邪惡的咒語。

陰地蕨 MOONWORT
（*Botrychium spp.*）

俗名別稱：馬落蹄（Unshoe-Horse）

性別：陰性

行星屬性：月亮

元素屬性：水

力量：金錢、愛情

魔法用途：將陰地蕨放在盒子和袋子中，據說會出現銀子。這一直是用於所有類型的金錢法術。

這種蕨類植物還可用於開鎖（只需將其放入鑰匙孔）和打破鎖鏈（僅以其觸碰鎖鏈）。

根據古老的傳統，馬和人若不小心踩到陰地蕨，鞋子會掉。

陰地蕨也用於愛情魔咒。

牽牛花 MORNING GLORY
（*Ipomoea spp.*）有毒

俗名別稱：旋花（Bindweed）

性別：陽性

行星屬性：土星

元素屬性：水

力量：幸福、和平

魔法用途：將牽牛花種子放在枕頭下，就不會再做噩夢。

在花園裡種植藍色牽牛花，能夠帶來平安和幸福。

牽牛花的根可以替代藥喇叭這種藥草。

苔蘚 MOSS

力量：運氣、金錢

魔法用途：在口袋中放入從從墓碑上取下的苔
蘚（任何類型），保證能帶來好運，特別是錢
財方面的運氣。

苔蘚可用來製作通用的人偶。

艾草 MUGWORT

（*Artemisia vulgaris*）P

俗名別稱：阿緹密絲草（Artemis Herb）、阿緹
密絲亞（Artemisia）、費隆草（Felon Herb）、
Muggons、調皮蛋（Naughty Man）、老人（Old
Man）、老約翰叔叔（Old Uncle Henry）、水手
菸草（Sailor's Tobacco）、聖約翰草（St. John's
Plant）、白蒿

性別：陰性

行星屬性：金星

元素屬性：土

神祇屬性：月亮、自然與狩獵女神阿緹密絲，月亮與狩獵女神黛安娜

力量：力氣、靈力、保護、預言夢境、治療、靈魂出竅

魔法用途：將艾草置於鞋中，便可以在長途步行或跑步時獲得力氣。為
此，在日出前拔一些艾草，並且唸出：

我要採你了，艾草，讓我在路上不勞累。

（Tollam te artemesia, ne lassus sim in via.）

以塞滿艾草的枕頭睡覺，會產生預言夢境。在舉行誘發幻覺儀式期間，用檀香木燃燒艾草，並且在占卜前喝下艾草汁（可用蜂蜜增加甜味）。

其浸劑還可用於清洗水晶球和魔鏡，將艾草葉放在水晶球底部（或其下方），有助靈力工作。

根據古老傳說，攜帶艾草在身上，不會受到毒物、野獸或中暑的傷害。在一棟建築物中，艾草會阻止精靈和「邪惡的東西」（evil thynges）進入。在日本，愛努人會拿一束艾草草來驅除他們認為討厭這種氣味的病靈。在中國，會懸掛在大門上，讓邪靈無法進入建築物內。

攜帶艾草也會增加慾望和生育力，還可防止背痛，治療疾病和發瘋。放在床邊，有助於靈魂出竅。

桑樹 MULBERRY

（*Morus nigra, Morus rubra*）未成熟的漿果、樹皮、樹枝和葉子：X; 樹枝：B

俗名別稱：Tut、Morera、Gelso

性別：陽性

行星屬性：水星

元素屬性：風

神祇屬性：希臘神話中的智慧女神彌涅耳瓦（Minerva）、San Ku Fu Jen、月亮與狩獵女神黛安娜

力量：保護、力量

魔法用途：桑樹可<u>保護花園免受雷擊</u>。在以意志力作用時，它也有所幫助，因其木材是<u>對抗邪惡</u>的強大保護者。可製作成魔杖。

毛蕊花 MULLEIN
（*Verbascum thapus*）G

俗名別稱：亞倫杖（Aaron's Rod）、毯子葉（Blanket Leaf）、燭心草（Candlewick Plant）、凝塊（Clot）、Doffle、Feltwort、法蘭絨草（Flannel Plant）、墓地塵（Graveyard Dust）、Hag's Tapers、Hedge Taper、朱比特的東西（Jupiter's Staff）、聖母毛地黃（Lady's Foxglove）、老人的茴香（Old Man's Fennel）、彼得的東西（Peter's Staff）、牧羊人俱樂部（Shepherd's Club）、牧羊人之草（Shepherd's Herb）、火炬草（Torches）、Velvetback、絲絨草（Velvet Plant）

性別：陰性

行星屬性：土星

元素屬性：火

神祇屬性：古羅馬神話中掌管宇宙、天氣、秩序與命運的眾神之王朱庇特

力量：勇氣、保護、健康、愛情占卜、驅魔

魔法用途：在荒地徒步旅行時，戴著毛蕊花，可讓<u>野生動物遠離</u>。它也會在佩戴者身上<u>注入勇氣</u>；放幾片葉子在鞋子裡，可<u>預防感冒</u>。攜帶毛蕊花也會<u>獲得異性的愛情</u>。

將毛蕊花塞進小枕頭或是放在枕頭下方可防止惡夢。在印地安地區，毛蕊花是防禦邪靈和魔法最有力的保護措施，可掛在門上、窗戶上，或是以香包攜帶。這也可以用來消除惡魔和負面力量。

在歐扎克斯（Ozarks），男人會做一種簡單的愛情占卜。走到一片長有毛蕊花的空地，將其往愛人家的方向彎去。若是她愛他，那麼毛蕊花會再次直立起來；若她愛的是其他男人，花便會死去。可以用粉狀的毛蕊花葉子，來代替墓地塵埃（Graveyard dust）這種不常見的法術材料。

過去有段時間，巫師和魔法師會用油燈來照亮他們的法術和儀式，通常是以毛蕊花的柔軟葉子和莖當作燈芯。

黑芥末 MUSTARD, BLACK
（*Brassica spp.*）Lt（外用）

性別：陽性

行星屬性：火星

元素屬性：火

神祇屬性：希臘神話中的醫神阿斯克勒庇俄斯

力量：生育、保護、心智能力

魔法用途：印度教徒會使用黑芥末籽在空中穿梭。較為一般的用途，是在紅布做成的香包中加入黑芥末籽，以防止感冒和增加心智能力。

義大利的農民會為了保護作用，而在門檻上撒上黑芥末籽，在自家門口埋黑芥末種子，可防止所有超自然的存在靠近。

服用黑芥末籽會增加女性生育力。

沒藥 MYRRH

（*Commiphora myrrha*）P, Ub

俗名別稱：樹脂沒藥（Gum Myrrh Tree）、
Karan、Mirra Balsom Odendron

性別：陰性

行星屬性：月亮

元素屬性：水

神祇屬性：古埃及的母性與生育之神艾西斯，春季植物之神狩獵人阿多尼斯，古埃及太陽神拉，基督與教會之母瑪利亞（Marian，又稱聖母）

力量：保護、驅魔、治療、靈性

儀式用途：在古埃及，會於正午時分燃燒沒藥樹，獻給太陽神拉，也會在生育之神艾西斯的神廟中焚燒。

魔法用途：燃燒沒藥製成的薰香，可淨化一區域，移走振動，帶來平和。不過很少會單獨燃燒沒藥，通常會與乳香或其他樹脂一起使用。沒藥會增加所有焚香類型的力量。也會加入治療型的薰香和香包中，其煙霧用於聖化、淨化和祝福護身符、法寶、符咒和魔法用具等物品。沒藥也有助於冥想和沉思。通常會和乳香一起加到香包內。

香桃木 MYRTLE

（*Myrtus communis*）Dg

俗名別稱：桃金孃

性別：陰性

行星屬性：金星

元素屬性：水

神祇屬性：羅馬神話中的愛神與美神維納斯，月亮、自然與狩獵女神阿緹密絲，美麗與性慾女神阿芙蘿黛蒂，古埃及主掌愛、美、富裕、舞蹈與音樂的女神哈索爾，大地和生育女神阿斯塔特，阿什托雷斯、基督與教會之母瑪利亞（Marian，又稱聖母）

力量：愛情、生育、青春、和平、金錢

魔法用途：香桃木一直以來都被當成是「愛情」藥草，在施行愛情法術時，很適合將新鮮的葉子和花朵戴在頭上。

香桃木可加到所有種類的愛情香包和法術中，特別是要保持愛情活力和增加刺激感。

將香桃木穿戴在身上，可增加生育力；有趣的是，希望不會很快懷孕的新娘，在婚禮上也會戴著！

攜帶香桃木木材在身上，可保持青春。每三天喝一杯香桃木的汁液，也會有同樣的效果，但一定要每三天喝一次。攜帶香桃木可保留愛情。

若是在房子的兩邊種植，愛情與和平就會存在於其中，若是由女人種植在窗臺上，就會帶來好運。香桃木也用於金錢類型的法術。

異株蕁麻 NETTLE
（*Urtica dioica*）葉子：G

俗名別稱：Ortiga Ancha、刺蕁麻（Stinging Nettle）

性別：陽性

行星屬性：火星

元素屬性：火

神祇屬性：北歐神話中的戰神與農業之神、雷神索爾

力量：驅魔、保護、治療、慾望

魔法用途：蕁麻的保護力長久以來一直用於魔法。要解除詛咒，並將其返送回去，可用蕁麻填充人偶，或是放一些在香包中，隨身攜帶。

此外，在房子周圍撒上蕁麻，可防止邪惡入侵，將其驅回。將蕁麻扔到火上，可避免危險，握在手中能夠抵禦鬼魂，隨身攜帶可減輕恐懼，當作護身符佩戴，能夠驅離負面力量。

將一盆新鮮蕁麻放在病床下，有助於患者的康復。

蕁麻有時會用作引發慾望的藥草，當代墨西哥的通靈人建議，將其用於淨化類型的沐浴，因為這比其他藥草「更具肉慾」，因此效果更好。

小葉南洋杉
NORFOLK ISLAND PINE
（*Auricaria excelsa*）

俗名別稱：異葉南洋杉、諾福克島松

性別：陽性

行星屬性：火星

元素屬性：火

力量：保護、止饑

魔法用途：在家中或附近種此植物，能發揮保護作用，抵抗飢餓和邪惡。

肉荳蔲 NUTMEG

（*Myristica fragrans*）Df-, X

俗名別稱：Qoust、Sadhika、Wohpala、Bicuiba Acu

性別：陽性

行星屬性：木星

元素屬性：火

力量：運氣、金錢、健康、忠誠

魔法用途：長久以來，都將肉荳蔲當成是好運符咒隨身攜帶，會與八角茴香和零陵香豆串成一條效力強大的藥草項鍊。具體來説，肉荳蔲可抵禦風濕病、唇皰疹、神經痛、燙傷和瞼腺炎（麥粒腫）。用繩子串一顆肉荳蔲掛載嬰兒脖子上，有助其長牙。

肉荳蔲也用在許多金錢或發達類型的混合藥草中，將其研磨後，撒在綠色蠟燭上，即有效果。

要確保愛人的忠貞，將肉荳蔲切成四塊。將一塊埋入土中，一塊從懸崖上扔出到空中，燒掉第三塊，將最後一塊放在水中煮沸。喝一口這煮過的水，並且隨身攜帶這最後一塊肉荳蔲，晚上睡覺時放在枕頭下，這樣就沒有人會引誘你的伴侶。

堅果 NUTS

力量：生育、發達、愛情、運氣

魔法用途：所有堅果都是強效的生育誘導物，

將其攜帶在身上,便可以達到此類目的。

堅果也用在許多發達和金錢型的混合藥草中。攜帶心形堅果,能夠增進愛意,而雙核堅果則是非常幸運的魔咒。

白櫟木 OAK
(*Quercu alba*)樹皮外用:Sk, Br, F, Ca

俗名別稱:白橡木(White Oak)、Duir、喬夫的堅果(Jove's Nuts)、Juglans(拉丁文)、美洲白橡

性別:陽性

行星屬性:太陽

元素屬性:火

神祇屬性:凱爾特神話中象徵大地與豐饒之神的達南神族眾神之父達格達(Dagda),義大利古老宗教中掌管生育與森林的自然之神狄阿努斯(Dianus),古羅馬神話中掌管宇宙、天氣、秩序與命運的眾神之王朱庇特,北歐神話中的戰神與農業之神、雷神索爾,古希臘眾神之神宙斯,古代羅馬象徵開始的兩面神雅努斯(Janus),希臘神話中十二位泰坦巨神之一的時光女神瑞亞(Rhea),小亞細亞與希臘神話中的眾神和萬物之母希柏莉(Cybele),古希臘神話中掌管月亮、大地和冥界的女神赫卡特,希臘神話裡的牧神潘恩(Pan),希臘神話中九位繆斯女神中掌管愛情詩的伊蕾托(Erato)

力量:保護、健康、金錢、治療、性能力、生育、運氣

儀式用途:由於白櫟木是英國和歐洲早期定居者的食物來源,在史前時代就

受到尊敬和崇拜。除非有放置白櫟木，否則德魯伊（傳統上）是不會聚在一起舉行儀式，還有人說「白櫟木」（oak）和「德魯伊」（Druid）這兩個詞在英文字源上是相關的。會以白櫟木的木材來製作宗教偶像；女巫經常會在這種樹下跳舞。

魔法用途：像白櫟木這樣長壽和強壯的樹，會自然地提供魔法的保護。將兩根樹枝以紅線捆綁，做成一個等臂的十字架，便是對抗邪惡的強力保障，應該將其掛在房子裡。

將白櫟樹的毬果放在窗戶內，可防止閃電擊打；帶一塊木頭在身上，則能避免一切傷害。

如果能抓到一片落下來的白櫟樹樹葉，整個冬天都不會感冒。有病人在家裡時，可用白櫟樹的木材來燒火，可溫暖房子，並「驅離」疾病（當然，只有你家有壁爐時才能這樣做）。攜帶毬果可抵抗疾病和痛苦，達到不朽或長壽，青春永駐。

在黑暗的月光下種植白櫟木的毬果，可確保在不久的將能獲得金錢。攜帶毬果可以增加生育力，增強性能力。攜帶一塊白櫟樹的木材，能招來好運。

白櫟樹還有其他種類，每種都具有相同的基本能力，但每種表達能力的方式均不同，需觀察並請求白櫟木向你顯示其能力的細微差異。

燕麥 OATS
（*Avena sativa*）G

俗名別稱：Groats、Oatmeal、Joulaf

性別：陰性

行星屬性：金星

元素屬性：土

力量：金錢

魔法用途：用於發達和金錢類型的法術。

夾竹桃 OLEANDER
（*Nerium oleander*）有毒

俗名別稱：玫瑰灣（Rose Bay）、龍蝦花（Dog Bane）、錫蘭樹（Ceylon Tree）、Adelfa、洋夾竹桃、歐洲夾竹桃

性別：陰性

行星屬性：土星

元素屬性：土

力量：愛情

魔法用途：雖然義大利魔藥學認為，在家中保留夾竹桃的任何一部分，都會給家人帶來各種疾病、恥辱和不幸，但夾竹桃偶爾也會用在愛情法術中，只是絕對不能內服。

橄欖 OLIVE
（*Olea europaea*）果實：G

俗名別稱：Olivier、Itm、Mitan、油橄欖、木犀欖、阿列布

性別：陽性

行星屬性：太陽

元素屬性：火

神祇屬性：古希臘掌管法律與秩序的勝利與智慧女神雅典娜，希臘羅馬神話中的光明之神、文藝之神、太陽神阿波羅，希臘神話中時序三女神中的和平女神厄瑞涅（Irene），羅馬神話中的智慧女神密涅瓦（Minerva），古埃及太陽神拉

力量：治療、和平、生育、生殖力、保護、慾望

儀式用途：在遠古時代，會在燈具中燃燒這種油，照亮神廟。

魔法用途：在橄欖葉上寫下雅典娜的名字，然後在頭上按壓，或穿在身上，可治頭痛。長久以來，橄欖油都被當作是用來輔助治療的塗抹膏油。

將橄欖葉撒在或放在房間裡，整個區域會散發出寧靜的震動。

服用橄欖可確保男性的生育力，以及性能力，也會誘發慾望。雅典的新娘會戴上橄欖葉做的頭冠，以確保其生育力。

將橄欖枝掛在門上，可保護房子免受一切邪惡的傷害，掛在煙囪上，則可避開閃電。佩帶橄欖葉可帶來好運。

洋蔥 ONION
（*Allium cepa*）G

俗名別稱：Oingnum、Onyoun、Unyoun、Yn-leac

性別：陽性

行星屬性：火星

元素屬性：火

神祇屬性：古埃及的母性與生育之神艾西斯

力量：保護、驅魔、治療、金錢、預言夢境、慾望

儀式用途：根據一些古老權威人士的說法，在古埃及的一些城市會崇拜洋蔥，有時還會用在宣誓的過程中。

魔法用途：取一顆小的白洋蔥，在其上插滿黑頭針，然後放在窗臺上，可防止邪惡侵入居家。洋蔥花具有裝飾性和保護性，乾燥後放在家中，可獲得非比尋常且具有吸引力的護身符。隨身攜帶洋蔥能夠抵抗有毒的野獸。種在花盆或花園裡，也能防禦邪惡。

將半顆或四分之一的洋蔥放在房子裡，會吸收負面力量、邪惡和疾病。

在治療方面，拿洋蔥的切面來摩擦身體受傷的部位，一方面在腦中想像病痛進入洋蔥的畫面，然後摧毀這塊洋蔥（燒掉、切成碎片後埋起來）。過去在新英格蘭地區的人，會在門口掛一串洋蔥，藉以防止感染，在廚房水槽下方放一片切好的洋蔥，也是基於同樣目的的長久習俗。要治療疣，可用一塊洋蔥揉搓患部，然後從右肩上方丟掉，並不回頭地走開。將一大顆紅色洋蔥綁在床柱上，可以保護睡於床上的人免受疾病侵害，並有助於恢復體力。

千萬不要將洋蔥的皮和肉扔到地上，要是這樣做，就等於是拋棄發達和繁榮。不過若是在壁爐或爐灶中燃燒它們，則會招財。

在枕頭下放洋蔥，可以產生預言夢境。要做決定時，把每個選項分別刻在不同的洋蔥上，每個洋蔥刻一個，然後把它們放在黑暗中，第一個萌芽的就是你的選項。

古老的權威說法中提到，吃洋蔥「會引起人們的喜愛」，也就是產生慾望的意思。

可以用切好的新鮮洋蔥摩擦魔法刀劍，加以淨化；若是在新娘背後扔洋蔥，就會扔掉她的眼淚。

橙 ORANGE
（*Citrus sinesis*）G

俗名別稱：愛情果（Love Fruit）

性別：陽性

行星屬性：太陽

元素屬性：火

力量：愛情、占卜、運氣、金錢

魔法用途：乾燥的果皮和種子會加到愛情類型的香包中，而加入橙花的香包，是設計來祝福結婚的。在浴缸中加入的新鮮或乾燥的花朵，能使沐浴者更具吸引力。

在吃橙時，思考一個你想要得到答案的問題，必須是一個是非題。計算這顆橙中的種子數量，若是偶數，則答案是否定的，若是奇數，便是肯定的。

橙皮會加在讓人飛黃騰達的魔法藥粉、薰香和混合藥草裡，中國人長久以來都認為，橙是運氣和好運的象徵。

在儀式中會以橙汁代替葡萄酒。喝下橙皮浸劑，可防止之後酒醉，而從橙花中蒸餾出來的水，則可以加到愛情和慾望魔藥，或是洗澡水中。

蘭花 ORCHID
（*Orchis spp.*）

俗名別稱：Levant Salap、Sahlab（阿拉伯語）、Sahleb、Salep、Saloop、Satyrion

性別：陰性

行星屬性：金星

元素屬性：水

力量：愛情

魔法用途：長久以來，蘭花一直用於愛情法術，尤其是根部，會放在香包中攜帶。

當然，蘭花目前是西方世界中最常用來象徵愛情的一種花卉，送給他人，便是清楚傳達了這樣的訊息。

某些類型的蘭花會用於誘發幻覺，讓人進入恍惚狀態，並且誘導靈力。

奧勒岡葡萄 OREGON GRAPE

（*Berberis aquifolium*）P

俗名別稱：加州伏牛花（California Barberry）、俄勒岡葡萄根（Oregon Grape Root）、洛磯山葡萄（Rocky Mountain Grape）、蔓生葡萄（Trailing Grape）野生俄勒岡葡萄（Wild Oregon Grape）

性別：陰性

元素屬性：土

力量：金錢、人氣

魔法用途：攜帶其根部，能招財，還能鞏固財務安全、增加人氣。

鳶尾根 ORRIS

（*Iris germanica var. florentina*）G

俗名別稱：佛羅倫斯鳶尾（Florentine Iris）、伊麗莎白女王根（Queen Elizabeth Root）、德國鳶尾、香根鳶尾

性別：陰性

行星屬性：金星

元素屬性：水

神祇屬性：美麗與性慾女神阿芙蘿黛蒂，古埃及的母性與生育之神艾西斯，冥王奧賽里斯，古希臘神話中的天后赫拉，希臘神話彩虹化身和諸神的使者伊麗絲

力量：愛情、保護、占卜

魔法用途：鳶尾的根長久以來就用來尋找及擁有愛情。可攜帶整條鳶尾根，或將其粉末加入香包，或撒在床單、衣服和身體上及房子的周圍。鳶尾根的粉有時稱為「愛情粉」（Drawing Love Powder）。

在日本，會將鳶尾根用作對抗邪靈的保護符；將其根和葉子懸掛在屋簷上，或是加入洗澡水中，能保護個人。以一小根繩子或紗線將整條根吊起來，可將其當成占卜用的靈擺，尋找問題的答案。

椰棗 PALM, DATE

（*Phoenix dactylifera, P. roebelenii*）G

性別：陽性

行星屬性：太陽

元素屬性：風

神祇屬性：古埃及的預言之神塔特（Taht），希臘羅馬神話中的光明之神、文藝之神、太陽神阿波羅，月亮、自然與狩獵女神阿緹密絲，古希臘神話中掌管月亮、大地和冥界的女神赫卡特，古埃及的母性與生育之神艾西斯，古埃及太陽神拉

力量：生育、性能力

魔法用途：椰棗樹因為會產生大量的果實，以其生育力著名。因此，會佩戴或攜帶椰棗或其樹葉的碎片，或是吃椰棗，藉以增加生育力。希望恢復性能力的男性則會攜帶其籽。

椰棗樹生長的地方，能夠保護該區域不受惡劣天氣的影響，在家門口附近放一片椰棗樹的葉子，可以防止邪惡和奇怪生物進入。

三色堇 PANSY
（*Viola tricolor*）G

俗名別稱：Banewort、Banwort（英國）、鳥眼（Bird's Eye）、Bonewort（英國）、Bouncing Bet，花園紫羅蘭（Garden Violet）、寬心草（Heart's Ease）、馬紫羅蘭（Horse Violet）、跳躍者強尼（Johnny Jumper）、強尼跳起來（Johnny Jump-Ups）、花園門口親吻我（Kiss-Me -At-TheGarden-Gate）、小繼母（Little Stepmother）、

愛情偶像（Love Idol）、崇拜中的愛情（Love-in-Idleness）、流血的愛情
謊言（Love-Lies Bleeding）、可愛的偶像（Loving Idol）、在入口等我
（Meet-Me-In-The-Entry）、Pensee（法語），繼母（Stepmother）、Tittle-
My-Fancy

性別：陰性

行星屬性：土星

元素屬性：水

力量：愛情、雨術、愛情占卜

魔法用途：佩帶或攜帶三色堇，能招來愛情。在愛情占卜中也很有效用。將
三色堇排列成心形來種植，若是長得茂盛，你的愛情也會如此。

有水手愛人出海的女人，可以將海砂埋在三色堇的花床上，並在日出前澆
花，就能讓他對她念念不忘。

如果摘三色堇時還有露水在其上，表示很快就會下雨。

木瓜 PAPAYA
（*Catica papaya*）G

俗名別稱：Paw-Paw、Papao、Put

性別：陰性

行星屬性：月亮

元素屬性：水

力量：愛情、保護

魔法用途：長久以來，木瓜常被用於魔法儀式中，其中最簡單的是在一棵木
瓜樹上繫上一塊碎布，同時在腦中想像你的需要，願望即可達成。

在門檻上掛幾枝木瓜枝條，可阻止邪惡入侵。

吃木瓜，並將其拿給愛人吃，會加強愛情的感受。

紙莎草 PAPYRUS
（*Cyperus papyrus*）

俗名別稱：紙草（Paper reed）、蒲草（Bulrush）、埃及莎草、埃及紙草、埃及蒲草、尼羅草（Nile grass）、印度叢草

性別：陽性

行星屬性：水星

元素屬性：風

力量：保護

魔法用途：放在船上，可防止鱷魚襲擊。

甸苜蓿 PAROSELA
（*Parosela spp.; Dalea spp.*）

俗名別稱：柑橘草（Citrus Plant）、沙漠小路（Desert Rue）

力量：狩獵

魔法用途：美洲印第安人會佩帶甸苜蓿，當作是狩獵的魔法助力。

香芹 PARSLEY

（*Petroselinum crispum, Petroselinum sativum*）

D+, PK

俗名別稱：惡魔的燕麥（Devil's Oatmeal）、
巴西利（Percely）、巴西里（Persil）、
Petersilie、Petroselinum、岩石香芹（Rock
Parsley）、洋香菜、歐芹、洋芫荽、荷蘭芹

性別：陽性

行星屬性：水星

元素屬性：風

神祇屬性：希臘神話中冥界的王后普西芬妮（Persephone）

力量：慾望、保護、淨化

魔法用途：吃下香芹會挑起慾望，促進生育，但如果你是在戀愛中，就不可
切香芹，否則會削減你的愛情。

雖然這種植物與死亡有關聯，而且通常被認為是邪惡的，但過去羅馬人每天
早上都會將一枝香芹塞進他們的長袍中，以求保護。也會放在裝食物的盤子
上，防止污染。香芹也用於淨化類型的沐浴，以及阻止所有不幸發生的沐
浴。頭上戴著香芹花圈，可以防止（或延遲）酒醉。

西番蓮 PASSION FLOWER

（*Passiflora incarnata*）G

俗名別稱：Grandilla、Maracoc、Maypops、受難藤（Passion Vine）、百香

果、雞蛋果

性別：陰性

行星屬性：金星

元素屬性：水

力量：和平、睡眠、友誼

魔法用途：與其英文名稱中的受難（Passion）一字正好相反，西番蓮的花放置在房子裡，是為了以平息紛爭和煩惱，帶來和平。

隨身攜帶能吸引朋友，廣受歡迎。放在枕頭下，則有助於睡眠。

廣藿香 PATCHOULY

（*Pogostemon cablin*或*P. patchouli*）G

俗名別稱：Pucha-Pot、Kablin

性別：陰性

行星屬性：土星

元素屬性：土

力量：金錢、生育、慾望

魔法用途：廣藿香聞起來像是肥沃的土壤，因此會用於金錢和發達類型的混合藥草和法術。可將其撒在錢上，放入錢包和皮夾中，並且放在綠色蠟燭的底部。

此外，由於其具備大地特性，所以會將廣藿香廣泛用做生育的護身符，需要用到「墓地塵」（一種魔法粉）時，也可當作其替代品。

也會將廣藿香加到愛情類型的香包和沐浴中。雖然廣藿香在當代美國的巫毒

教的藥草魔法中是用於「分離」，但這是一個相對的現代概念，並沒有悠久的傳統。事實上，廣藿香是用來吸引他人與促進慾望。

豌豆 PEA

（*Pisum sativum*）

性別：陰性

行星屬性：金星

元素屬性：土

力量：金錢、愛情

魔法用途：脫殼豌豆能為事業帶來財富和利潤，乾燥豌豆則用在金錢類的混合藥草中。

如果一個女人發現一個剛好有九顆豌豆的豆莢，應該把它掛在門上。第一個行經豆莢下方的適婚男性，將會是她未來的丈夫（如果她未婚）。

桃 PEACH

（*Prunus persica*）種子、葉子、樹皮：X

性別：陰性

行星屬性：金星

元素屬性：水

力量：愛情、驅魔、長壽、生育、祝福

魔法用途：吃下桃子會誘發愛情，所以將桃子或桃子派拿給心儀的人吃，可

能有助於贏得他或她的心。吃桃子也能獲得智慧。

在中國，會用桃樹的樹枝來驅趕邪靈，也用來根除疾病。中國的孩子會在脖子上掛一個桃籽，讓惡魔遠離。

攜帶一點桃木，會增加個人壽命，甚至可能永生。

日本人用桃子來增加生育；桃樹的枝條可用來占卜以及製造魔杖。

梨 PEAR

（*Pyrus communis*）種子（大量）：X；果實：G

俗名別稱：西洋梨、秋洋梨、葫蘆梨

性別：陰性

行星屬性：金星

元素屬性：水

力量：慾望、愛情

魔法用途：這種水果會用於愛情法術，也用於引發性慾。

梨木可製作出精美的魔杖。據說，巫婆過去會在梨樹下跳舞。

美洲胡桃 PECAN

（*Carya illinoensis*）G

俗名別稱：長山核桃、薄殼山核桃、碧根果

性別：陽性

行星屬性：水星

元素屬性：風

力量：金錢、就業

魔法用途：美洲胡桃會加在所有的金錢和發達類型的法術中。

要確保不會丟掉工作，拿一些美洲胡桃，將其包起來，一邊慢慢吃，一邊想像自己正在工作，並且樂在工作中。也可以剝去殼後，將它們裝在一個袋子裡，放在工作場所中不會被發現或移走的地方。

普列薄荷 PENNYROYAL
（*Mentha pulegium*）P：油有毒性。

俗名別稱：歐洲普列薄荷（European Pennyroyal）、蚊子草（Mosquito Plant）、內臟高湯（Organ Broth）、內臟（Organs）、內臟茶（Organ Tea）、Piliolerian、布丁草（Pudding Grass）、地上爬（Run-By-The-Ground）、胡薄荷（Squaw Mint）、除蚤薄荷（Tickweed）、唇萼薄荷

性別：陽性

行星屬性：火星

元素屬性：火

神祇屬性：希臘神話中掌管農業、穀物和母性之愛的地母神狄蜜特

力量：力氣、保護、和平

魔法用途：將普列薄荷放在鞋子裡，可以防止旅行時的疲倦，同時全方位提升體力。

以普列薄荷填塞綠色人偶並以治療油加以塗抹，可以舒緩胃病。

塗抹在身上，可對抗邪眼，還有助於商業交易。

要為一個地方去邪，可灑上鹽水和一些新鮮的薄荷、馬鬱蘭和迷迭香。

拿普列薄荷給爭吵的夫妻，可停止他們的紛爭，所以普列薄荷是一種和平的藥草。將普列薄荷存放在家中（遠離寵物和孩子），可發揮保護作用。也可以在船上攜帶，防止暈船。亦可參見胡椒薄荷（見255頁）。

芍藥 PEONY
（*Paeonia officinalis*）根：G

俗名別稱：Paeony、Piney、生白芍、金芍藥

性別：陽性

行星屬性：太陽

元素屬性：火

力量：保護、驅魔

魔法用途：從以前到現在，芍藥的保護能力就備受尊崇。穿戴在身上，可保護身體、精神和靈魂；放在家裡，則可以防止邪靈；種在花園，能夠抵禦邪惡和風暴。也會將其種子或根掛在孩童的脖子上，以此避免惡作劇的精靈和小鬼靠近。另一種做法，是將芍藥根雕刻成小珠，稱為「松珠」（piney beads），然後將其串起來。穿戴在身上也具有保護作用。將芍藥根與珊瑚、燧石一起穿戴，可以防止遭到溺斃。

此外，芍藥也用於驅魔，攜帶其根可治療瘋狂。芍藥僅能在夜晚採集，據說這時它的種子會散發出一種怪異的光芒。

它的根有時會用來代替曼德拉草。

胡椒 PEPPER
（*Piper nigrum*）G

俗名別稱：黑胡椒（Black Pepper）

性別：陽性

行星屬性：火星

元素屬性：火

力量：保護、驅魔

魔法用途：會將胡椒加到護身符中，當作對抗邪眼的保護劑，穿戴在身，會放掉嫉妒的想法。和鹽混合，撒在家產上，可驅散邪靈。

胡椒薄荷 PEPPERMINT
（*Mentha piperita*）G

俗名別稱：白蘭地薄荷（Brandy Mint）、
Lammint、歐薄荷、辣薄荷

性別：陽性

行星屬性：水星

元素屬性：火

神祇屬性：羅馬神話中的冥王普路托

力量：淨化、睡眠、愛情、治療、靈力

魔法用途：胡椒薄荷長久以來一直用於治療型的魔藥和混合藥草中。
胡椒薄荷在淨化法術方面也有悠久的歷史。據說以新鮮葉子摩擦頭部，可舒緩頭痛；佩戴在手腕上，能確保不會生病。

它的存在會增加一區域的振動。

在祭壇上放新鮮的胡椒薄荷，可以召喚到善靈，幫助魔法施展。聞胡椒薄荷會讓人睡著；放置在枕頭下方，有時會帶讓人在夢中看到一眼未來。

以胡椒薄荷摩擦家具、牆壁和地板，可以清除當中的邪惡和負面力量。普利尼（Pliny，著有《博物誌》醫書）認為胡椒薄荷能激發愛情，所以可添加到這類型的混合藥草中。

胡椒薄荷也用於旅行法術。因為具有耀眼的綠葉和清爽的味道，也常用在金錢和發達類型的法術中，最簡單的方法是，在錢包或皮夾裡放一些葉子，或是拿去摩擦放錢的地方。

常見的薄荷，如胡椒薄荷和普列薄荷非常相近，在緊要關頭，可以彼此替代。野薄荷可用於魔法的外部應用，來代替普通的薄荷（如胡椒薄荷和綠薄荷等），可將野薄荷與其最相似的已知薄荷對應。

秘魯胡椒木 PEPPER TREE
（*Schinus molle*）G

俗名別稱：加州胡椒樹（California Pepper Tree）、耶穌會香脂（Jesuit's Balsam）、秘魯乳香樹（Peruvian Mastic Tree）、Piru（西班牙語）、加勒比海胡椒樹

性別：陽性

行星屬性：火星

元素屬性：火

力量：淨化、治療、保護

魔法用途：長久以來，墨西哥的法師一直用秘魯胡椒木的枝條來進行治療儀式，它們會以這種胡椒樹的枝條來刷病人的身體，藉以吸收疾病，然後將樹枝埋起來，摧毀疾病。有時還會搭配芸香一起使用。

墨西哥的靈媒和女巫會將其葉子加到淨化用的沐浴中，攜帶其鮮紅色的漿果，則有保護作用。

小蔓長春花 PERIWINKLE
（*Vinca minor*）有毒 Bp-, Ho, Cn

俗名別稱：藍鈕釦（Blue Buttons）、Centocchiio（義大利語「百眼」之意）、魔鬼之眼（Devil's Eye）、地上歡（Joy on the Ground）、巫師的紫羅蘭（Sorcerer's Violet）

性別：陰性

行星屬性：金星

元素屬性：水

力量：愛情、慾望、心智力量、金錢、保護

魔法用途：這是一種強大的魔法藥草（正如其俗名所顯示的，這是「巫師的紫羅蘭」），採集小蔓長春花必須依循一定的程序，才會具有魔法效果──至少《世紀羅馬藥草書》是這樣記載的。

在初一、初九、十一或十三的晚上，要「潔淨所有的不潔」，採集時，要念下面的咒語：

我祈禱，小蔓長春花，你的藝術是來自於許多有用的品質。來

到我身邊，讓我因為你的力量而歡欣鼓舞；成為我的裝備，使我免受毒藥和水的傷害，我因而受到保護，得以發達。

（I pray thee, vinca pervinca, thee that art to be had for thy many qualities, that thou come to me glad blossoming with thy mainfulness, that thou outfit me so that I be shielded and prosperous and undamaged by poisons and water.）

念完之後，攜帶這個植物，就能獲得恩典、招財，還能防蛇，並抵禦毒藥、野獸、恐怖勢力、邪眼和惡靈。將其放在門上，還可保護家庭。

小蔓長春花會用於愛情法術中，根據傳說，撒在床下或攜帶，可增加一個人的熱情。注視它，可恢復失去的記憶。

美洲柿 PERSIMMON
（*Diospyros virginiana*）

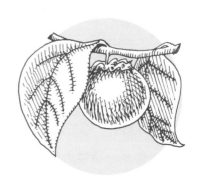

性別：陰性

行星屬性：金星

元素屬性：水

力量：變性、治療、運氣

魔法用途：直到最近，在美國阿拉巴馬州都有人相信，要是有女孩想要變成男孩，只要吃下九顆未成熟的美洲柿，肯定會在兩週內改變性別！

如果為寒冷所困擾，可以拿一根繩子，在其上打一個結（結代表你所擁有過的美洲柿），並將繩子繫在一棵柿子樹上。這應該能停止這些困擾。

要是想要有好運氣，去埋一些綠色柿子。

羅盤草 PILOT WEED
（*Silphium laciniatum*）

俗名別稱：Bumweed、指南菊（Compass Point）、Rosin Weed

力量：保護

魔法用途：在風暴期間，燃燒乾燥過的草根，可避免閃電。

牙買加胡椒 PIMENTO
（*Pimenta dioica*）

俗名別稱：眾香子、多香果

性別：陽性

行星屬性：火星

元素屬性：火

力量：愛情

魔法用途：幾個世紀以來，牙買加胡椒都用在愛情類型的法術和香包中，特別流傳於歐亞大陸地區的吉普賽間。將其吃下，也有同樣的效果。另見多香果（見51頁）

虎耳草茴芹 PIMPERNEL
(*Pimpinella saxifragay, P. spp.*)

俗名別稱：賜福草（Blessed Herb）、Greater Pimpernel、瑪麗草（Herb of Mary）、Luib na muc、Pimpinella、窮人的氣象鏡（Poorman's Weatherglass）、牧羊人的氣象鏡（Shepherd's Weatherglass）

性別：陽性

行星屬性：水星

元素屬性：風

力量：保護、健康

魔法用途：攜帶虎耳草茴芹有保護的作用，能防止他人欺騙你。

放置在家中，可以防止疾病並防止事故發生。

其力量非常大，甚至在掉入流水中時，都會逆著水流移動。

以虎耳草茴芹的汁液擦拭魔法刀片，可加以淨化，並強化其力量。

松樹 PINE
(*Pinus spp.*) P. strobus 樹皮：G

性別：陽性

行星屬性：火星

元素屬性：風

神祇屬性：小亞細亞與希臘神話中的眾神和萬物之母希柏莉（Cybele），希

臘神話裡的牧神潘恩，羅馬神話中的愛神與美神維納斯，古羅馬復生之神阿提斯，古希臘酒神戴歐尼修斯，大地和生育女神阿斯塔特，羅馬神話中的森林之神希爾瓦努斯（Sylvanus）

力量：治療、生育、保護、驅魔、金錢

魔法用途：攜帶松樹的毬果可增加生育力，並可擁有活力十足的晚年。

在仲夏收集的松果（當中仍保有種子）是一絕佳的法物，因為擁有它的人，每天吃下當中的一顆松子，就不會受到槍擊。在冬季燃燒松針，可以淨化和清潔房屋。將其撒在地板上，可驅邪，燃燒時則能消除地方上的負面力量。它們也用於清潔沐浴。

燃燒松針可扭轉並送回他人的施法。將松樹枝放在床上或上方可以驅離疾病（但如果沒有及時放置，反而會助長疾病）。在日本，有在房門上放一松枝的習俗，以確保屋內的歡樂持續，這是因為其葉子常青的緣故。

將以松針製成的十字架放在壁爐前，可防止邪惡透過它進入。松也用於金錢類型的法術，其木料屑末是薰香的基礎材料。

鳳梨 PINEAPPLE

（*Ananas comusus*）G

性別：陽性

性：火

力量：運氣、金錢、貞操

魔法用途：將鳳梨乾放在小袋中，加到浴缸裡，能吸取好運。加入果汁也有同樣的效果。喝鳳梨汁可以抑制慾望。

鳳梨乾或新鮮鳳梨會用在金錢類型的混合藥草中。

梅笠草 PIPSISSEWA

（*Chimaphila umbellate*）G

俗名別稱：假冬青（False Wintergreen）、地冬青（Ground Holly Price's Pine）、公主松樹（Princess Pine）、喜冬草

力量：金錢、召靈

魔法用途：將梅笠草弄碎，與玫瑰果和紫羅蘭的花瓣混合後燃燒，能夠吸引善靈協助獲得魔法。攜帶在身上也可招財。

開心果 PISTACHIO

（*Pistachia vera*）一般常見的：G

性別：陽性

行星屬性：水星

元素屬性：風

力量：破除愛情魔咒

魔法用途：阿拉伯人認為吃開心果，就等於是吃下愛情法術的解藥。拿這種堅果給殭屍，會使它們脫離恍惚狀態，進入死亡。特別的是，以人工染成的紅色開心果最適合用來進行這個法術。

車前草 PLANTAIN

（*Plantago spp. lanceolata, P. major, P. media*）G

俗名別稱：布穀鳥的麵包、英國人的腳、派翠克的葉子、派翠克的碼頭（Patrick's Dock）、漣漪草（Ripple Grass）、聖派翠克的葉子、Slanlus、蛇咬草（Snakebite）、蛇草（Snakeweed）、Waybread、Waybroad、Weybroed（英國地區）、白人腳、寬葉車前、大車前草

性別：陰性

行星屬性：金星

元素屬性：土

力量：治療、力量、保護、驅蛇

魔法用途：用紅色羊毛將車前草綁在頭上，可治療頭痛；放在腳下，則可消除疲勞。也可將車前草掛在車上，防止邪靈入侵。

在口袋中放一塊根部，可保護持有者避免被蛇咬傷。

歐洲李 PLUM

（*Prunus domesticus*）

種子和枯葉：X

性別：陰性

行星屬性：金星

元素屬性：水

力量：愛情、保護

魔法用途：將歐洲李的枝條放在門上和窗戶上，可保護家庭免受邪惡入

侵。其果實則可用來激發或維持愛情。

美洲李 PLUM, WILD

（*Prunus americana*）種子和枯葉：X

性別：陰性

行星屬性：金星

元素屬性：水

力量：治療

魔法用途：北美達科他州的印第安人會使用野生李的枝枒來製作禱告棒。將

枝枒去皮後上色，並在頂端綁上一祭品（通常是少量的菸草），這些是為

病人製作的，通常是將其放在祭壇周圍，或是插在戶外的地面上，獻給神

靈。任何稍微有想像力的人，都可以採用同樣的想法。

緬梔花 PLUMERIA

（*Plumeria acutifolia*）有毒

俗名別稱：Frangipangi、墓地花（Graveyard Flowers）、Melia（夏威夷

話）、寺廟樹（Temple Tree）、紅花緬梔、紅雞蛋花

性別：陰性

行星屬性：金星

元素屬性：水

神祇屬性：佛

力量：愛情

魔法用途：緬梔花多用於愛情魔法中。

垂序商陸 POKE
（*Phytolacca decandra, P. americana*）有毒

俗名別稱：美洲商陸、Coakum、Cocan、Crowberry、Garget、墨汁莓（Inkberry）、鴿莓（Pigeon Berry）、Pocan、Pokeberry Root、Poke Root、Polk Root、Scoke、Virginian Poke

性別：陽性

行星屬性：火星

元素屬性：火

力量：勇氣、破除咒語

魔法用途：在新月時，可用垂序商陸來破除詛咒。在家裡製作浸劑，灑在房子周圍，也可加一點到洗澡水中（注意：不可喝）。

隨身攜帶垂序商陸時，會帶來勇氣。要找到不見的東西，可將垂序商陸與紫球花、紫羅蘭和高良薑混合後，在最後看到這東西的地方撒上這個混合物，便可望尋回失物。

壓碎漿果後所得的汁液，可當作魔法墨水。

石榴 POMEGRANATE

（*Punka granatum*）根、莖：X；外殼：Dh

俗名別稱：迦太基蘋果（Carthage Apple）、
Grenadier、Malicorio、Malum Punicum、石榴石
（Pound Garnet）

性別：陽性

行星屬性：水星

元素屬性：火

神祇屬性：希臘神話中冥界的王后普西芬妮，羅馬神話中主管農業和豐收的
女神色列斯

力量：占卜、運氣、願望、財富、生育

魔法用途：長久以來人們都以吃石榴的種子來增加生育力，攜帶其果皮也是
基出於同樣的原因。

石榴是帶來運氣的魔法水果，在吃之前許願，有可能會實現。

石榴的枝條可顯示隱藏的財富，或是為持有者招財。

乾燥的石榴皮會加在財富和金錢類型的薰香中。

想知道自己會有多少孩子的女性，可朝地上扔石榴，掉在外面的種子，代表
示後代的數量。

將石榴的枝條懸掛在門口可避邪，其果汁可以用作血液的替代品，或是作為
魔法墨水。

白楊 POPLAR

（*Populus tremuloides*）G

性別：陰性

行星屬性：土星

元素屬性：水

力量：金錢、飛行

魔法用途：攜帶白楊的枝芽和葉子可招財，也可加到金錢類型的薰香中。還可以加到飛行的油膏中，用來促進靈魂出竅。也因此，在進行靈體分離程序時，有時將其置於身體上或製成油膏使用。

可參見歐洲白楊木（Aspen，見64頁）。

罌粟 POPPY

（*Papaver spp.*）一般常見通常的：G；非法使用的：X

俗名別稱：Blind Buff、Blindeyes、Headaches、Head Waak

性別：陰性

行星屬性：月亮

元素屬性：水

神祇屬性：希臘神話中居於地獄的睡神許普諾斯（Hypnos），希臘神話中掌管農業、穀物和母性之愛的地母神狄蜜特

力量：生育、愛情、睡眠、金錢、運氣

魔法用途：罌粟的種子和花會放在助眠的混合藥草中，也會食用它們來促進生育力，增添好運和招財。

過去有一段時間，曾將罌粟籽鍍金，當作招財護身符佩戴。也會將種子加到食物中，誘發愛情，或是用在愛情香包中。

如果想知道一個問題的答案，可將問題用藍色墨水書寫在一張白紙上，然後將其放入罌粟的豆莢內，置於枕頭下面，答案將出現在夢中。

將罌粟籽浸泡在酒中十五天，然後在禁食情況下每天喝這個酒，連續五天。據說這樣便能夠隨意隱形。

馬鈴薯 POTATO

（*Solarium tuberosum*）根：G；綠色的：X

俗名別稱：藍眼睛（Blue Eyes）、Flukes、Lapstones、皮夾克（Leather Jackets）、Murphies、無眼（No Eyes）、粉紅（Pinks）、紅眼（Red Eyes）、岩石（Rocks）、Taters、Tatties、土豆、山藥蛋、荷蘭薯、爪哇薯、白薯、土芋、地豆、土蛋

性別：陰性

行星屬性：月亮

元素屬性：土

力量：幻術、治療

魔法用途：馬鈴薯通常會用作人偶以及其他種類的偶的「眼睛」。

在口袋裡放一顆馬鈴薯，可治療牙痛，預防風濕、疣和痛風。要避免感冒，整個冬天都得將馬鈴薯放在口袋或錢包裡，但必須是同一顆馬鈴薯。

美洲花椒 PRICKLY ASH

（*Zanthoxylum americanum, Z. herculis*）

樹皮：P

性別：陽性

行星屬性：火星

元素屬性：火

力量：愛情

魔法用途：美洲花椒的果實可作為吸引愛情的香水。

歐洲報春花 PRIMROSE

（*Primula vulgaris*）Sk

俗名別稱：奶油玫瑰（Butter Rose）、英國黃花九輪草（English Cowslip）、密碼（Password）、西洋櫻草

性別：陰性

行星屬性：金星

元素屬性：土

神祇屬性：北歐神話中的愛神、戰神與魔法女神弗蕾亞

力量：保護、愛情

魔法用途：在花園裡種植藍色和紅色的歐洲報春花，可以保護花園免受摧殘，也會吸引精靈。雖然對某些人來說，報春花代表了放縱，但女性會佩戴它來吸引愛情。

歐洲報春花也用於治療瘋狂，縫在兒童的枕頭上，會得到他們長久的尊重和忠誠。

馬齒莧 PURSLANE

（*Portulaca oleracea, P. saliva*）P, Ks

俗名別稱：花園馬齒莧（Garden Purslane）、金馬齒莧（Golden Purslane）、豬草（Pigweed）、馬生菜、馬齒菜、馬屎莧、五行草、酸莧、豬母乳、馬勺菜、地馬菜

性別：陰性

行星屬性：月亮

元素屬性：水

力量：睡眠、愛情、運氣、保護、幸福

魔法用途：若是將馬齒莧放在床上，夜間就不會做噩夢。攜帶馬齒莧在身上，可吸引愛情和運氣，也能夠驅邪。

過去的士兵會在戰鬥中帶著馬齒莧，藉以獲得保護。

在房子周遭撒上馬齒莧，或是撒在家裡，會讓整個家充滿幸福。

苦木 QUASSIA

（*Picraena excelsa, Quassia amara*）P y

俗名別稱：苦楝樹（Bitter Ash）

力量：愛情

魔法用途：苦木會用於愛情混合藥草中，既可吸引也可維持愛情。

苦木的木材也是薰香的基本材料。

榅桲 QUINCE
（*Cydonia spp. speciosa*）果實：G

性別：陰性

行星屬性：土星

元素屬性：土

神祇屬性：愛神與美神維納斯

力量：保護、愛情、幸福

儀式用途：傳說榅桲和許多種神靈都有連結，會用在祭典中，特別是在維納斯的崇拜中。在龐貝藝術品中，可以在熊掌中看到榅桲，可能是和牠們的一些神話有所關聯。

魔法用途：攜帶榅桲的種子，可避邪，並預防身體受傷和意外事故。

在羅馬時代，新婚夫婦會分享一顆榅桲，這能確保他們未來的幸福。

孕婦經常吃榅桲，會讓孩子「聰明」。

拿榅桲給愛人吃，可確保其忠誠度。

蘿蔔 RADISH

（*Raphanus sativus*）根：G；綠色的：G 若煮熟

俗名別稱：Rapuns

性別：陽性

行星屬性：火星

元素屬性：火

力量：保護、慾望

魔法用途：攜帶蘿蔔可以防止邪眼。食用時，會增加慾望。

在德國，會攜帶一種特定的野生蘿蔔，用它來判斷巫師的去向。

豚草 RAGWEED

（Ambrosia spp.）X

力量：勇氣

魔法用途：在晚上咀嚼豚草的根部，能驅走所有的恐懼。

千里光 RAGWORT

（*Senecio vulgaris, S. jacobaea, S. spp.*）X

俗名別稱：Cankerwort、狗舌草（Dog Standard）、Fairies' Horses、Ragweed、聖詹姆斯草（St. James' Wort）、Staggerwort、Stammerwort、

Stinking Nanny、Stinking Willie

性別：陰性

行星屬性：金星

元素屬性：水

力量：保護

魔法用途：希臘人將千里光當作護身符，藉以抵抗魔咒和法術，據說女巫在遭到迫害的古老年代，會在午夜時騎著千里光。

覆盆子 RASPBERRY

（*Rubus idaeus, R. strigosus*）G

俗名別稱：歐洲覆盆子（European Raspberry）、紅樹莓（Red Raspberry）

性別：陰性

行星屬性：金星

元素屬性：水

力量：保護、愛情

魔法用途：將覆盆子的棘（樹枝）掛在門窗上，有保護作用。當家中有人往生時，也這樣做，可確保靈魂離開後不會再進入屋內。

吃覆盆子也可誘導愛情。

孕婦攜帶其葉子，可減輕懷孕和分娩的痛苦。

美遠志 RATTLESNAKE ROOT

（*Polygala senega*）根：P, Ga, Gu

俗名別稱：塞內加蛇根（Seneca Snakeroot）、山亞麻（Mountain Flax）、Seneka

力量：保護、金錢

魔法用途：在洗澡水中加入美遠志根的浸劑，並且用在沖洗衣服的水中，可抵禦試圖傷害你的人。

有些美洲印第安人會攜帶美遠志的根，以防止響尾蛇咬傷。

將美遠志的浸劑塗擦在手上或腳上，可引導人找到金錢。

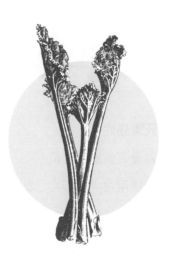

大黃 RHUBARB

（*Rheum spp. officinale, R. palmatum, R. tanguticum*）根部：P, N, Ks, Lt, I, Ab；綠色部分：X, Ii, Ch-12

性別：陰性

行星屬性：金星

元素屬性：土

力量：保護、忠誠

魔法用途：在脖子上戴一塊大黃的根，可防止胃痛。

將大黃派拿給伴侶吃，有助於保持他或她的忠誠度。

水稻 RICE
（*Oryza saliva*）G（不可生吃）

俗名別稱：Bras、Dhan、Nirvara、Paddy、米
性別：陽性
行星屬性：太陽
元素屬性：風

力量：保護、雨術、金錢、生育
魔法用途：將稻米放在屋頂上，可以防止所有的不幸。
婆羅門人會將稻米當作護身符，以抵禦邪惡；在房門附近放置一小罐稻米，也可以有保護作用。
將稻米往空中扔，會下雨。
稻米也應用在金錢法術中，祈福儀式中還會丟到新婚夫婦的身上，藉此增加他們的生育力。

根 ROOTS

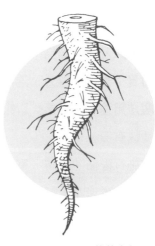

力量：保護、強大的占卜力
魔法用途：若是必須在沒有遮蔽的情況下睡在野外，在脖子上戴上任何一種藥草的根，野生動物將會保護你。

在古老的迷信中，認為只要採集者穿戴或攜帶從墓地（或任何古老聖地）挖出的根，將可避免死亡。

根據南方魔法的傳說，計畫學習魔法的人應該晚上去一處田野，在那裡連根拔起一株雜草，而黏附在根部的土壤總量，即代表這位學徒在魔法技藝中將獲得的力量和技能。這有時會是具遠見的老師來做，藉以一窺新學徒未來的成功。

玫瑰 ROSE

（*Rosa spp.*）花瓣：G；綠色部分：X

性別：陰性

行星屬性：金星

元素屬性：水

神祇屬性：古埃及主掌愛、美、富裕、舞蹈與音樂的女神哈索爾，斯勘地納維亞傳統中的植物女精靈胡爾達，希臘神話中掌管性慾的愛神厄洛斯，古羅馬愛神邱比特，希臘神話中掌管農業、穀物和母性之愛的地母神狄蜜特，古埃及的母性與生育之神艾西斯，希臘神話中俊美的狩獵人阿多尼斯，由埃及神的荷魯斯轉化為希臘神的哈波奎特斯（Harpocrates）、古羅馬神話的黎明女神以及北歐神話中掌管極光的女神奧羅拉（Aurora，也譯作歐若拉）

力量：愛情、靈力、治療、愛情占卜、運氣、保護

魔法用途：玫瑰長久以來一直被用於愛情類型的混合藥草中，因為這種花與情緒有關。

在施行愛情法術時，戴上玫瑰花冠（去除其上的刺），或者在祭壇的花瓶中放一朵玫瑰花，都有強大的愛情魔法助力。以玫瑰花瓣蒸餾出的玫瑰水，可

加在愛情類型的沐浴中。將玫瑰果（玫瑰的果實）串起來佩戴在身上，可當作吸引愛情的串珠。

睡前喝玫瑰花茶，能夠誘發預言夢境。過去的女性常常會取三片綠色的玫瑰葉，然後分別以其不同的愛人名字來命名，以得知他們浪漫的未來。綠色維持最長的那一片，就是最適合的「人選」。

玫瑰花瓣和花苞也用於治療類型的法術和混合藥草中，將吸滿玫瑰水的布放在太陽穴上，可舒緩頭痛。

玫瑰也常添加在快速幸運類型的混合藥草中，攜帶在身上，可作為個人的護身符。

在房子周圍撒落玫瑰花瓣，可緩和個人壓力和家庭動盪。

種植在花園裡的玫瑰會引來精靈，據說在被偷摘時長得最好。

迷迭香 ROSEMARY

（*Rosemarinus officinalis*）D+, P

俗名別稱：指南針草（Compass Weed）、海之朝露（Dew of the Sea）、精靈葉（Elf Leaf）、防護衣（Guardrobe）、Incensier、Libanotis（希臘文）、極地植物（Polar Plant）、海露（Sea Dew）

性別：陽性

行星屬性：太陽

元素屬性：火

力量：保護、愛情、慾望、心智能力、驅魔、淨化、治療、睡眠、青春

魔法用途： 燃燒迷迭香時，會散發出強大的清潔和淨化振動能量，可用來消除一個充滿負面能量的地方，特別是在施法前。這是最古老的一種薰香。

將迷迭香放在枕頭下，可確保一夜好眠，讓噩夢消散。放在床下，可保護睡在床上的人免受一切傷害。也會將迷迭香掛在門廊和門柱上，防止小偷進入家園，還能維持家人健康。放在沐浴的水中，可有淨化作用。

戴上迷迭香的花環，有助於記憶，經常聞其木材部分，能夠保持青春。要確保這一點，可在沐浴的水中加入迷迭香。

長久以來，迷迭香一直用於愛情和慾望類型的薰香和其他種類的混合藥草中，將治療用的人偶塞滿迷迭香，可發揮其治療效用的能量振動。在進行治療類型的法術前，可用迷迭香浸劑洗手，將其葉子與杜松子混合，在病房中燃燒，可強化療效。

若是希望獲得一個問題的相關知識或答案，可把迷迭香在木炭上燃燒，然後聞它的味道。將迷迭香的葉子磨成粉末，以亞麻布包裹，綁在右臂上，可消除抑鬱，讓情緒變得輕鬆愉快。迷迭香通常可當作乳香的替代品。

歐洲花楸 ROWAN
（*Sorbus acuparia*）果實：X

俗名別稱： 喜悅之眼（Delight of the Eye）、山梣樹（Mountain Ash）、Quickbane、Ran Tree、RodenQuicken、Roden-Quicken-Royan、Roynetree、Sorb Apple、索爾的助手、Wiggin、Wiggy、Wiky、野梣樹（Wild Ash）、Witchbane、Witchen、女巫木

（Witchwood）、百華花楸、紅果臭山槐、山槐子、馬加木

性別：陽性

行星屬性：太陽

元素屬性：火

神祇屬性：北歐神話中的戰神與農業之神、雷神索爾

力量：靈力、治療、力量、成功、保護

魔法用途：攜帶歐洲花楸可增加靈力，其樹枝常被做成探棒和魔杖。其葉子和漿果可添加在占卜類型的薰香中，包括那些企圖增加靈力的部分。

攜帶其漿果（或樹皮）有助於疾病復原，通常會將其添加在治療和健康類型的香包與混合藥草中，也會加在所有和力量、成功和運氣相關的香包裡。

幾個世紀以來，在歐洲，歐洲花楸一直用於保護。以紅線將兩根樹枝綁在一起，做成十字架，就是一個古老的護身符。

康沃爾（Cornish）郡的農民會將歐洲花楸放在口袋裡，蘇格蘭高地人則是插在衣服的襯裡中。

用歐洲花楸製成的手杖，是夜間在樹林和田野漫遊者的絕佳工具；將歐洲花楸帶上船，可避免遇上暴風雨；存放在房子裡，可防止雷擊；種在墳墓上，歐洲花楸能讓死者遠離這個地方。

在房子附近種植歐洲花楸，能夠保護房子和當中的居住者，而長在石圈附近的歐洲花楸，其力量最為強大。

芸香 RUE
（*Ruta graveolens*）P, K, B, S

俗名別稱：Bashoush（科普特語）、花園芸

香（Garden Rue）、德國芸香（German Rue）、賜福草（Herb of Grace）、Herbygrass、Hreow、藥草之最（Herbs of the Herbs）、Rewe、Ruta、芸香草、小葉草、小香草、小葉香、雞鬼草、百應草、香草、臭草、臭艾、臭節草、臭芙蓉、荊芥七、心臟草

性別：陽性

行星屬性：火星

元素屬性：火

神祇屬性：月亮與狩獵女神黛安娜，希臘神話中月亮與太陽的女兒、光明女神阿拉迪亞（Aradia）

力量：治療、健康、心智力量、驅魔、愛情

魔法用途：將芸香的葉子放在額頭上，可舒緩頭痛。戴在脖子上，有助於疾病的恢復，也可預防未來的健康問題。所以，芸香多添加到治療類型的薰香和人偶中。

聞新鮮的芸香，能讓陷入愛情問題的腦袋認清事實，強化心智力量。

將芸香加到沐浴中，可打破所有施加在身上的咒語和詛咒，還可添加到驅魔類型的薰香和混合藥草中。掛在門上或放在香包裡，都具有保護作用，拿新鮮葉子摩擦地板，能夠將任何施加在你身上的不利法術反彈回去。

羅馬人會把芸香當作對抗邪眼的保護劑吃下，攜帶這種植物也可用來抵擋毒藥、狼人和各種各樣的弊病。將一枝新鮮的芸香枝條當作灑水器，在整個房子內灑鹽水，能清除負面能量。

若有需要或意欲，在進行保護類型的法術時，可將新鮮的芸香汁與晨露混合，灑在周圍。

芸香是另一種據說在被盜時長得最好的植物，事實上，將它種在花園裡，有美化和保護的效果。但不知何故，蟾蜍十分厭惡芸香。

黑麥 RYE
（*Secale spp.*）G

性別：陰性

行星屬性：金星

元素屬性：土

力量：愛情、忠誠

魔法用途：吉普賽人會在愛情法術中使用黑麥。

拿黑麥麵包給愛人吃，能確保他們對愛情的忠貞。

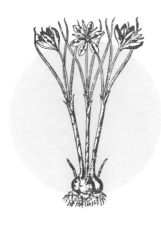

番紅花 SAFFRON
（*Crocus saliva*）D+, P

俗名別稱：秋番紅花、番紅花（Crocus）、
Karcom、Krokos、Kunkuma（梵文），Saffer
（阿拉伯語），西班牙番紅花、藏紅花

性別：陽性

行星屬性：太陽

元素屬性：火

神祇屬性：希臘神話中掌管性慾的愛神厄洛斯，以色列傳統信仰中象徵生
殖、愛情和戰爭的神后亞斯他錄

力量：愛情、治療、幸福、起風、慾望、力氣、靈力

儀式用途：腓尼基人會將番紅花烤成新月形的蛋糕來吃，以榮耀月亮和生育
女神亞斯他錄。

魔法用途：番紅花會添加在愛情類型，以及那些用來提高慾望的香包中。也用於治療類型的法術，在進行治療儀式前，會以其浸劑當作洗手水。

過去在波斯（現在的伊朗），孕婦會在肚臍中塞一顆番紅花球，以確保能快速分娩。

喝下其浸劑，能夠看見未來；光是攝取番紅花就能消除憂鬱。事實上，一位早期的作者警告過，不要吃太多的番紅花，以免「死於歡樂」！

在家中放番紅花，可避免蜥蜴進入屋中；戴番紅花做成的花環，可避免酒醉（而且很可能會引來朋友的討論）。

在愛爾蘭，會以番紅花浸劑沖洗床單，這樣手腳在睡眠時會得到強化。古代波斯人則用番紅花來起風。

鼠尾草 SAGE
（*Salvia officinalis*）P, Lt, D+

俗名別稱：花園鼠尾草（Garden Sage）、紅色鼠尾草（Red Sage）、Sawge

性別：陽性

行星屬性：木星

元素屬性：風

力量：不朽、長壽、智慧、保護、願望

魔法用途：鼠尾草一直用來延年益壽，有時甚至是為了達到永生。做法是，每天或至少在五月份吃一些這種藥草。因為古語有云：

　　想要長生的人，（He who would live for aye）

必須在五月吃鼠尾草。（Must eat sage in May.）

攜帶鼠尾草可長智慧，其葉子則用在各種治療和金錢類型的法術中。要保護自己對抗可怕的邪眼，戴上一只裝滿鼠尾草的小號角即可。

關於鼠尾草，有一些有趣的園藝技巧：

首先，在自己的花園種植鼠尾草會有楣運，應該找一個陌生人去種。

其次，一整個花床的鼠尾草會帶來惡運，所以要確定花床上還種有其他植物。此外，蟾蜍喜愛鼠尾草。

若是希望願望實現，將它寫在鼠尾草的葉片上，藏在枕頭下方，連睡三個晚上。若有夢到自己的願望，就會實現；要是沒有，將鼠尾草埋進土裡，這樣你就不會受到傷害。

山艾 SAGEBRUSH
（*Artemisia spp. apiana, A. spp.*）P, Lt, D+

俗名別稱：白鼠尾草（White Sage）

性別：陰性

行星屬性：金星

元素屬性：土

力量：淨化、驅魔

儀式用途：美國印第安人一直以來會在其儀式中燃燒山艾。

魔法用途：用山艾洗澡，來淨化自己過去所有的邪惡和負面行為。

燃燒山艾樹可以驅除惡毒力量，也可用於治療。

聖約翰草 ST. JOHN'S WORT

（*Hypericum perforatum*）：有毒D, DI *可能會強化MAO-I藥物（單胺氧化脢抑制劑）的藥性

俗名別稱：琥珀（Amber）、Fuga daemonum（拉丁文：神聖的惡魔）、山羊草（Goat Weed）、Herba John、Klamath Weed、Sol Terrestis、Tipton Weed、貫葉金絲桃、貫葉連翹

性別：陽性

行星屬性：太陽

元素屬性：火

神祇屬性：古北歐神話中光與美的化身，也是春天與喜悅之神巴德爾（Baldur）

力量：健康、保護、力氣、愛情占卜、幸福

魔法用途：將聖約翰草穿戴在身上，可以消除發燒和感冒，並讓士兵立於不敗之地，還能吸引愛情。

若是在仲夏或週五採集、穿戴的話，可治療精神疾病，也會能解除憂鬱。

將聖約翰草放在罐子裡並掛在窗戶上，可以保護房子免受雷擊、火和邪靈的傷害。其花和葉都可用於此目的。

在仲夏的火堆中烤乾，掛在窗戶附近，可防止鬼魂、死靈法師和其他惡人靠近家園。將其燃燒，可以驅除消滅靈魂和惡魔。

將聖約翰草的任何部分放在枕頭下，可以讓未婚女性夢到未來的丈夫。用此藥草舉行儀式或是攜帶在身上，可偵測其他魔法師的存在，過去曾將其放在遭到控告的巫婆口中，強迫他們認罪。

檀香 SANDALWOOD, WHITE

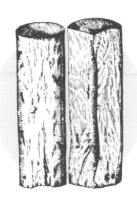

（*Santalum album*）Pk, PI

俗名別稱：Sandal、Santal、白檀（White Sandalwood）、白旃檀（White Saunders）、Yellow Sandalwood、檀樹、真檀

性別：陰性

行星屬性：月亮

元素屬性：水

力量：保護、願望、治療、驅魔、靈性

魔法用途：通常會在進行保護、治療和驅魔類型的法術期間，燃燒檀香粉。與薰衣草混合時，可製作出一種召靈的薰香。

這種芬芳的木材具有非常高的精神振動能量，與乳香混合時，可在降神會和滿月儀式中燃燒。將願望寫在檀香木片上，然後在香爐或坩堝中將之燃燒。燃燒時，它會讓魔力流出，請記住，這時要在腦中想像你的願望。

檀香木珠子具有保護性，穿戴在身上可以提升精神意識。

將檀香粉撒在一個地方，可以清除那裡的負面能量。

檀香也是製作薰香的基礎材料。

紫檀 SANDALWOOD, RED

（*Pterocarpus santalinus*）

性別：陰性

行星屬性：金星

元素屬性：水

力量：愛情

魔法用途：燃燒紫檀木會帶來愛情。

將其撒在需要清除負面能量的地方，有不錯效果。

山達脂柏 SANDARAC, GUM
（*Tetraclinis articulata*）

俗名別稱：朱彼德膠樹（Gum Juniper）

性別：陽性

行星屬性：太陽

元素屬性：火

菝葜 SARSAPARILLA
（*Smilax aspera*）G

俗名別稱：竹荊棘（Bamboo Briar）

性別：陽性

行星屬性：木星

元素屬性：火

力量：愛情、金錢

魔法用途：將菝葜與肉桂、檀香粉混合，撒在營業場所周遭，可招財。它也用於愛情法術。

檫樹 SASSAFRAS

（*Sassafras variifolium, S. albidum*）Lt, D+

俗名別稱：Saxifrax、檫樹（Ague Tree）、
肉桂樹（Cinnamon Wood）、黃樟

性別：陽性

行星屬性：木星

元素屬性：火

力量：健康、金錢

魔法用途：將檫樹放在錢包或皮夾中，可招財；或是將其燒掉，也有同樣的
作用。

檫樹也可以添加到幫助治療的香包與法術中。

夏季香薄荷
SAVORY, SUMMER

（*Satureja hortensis*）G

俗名別稱：聖朱利安草（Herbe de St. Julien）、
花園香薄荷（Garden Savory）

性別：陽性

行星屬性：水星

元素屬性：風

力量：心智能力

魔法用途：攜帶或佩戴夏季香薄荷，可以增強心智能力。

美黃芩 SCULLCAP
（*Scutellaria lateriflora, S. galericulata*）

俗名別稱：大美黃芩（Greater Scullcap）、頭盔花（Helmet Flower）、頭罩草（Hoodwort）、瘋草（Madweed）、貴格帽（Quaker Bonnet）

性別：陰性

行星屬性：土星

元素屬性：水

力量：愛情、忠誠、和平

魔法用途：美黃芩適用於放鬆和和平類型的法術。穿戴美黃芩的女人，可確保其丈夫不會受到其他女人的迷惑。

番瀉葉 SENNA
（*Cassia marilandica*或*C. acutifolia*）P, N

俗名別稱（C. marilandica）：刺槐（Locust Plant）、野生番瀉葉（Wild Senna）

性別：陽性

行星屬性：水星

元素屬性：風

力量：愛情

魔法用途：番瀉葉會用在愛情法術中。

芝麻 SESAME

（*Sesamum indicum, S. orientate*）G（有出現嚴重過敏的案例）

俗名別稱：Til、Hoholi、Bonin、Ufuta、Ziele、Logowe

性別：陽性

行星屬性：太陽

元素屬性：火

神祇屬性：印度教中主掌智慧和財富的象頭神迦內什（Ganesha）

力量：金錢、慾望

魔法用途：食用芝麻會誘發慾望。

在家中擺放一罐打開瓶蓋的芝麻可以招財。不過，每個月必須要更換當中的芝麻。

知名的魔法咒語「芝麻開門」，指的是以這種植物發現寶藏，展現秘密通道，以及打開門鎖的傳奇力量。

紅蔥頭 SHALLOT

（*Allium spp.*）G

俗名別稱：火蔥、分蔥、香蔥、四季蔥、大頭蔥、珠蔥、油蔥、朱蔥、綿蔥

性別：陽性

行星屬性：火星

元素屬性：火

力量：淨化

魔法用途：將紅蔥頭加入洗澡水中，可治療不幸。

臭菘 SKUNK CABBAGE

（*Symplocarpus foetidus*）Ks

俗名別稱：草地白菜（Meadow Cabbage）、
雪貂草（Pole Cat Weed）、臭鼬草（Skunk
Weed）、Suntull、沼澤白菜（Swamp
Cabbage）

性別：陰性

行星屬性：土星

元素屬性：水

力量：消除法律糾紛

魔法用途：在星期天用月桂葉包裹少量的臭菘，就是一個能夠帶來好運的護
身符。這也適用在法庭案件上。

北美滑榆樹 SLIPPERY ELM

（*Ulmus fulva*）樹皮：G

俗名別稱：印第安榆樹（Indian Elm）、穆斯榆
樹（Moose Elm）、紅榆樹（Red Elm）

性別：陰性

行星屬性：土星

元素屬性：風

力量：平息閒言閒語

魔法用途：燃燒北美滑榆樹，然後將一個打結的黃色繩索或線丟入這火中，可平息任何針對你的閒話。

在孩子的脖子上戴一塊北美滑榆樹的樹皮，會讓他在長大成人後能言善道，具有說服力。

黑刺李SLOE

（*Prunus spinosa*）Lt；鮮花和種子：X

俗名別稱：黑刺李（Blackthorn）、木之母（Mother of the Wood）、許願刺（Wishing Thorn）

性別：陽性

行星屬性：火星

元素屬性：火

力量：驅魔、保護

魔法用途：掛在門口或隨身攜帶黑刺李，可驅散邪惡和災難，消除惡魔和負面振動的能量。

其木材有時可以用來製作占卜和許願的棒子，這些「許願棒」適用於所有類型的法術，實際上是萬用魔杖。

蛇根馬兜鈴 SNAKEROOT

（*Aristolochia serpentaria*）X

俗名別稱：鵜鶘花（Pelican Flower）、海蝰蛇根（Radix Viperina）、蛇形根（Serpentary Radix）、蛇形根（Serpentary Rhizome）、Snagree、Snagrel、蛇木（Snakeweed）、維吉尼亞蛇根草（Virginian Snakeroot）

力量：運氣、金錢

魔法用途：這種藥草的根可當作好運護身符，也用來破除詛咒和咒語。傳說也會指引財路。

黑蛇根 SNAKEROOT, BLACK

（*Sanicula marilandica*）

俗名別稱：變豆菜、山芹菜

性別：陽性

行星屬性：火星

元素屬性：火

力量：愛情、慾望、金錢

魔法用途：穿戴黑蛇根，可吸引愛人，也可以放置在臥室，或加到洗澡水中，都有同樣效果。攜帶在身上，可以吸引錢財。

金魚草 SNAPDRAGON
（*Antirrhinum majus*）葉：X

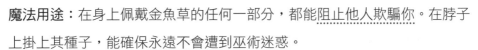

俗名別稱：小牛鼻（Calf's Snout）

性別：陽性

行星屬性：火星

元素屬性：火

力量：保護

魔法用途：在身上佩戴金魚草的任何一部分，都能阻止他人欺騙你。在脖子上掛上其種子，能確保永遠不會遭到巫術迷惑。

如果在戶外時感受到有邪惡靠近，可以踩在金魚草上，或是用手拿著它的花，直到邪惡力量過去。進行保護類型的儀式時，可在祭壇上放一瓶新鮮的金魚草。

要是有人向你發送負能量（咒語、詛咒等），可在祭壇上放一些金魚草，於其背方擺面鏡子，便可將詛咒反彈回去。

玉竹 SOLOMON'S SEAL
（*Polygonatum officianle*或*P. multiflorum biflorum*）P. biflorum 的莓果對兒童而言：X

俗名別稱：Dropberry、聖母封印（Lady's Seal）、聖瑪麗的封印（St. Mary's Seal）、封印根（Sealroot）、封印草（Sealwort）、所羅門王的封印（Solomon Seal）

性別：陰性

行星屬性：土星

元素屬性：水

力量：保護、驅魔

魔法用途：將其根部放在房子的四個角落，具有保護作用；用來進行各類型的驅魔和保護法術，將其根部的劑液遍灑一區域，可清除邪惡。

玉竹也用於獻祭用的薰香中。

白花酢漿草 SORREL, WOOD
（Oxalis acetosella）

俗名別稱：Cuckowe's Meat、仙女鈴鐺（Fairy Bells）、兩耳草（Sourgrass）、Sour Trefoil、Stickwort、Stubwort、Surelle、三葉草（Three-Leaved Grass）、酸木（Wood Sour）

性別：陰性

行星屬性：金星

元素屬性：土

力量：治療、健康

魔法用途：隨身攜帶白花酢漿草（乾燥）的葉子，可以保護心臟免受疾病侵害。將新鮮酢漿草放在病人的房裡，有助於疾病和傷口的恢復。

青蒿 SOUTHERNWOOD

（*Artemisia abrotanum*）P

俗名別稱：Appleringie、男孩之愛（Boy's Love）、防護衣（Garde Robe，）、Lad's Love、女僕的廢墟（Maid's Ruin）、老人（Old Man）、南方苦艾

性別：陽性

行星屬性：水星

元素屬性：風

力量：愛情、慾望、保護

魔法用途：青蒿用於愛情法術，可攜帶或放置在臥室內。有時會將鹼蒿放在床下，用以引發慾望。

將青蒿當成薰香來燒，可以防止各種麻煩，其煙霧可驅蛇。

西班牙苔蘚 SPANISH MOSS

（*Tillandsia urneoides*）G

俗名別稱：松蘿鳳梨

力量：保護

魔法用途：將西班牙苔蘚種在房子上或家裡，具有保護作用。

也會將其填充在保護類型的人偶，或是加到保護類型的香包中。

綠薄荷 SPEARMINT

（*Mentha spicata*）G

俗名別稱：棕色薄荷（Brown Mint）、花園薄荷（Garden Mint）、青薄荷（Green Mint）、綠脊（Green Spine）、羊薄荷（Lamb Mint）、鯖魚薄荷（Mackerel Mint）、聖母薄荷（Our Lady's Mint）、尖頂薄荷（Spire Mint）、荷蘭薄荷、留蘭香

性別：陰性

行星屬性：金星

元素屬性：水

力量：治療、愛情、心智力量

魔法用途：綠薄荷應用於所有治療型類的魔法，尤其是肺部疾病。綠薄荷有時也會用來挑起慾望。聞綠薄荷可增加並強化心智能力。睡覺時使用以綠薄荷填充的枕頭或床墊，會得到保護。

參見胡椒薄荷（見255頁）。

紫露草 SPIDERWORT

（*Tradescantia Virginia*）Sk

俗名別稱：蜘蛛百合（Spider Lily）

力量：愛情

魔法用途：美國達科塔州（Dakota）的印第安人會攜帶紫露草來吸引愛情。

美洲楤木 SPIKENARD

（*Inula conyza, Aralia racemosa*）P

俗名別稱：哪噠（Nard）、印度根

性別：陰性

行星屬性：金星

元素屬性：水

力量：忠誠、健康

魔法用途：將美洲楤木掛在脖子上，能帶來好運、預防疾病，也會用來保持忠誠。

海蔥 SQUILL

（*Urginea scilla, U. maritima, Scilla maritima*）

有毒

俗名別稱：紅海蔥（Red Squill）、海洋蔥（Sea Onion）、白海蔥（White Squill）

性別：陽性

行星屬性：火星

元素屬性：火

力量：金錢、保護、破除咒語

魔法用途：自古以來，海蔥就一直用於魔法。要保護居家環境，可在窗戶上掛一顆海蔥。將一顆海蔥放入罐子或盒子中，再加入幾個銀幣，可招財。要是覺得遭人下咒，隨身攜帶海蔥，可打破咒語。

八角 STAR ANISE

（*Illicutn verum*）G（不過僅限於Illicum verum
這個種類）

俗名別稱：Badiana、中國茴香（Chinese
Anise）、八角茴香、大料、大茴香

性別：陽性

行星屬性：木星

元素屬性：風

力量：靈力、運氣

魔法用途：八角的種子可當成薰香來燒，藉此增加靈力，佩戴以其所製作的
珠子，也有同樣的效果。

有時會將八角放在祭壇上，賦予它力量，分別放置在四個方向。也可當作萬
用幸運符攜帶。此外，其種子能夠做出很好的鐘擺。

草烏桕 STILLENGIA

（*Stillingia sylvatica*）N, M

俗名別稱：皇后的喜悅（Queens Delight）、女
王根（Queen's Root）、銀葉（Silver Leaf）、
草烏桕（Stillingia）、Yaw Root

力量：靈力

魔法用途：燃燒其根部能發展靈力。

要是丟失了什麼，燃燒草烏桕，然後跟著煙霧，就能找到失物。

稻草 STRAW

力量：運氣、幻術

魔法用途：稻草會帶來幸運，因此常會用小袋子攜帶。

要製做一個家庭的運氣護身符，可拿一個用過的馬蹄鐵和一些稻草，將其縫成一個小袋，放在床的上方或下方。

可以用稻草製成小型的魔法圖像，然後將這些用於製作人偶。稻草會吸引精靈（有人說精靈居住在稻草中）。

草莓 STRAWBERRY

（*Fragaria vesca*）葉子：G

俗名別稱：Poziomki、Tchilek、Jordboer

性別：陰性

行星屬性：金星

元素屬性：水

神祇屬性：北歐神話中的愛神、戰神與魔法女神弗蕾亞

力量：愛情、運氣

魔法用途：草莓是一種愛的食物，攜帶草莓葉會有好運。

孕婦可攜帶一小包草莓葉，來緩解她們的孕痛。

甘蔗 SUGAR CANE

（*Saccharum officinarum*）G

俗名別稱：Ko（夏威夷文）

性別：陰性

行星屬性：金星

元素屬性：水

力量：愛情、慾望

魔法用途：糖一直是用於調配愛情和慾望魔藥。所以，不妨一邊吃甘蔗，一邊想你的愛人。

在舉行魔法儀式和施作法術之前，也會撒糖來驅散邪惡，同時清潔和淨化這個區域。

麝香阿魏 SUMBUL

（*Ferula sumbul*）

俗名別稱：麝香根（Euryangium Musk Root）、Jatamansi、Ofnokgi、Ouchi

力量：愛情、靈力、健康、運氣

魔法用途：要吸引愛情，可攜帶麝香阿魏，或是當成薰香燃燒，或是將其浸劑加在浴缸中。要確保效果良好，上述三種方法可以同時進行。

可燃燒麝香阿魏來增加靈力。戴在脖子上，可帶來好運，預防疾病。

向日葵 SUNFLOWER
（*Helianthus annuus*）G

俗名別稱：太陽花（Corona Solis）、秘魯萬壽菊（Marigold of Peru）、Solo Indianus

性別：陽性

行星屬性：太陽

元素屬性：火

力量：生育、願望、健康、智慧

魔法用途：想要懷孕的女性會吃向日葵籽。要保護自己避免染上天花，可將葵花籽放在脖子上，可放在一個袋子中，或是像珠子一樣串起來。

在日落時切下一朵向日葵，同時許願，只要這個願望不是太宏大，會在下一個日落前實現願望。

睡覺時放一朵向日葵在床下，可得知任何事情的真相。

若是希望變得善良，可從向日葵的莖中壓出汁液來，塗抹在身上。

在花園裡種向日葵，可防蟲害，並為種植者帶來最好的運氣。

茅香 SWEETGRASS
（*Hierochloe odorata*）

俗名別稱：甜草、甜茅草

力量：召靈

魔法用途：在進行法術前燃燒茅香，可引來善靈或良善的生靈。

香碗豆 SWEETPEA

（*Lathyrus odoratus*）D+, X

性別：陰性

行星屬性：金星

元素屬性：水

力量：友誼、貞潔、勇氣、力氣

魔法用途：穿戴新鮮的香豌豆花能夠吸引人，並促進友誼的發展。

攜帶香豌豆或將其握在手中，所有人都會對你說實話。

如果放在臥室裡，香碗豆會保持你的貞潔；如果穿戴在身上，會帶給人勇氣和力量。

羅望子 TAMARIND

（*Tamarindus indica*）

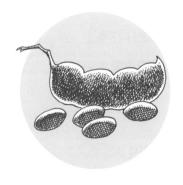

俗名別稱：Tamarindo（西班牙語）、

Sampalok、Tchwa、Mkwayu

性別：陰性

行星屬性：土星

元素屬性：水

力量：愛情

魔法用途：攜帶羅望子，可以吸引愛情。

檉柳 TAMARISK
（*Tamarix spp.*）

性別：陰性

行星屬性：土星

元素屬性：水

神祇屬性：美索不達米亞神話中的天神安努
（Anu）

力量：驅魔、保護

魔法用途：檉柳具有悠久的驅魔歷史，至少可以追溯到四千年前。在驅魔儀式中，手拿一枝檉柳樹枝，將其葉子四處散落，便可驅逐惡魔和邪靈。要達到最佳效果，應使用金斧和銀質的刀來切割檉柳。

燃燒檉柳的煙霧可用來驅蛇，古巴比倫的迦勒底人（Chaldeans）會用檉柳的枝條來占卜。

菊蒿 TANSY
（*Tanacetum vulgare*）P

俗名別稱：鈕釦（Buttons）、艾菊

性別：陰性

行星屬性：金星

元素屬性：水

力量：健康、長壽

魔法用途：在鞋子中放一點菊蒿，有助於治療持續的發燒。

希臘神話中的美少年蓋尼米德（Ganymede）因為獲賜這種植物，而得以長生不朽，因此會有人攜帶菊蒿來延長壽命。

螞蟻不喜歡菊蒿。

茶 TEA
（*Camellia sinensis, C. spp.*）D+，L, T（僅限發酵紅茶）

俗名別稱：紅茶（Black Tea）、中國茶（China Tea）、Cha

性別：陽性

行星屬性：太陽

元素屬性：火

力量：富有、勇氣、力氣

魔法用途：燃燒茶葉可以確保未來的財富，一般會將茶葉添加到所有金錢類型的混合藥草和香包中。

也會在護身符中加入茶葉，可賦予持有者勇氣和力量。

茶液是所有慾望魔藥的基礎。

薊 THISTLE
（*Carduus spp.*）老株：X

俗名別稱：聖母薊（Lady's Thistle）、Thrissles

性別：陽性

行星屬性：火星

元素屬性：火

神祇屬性：北歐神話中的戰神與農業之神、雷神索爾，羅馬神話中的智慧女神密涅瓦（Minerva）

力量：力氣、保護、治療、驅魔、破除咒語

魔法用途：將一碗薊放在房間裡，可以強化精神，恢復房內所有人的活力。

攜帶薊（或一部分）可獲得能量和力氣。

在花園種薊，可抵擋小偷；種在花盆裡，擺在門口，可以避邪。在口袋裡放一朵薊花，能獲得守護。

將薊扔到火上，能避免房子遭到雷擊。

若是遭到下咒，可以穿上由薊紡成的線所製成的襯衫，以破除咒語和任何其他法術。薊也會填充在破除咒語的人偶中。在居家環境和其他建築物中撒落薊，可驅除邪惡。

薊也用於治療類型的法術，男人攜帶它時，會變成更好的情人。穿著或攜帶薊時，也能排遣憂鬱。

在過去，英格蘭的巫師常常會選擇樹叢中最高的一株薊，來作為製作魔杖或枴杖的材料。

要召靈，將一些薊放入沸水中。離火後，將其放在一旁。蒸汽升起時，便會召來靈魂，這時要仔細聆聽，他們可能會回答你的問題。

聖薊 THISTLE, HOLY

（*Centaurea benedicta, Cnicus benedictus, Carbenia bendicta*）P

俗名別稱：賜福薊（Blessed Thistle）、藏掖花

性別：陽性

行星屬性：火星

元素屬性：火

力量：淨化、破除咒語

魔法用途：穿上聖薊，可以保護自己免受邪惡影響，並可加入淨化類型的沐浴中。神聖的薊也用於破除咒語的法術。

奶薊 THISTLE, MILK

（*Carduus marianus, Sonchus oleraceus, Silybum marianum*）G

俗名別稱：瑪莉安薊（Marian Thistle）、水飛薊、乳薊

性別：陽性

行星屬性：火星

元素屬性：火

力量：激怒蛇

魔法用途：盎格魯撒克遜人記錄過一個實例，如果將奶薊掛在男人的脖子上，那麼他所到之處，所有的蛇都會開始戰鬥。

百里香 THYME
（*Thymus vulgaris*）G

俗名別稱：普通百里香（Common Thyme）、花園百里香（Garden Thyme）、麝香草

性別：陰性

行星屬性：金星

元素屬性：水

力量：健康、治療、睡眠、靈力、愛情、淨化、勇氣

魔法用途：燃燒百里香可帶來良好的健康，也會基於此目的而穿戴在身上。它也會用於治療類型的法術中。

放在枕頭下方，可確保一夜好眠，不會有噩夢。穿戴百里香，有助於發展靈力，女性在頭髮上戴一枝百里香，能夠散發難以抗拒的魅力。

百里香也是一種淨化用的藥草，希臘人會在神廟中燒一點百里香，以達到淨身的效果，所以經常會在舉行魔法儀式前燃燒百里香，以清潔該區域。在春天，有一種用馬鬱蘭和百里香組合而成的魔法淨化浴，以確保能夠除掉過去的所有悲傷和疾病。

攜帶和聞嗅百里香能提供勇氣和能量，若是穿戴在身上，能夠看到精靈。

朱蕉 TI
（*Cordyline tenninalis*）G

俗名別稱：好運植物（Good Luck Plant）、Ki（夏威夷語）

性別：陽性

行星屬性：木星

元素屬性：火

神祇屬性：夏威夷神話中的天父凱恩（Kane），夏威夷神話中的農神洛諾（Lono），夏威夷神話中的火山女神裴蕾（Pele）

力量：保護、治療

魔法用途：攜帶朱蕉葉到船上，可驅離暴風雨，穿戴在身上，則能確保不會淹死。

在房子周圍種植朱蕉，可創造一種保護罩，但要種植綠色朱蕉，而不是紅色品種；儘管後者是獻祭給火山女神裴蕾的聖物，但在傳統上，種在家中會為屋主帶來楣運。

放一點在床下，可以保護睡眠者，用其葉子摩擦頭部，可以減緩頭痛。

柳穿魚 TOADFLAX
（*Linaria vulgaris*）X

俗名別稱：Churnstaff、Doggies、龍灌木（Dragon Bushes）、亞麻草（Flax Weed）、Fluellin、Gallwort、Pattens and Clogs、兔子草（Rabbits）、柳川魚（Ramsted）、蟾蜍（Toad）

性別：陽性

行星屬性：火星

元素屬性：火

力量：保護、破除咒語

魔法用途：新疆柳穿魚可以用來當作護身符，以抵禦邪惡，還可以用於破除咒語。

毒蕈 TOADSTOOL
有毒

力量：造雨

魔法用途：不小心弄破毒蕈，會導致下雨，即使不確定是否為故意弄破，也會下雨。

菸草 TOBACCO
（*Nicotiana spp.*）有毒

俗名別稱：Tabacca、Tabak、Taaba

性別：陽性

行星屬性：火星

元素屬性：火

力量：治療、淨化

儀式用途：想要進入薩滿教的人必須喝下菸草汁，來誘導出幻象，這是他們訓練的一部分。長久以來，一些美洲印第安人會在宗教儀式中使用菸草。實際上，多數人仍然認為這種植物是神聖的。

魔法用途：南美洲的印第安人會吸食菸草，以便和神靈交流。一開始搭船過

河時，也會將菸草扔進河裡，藉以安撫河神。

將菸草當作薰香燃燒，可淨化該區域所有的負面能量和靈（好、壞的靈均包含在內）；若要治療耳痛，可將菸草的煙霧吹入耳中。

做噩夢可能會導致疾病，為了防止這種情況，請在醒來後立即到流水中洗浴，並將菸草扔進水裡，當作是獻給清潔你身上邪惡的水靈的祭品。

菸草是硫磺的魔法替代品，也可取代曼陀羅和茄屬植物，這兩者的性質都與菸草很相近。要注意的是，雖然有數百萬人吸食，但菸草是一種毒性很強的植物，可致人於死地。

番茄 TOMATO

（*Lycopersicon esculentum, L. spp.*）果實：G；
綠色的：X

俗名別稱：愛情蘋果（Love Apples）、
Kamatis，Guzungu

性別：陰性

行星屬性：金星

元素屬性：水

力量：繁榮、保護、愛情

魔法用途：在地幔上放一大顆紅番茄，能為家庭帶來繁榮。但需每三天更換一次。

將番茄放在窗臺或家中任何其他的入口處，能阻止邪惡進入。種在花園裡，能發揮保護作用，因為黃花和鮮紅色的水果能夠遏阻邪惡。

吃番茄可以激發愛情的力量。

零陵香豆 TONKA

（*Dipteryx odorata, Coumarouna odorata*）有毒

俗名別稱：Coumaria Nut、Tonqua、Tonquin
Bean、東加豆、香二翅豆

性別：陰性

行星屬性：金星

元素屬性：水

力量：愛情、金錢、勇氣、許願

魔法用途：會放在愛情類型的香包和混合藥草中，用來吸引愛情。

穿戴或攜帶零陵香豆能招財，帶來運氣，振奮勇氣和抵禦疾病。

要讓願望成真，手裡拿一顆零陵香豆，在腦中想像願望，然後把這顆零陵香
豆扔進流動的水中。

洋委陵菜 TORMENTIL

（*Potentilla erecta, P. tormentilla*）G

俗名別稱：餅乾草（Biscuits）、寫根草
（Bloodroot）、地岸草（Earthbank）、黛西羊
（Ewe Daisy）、五指草（Five Fingers）、血肉
草（Flesh and Blood）、Septfoil、牧羊人的結
（Shepherd's Knot）、索爾斗篷（Thormantle）

性別：陽性

行星屬性：太陽

元素屬性：火

神祇屬性：北歐神話中的戰神與農業之神，又稱為雷神的索爾

力量：保護、愛情

魔法用途：喝下洋委陵菜的浸劑，能夠獲得保護，若是將其拿給愛人喝，可以維持愛情。靈媒也會飲用這種浸劑，以避免遭到靈魂的永久附身。

將這種植物掛在家裡可驅邪，攜帶在身上會吸引愛情。

紫雲英樹膠 TRAGACANTH GUM
（*Astragalus dendroids*）

俗名別稱：黃耆膠、龍鬚膠、黃芪膠

性別：陽性

行星屬性：地球

元素屬性：火

力量：連結、潛意識變身

魔法用途：紫雲英樹膠可用來將虛無飄渺之物帶入夢境或潛意識深處，只要將紫雲英樹膠與空靈元素的符號混合，填充在枕頭中即可。

延齡草 TRILLIUM
（*Trillium spp. erectum*）P

俗名別稱：貝絲草（Beth）、貝絲根（Beth Root）、印度根（Indian Root）、真愛（True Love）

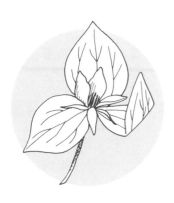

性別：陰性

行星屬性：金星

元素屬性：水

力量：金錢、運氣、愛情

魔法用途：攜帶延齡草，可吸引錢財和運氣。

以延齡草的根摩擦身體，能夠吸引愛情。

鬱金香 TULIP
（*Tulipa spp.*）G

性別：陰性

行星屬性：金星

元素屬性：土

力量：繁榮、愛情、保護

魔法用途：鬱金香可用於對抗一般的貧困和惡劣運氣。

鬱金香（Tulip）的原文有「頭巾」（turban）之意，在中東國家便有戴頭巾
以求保護的傳統。

在進行愛情法術時，也常將鬱金香放在祭壇上。

薑黃 TURMERIC
（*Cucurma longa*）G

俗名別稱：Olena（夏威夷）

力量：淨化

魔法用途：長期以來，薑黃一直被用於夏威夷魔法中的<u>淨化</u>；將鹽水和薑黃混合在一起，然後灑在需要淨化的區域，有時還會加入一片薑黃葉子。

有時候也會把薑黃撒在地板上或是法術陣的周圍，以求<u>保護</u>。

蕪菁 TURNIP

（*Brassica rapa*）根：G（除非是吃下大量）

俗名別稱：蔓菁、大頭菜、結頭菜、圓菜頭、圓根、盤菜或恰瑪古

性別：陰性

行星屬性：月亮

元素屬性：土

力量：保護、結束關係

儀式用途：過去在薩溫節（十月三十一日）會將蕪菁挖空，在裡面點燃蠟燭。攜帶這些蕪菁燈籠，或是將其放在窗前，能嚇走惡靈。

魔法用途：若是無法說服<u>仰慕者放下你</u>，可以在他或她面前放一盤蕪菁，他們就會明白你的想法。

將蕪菁放在家裡，能驅散各種形式的<u>負面情緒</u>。

熊果 UVA URSA

（*Arctostaphylos uva-ursi*）有毒P, K, Lt, Dg,
Gi, Au

俗名別稱：Arberry、熊莓（Bearberry）、熊
葡萄（Bear's Grape）、Kinnikinnick、餐莓
（Mealberry）、山盒（Mountain Box）、山
蔓越莓（Mountain Cranberry）、紅熊莓（Red Bearberry）、Sagackhomi、沙
莓（Sandberry）、Uva Ursi

力量：靈力作用

儀式用途：美洲印第安人會在宗教儀式中使用熊果。

魔法用途：將熊果添加到香包中，可以增加靈力。

纈草 VALERIAN

（*Valeriana officinalis*）G

在此必須特別提醒，不可在使用纈草時駕駛。

俗名別稱：萬靈藥草（All-Heal）、
Amantilla、血腥屠夫（Bloody Butcher）、貓
纈草（Cat's Valerian）、英國纈草（English
Valerian）、香纈草（Fragrant Valerian）、花
園天芥菜（Garden Heliotrope）、Phu、紅纈草（Red Valerian）、聖喬治草
（St. George's Herb）、巫毒根（Vandal Root）

性別：陰性

行星屬性：金星

元素屬性：水

力量：愛情、睡眠、淨化、保護

魔法用途：聞起來有點臭的根，磨成粉之後，可用於保護類型的香包中，掛在家裡可以防止閃電，放在枕頭中能幫助入眠。

將這藥草的一根枝條固定在女人的衣服上，會讓男人像孩子一樣地「跟著她」。所以，纈草根也添加在愛情類型的香包中。要是一對伴侶爭吵，拿一些藥草到他們的附近，很快就會平靜下來。

希臘人會在窗戶下掛一枝纈草，藉以驅邪。

磨成粉的纈草根有時會當作「墓地塵」使用。

香莢蘭 VANILLA
（*Vanilla aromatica*或*V. planifolia, V. tahitensis*）

果實：G

俗名別稱：Banilje、Tlilxochitl、香子蘭、香草

性別：陰性

行星屬性：金星

元素屬性：水

力量：愛情、慾望、心智能力

魔法用途：香莢蘭是一種發酵的蘭花，用於愛情類型的香包；其香味和味道，據信會誘發慾望。將香莢蘭果實放在一碗糖中，會使其充滿愛的能量振動，之後可以用這種糖來增甜愛情魔藥的浸劑。

攜帶香莢蘭果實能恢復失去的能量，改善心靈。

捕蠅草 VENUS' FLYTRAP
（*Dionaea muscipula*）

俗名別稱：維納斯的捕蠅陷阱

性別：陽性

行星屬性：火星

元素屬性：火

力量：保護、愛情

魔法用途：這些迷人的食蟲植物現在可以在苗圃買到，並且郵寄到府。雖然將這樣的植物獻給愛神似乎很奇怪，但事實就是如此。因此，捕蠅草可以當作愛情引誘劑來種。不過，更常見的狀況是，因為這種植物具有保護作用而種在家中，也是為了「捕捉」某些東西。

馬鞭草 VERVAIN
（*Verbena officinalis*）P

俗名別稱：Brittanica、迷惑者的植物（Enchanter's Plant）、Herba Sacra、迷惑草（Herb of Enchantment）、恩賜草（Herb of Grace）、十字草（Herb of the Cross）、聖草（Holy Herb）、朱諾的眼淚（Juno's Tears）、豬草（Pigeon's Grass）、鴿木（Pigeonwood）、單純者的喜悅（Simpler's Joy）、Van-Van、Verbena、Vervan

性別：陰性

行星屬性：金星

元素屬性：土

神祇屬性：威爾斯傳說中具黑暗預言力量的女神克麗德溫（Kerridwen），羅馬神話中的戰神瑪爾斯，羅馬神話中的愛神與美神維納斯，希臘神話中月亮與太陽的女兒光明女神阿拉迪亞，古埃及的母性與生育之神艾西斯，古羅馬神話中掌管宇宙、天氣、秩序與命運的眾神之王朱庇特，北歐神話中的戰神與農業之神、雷神索爾，羅馬神話中女性、婚姻、生育和母性之神朱諾

力量：愛情、保護、淨化、和平、金錢、青春、貞操、睡眠、治療

儀式用途：古羅馬的祭司會用馬鞭草來清理眾神之王朱庇特的祭壇，他們通常是將一小綑的馬鞭草排放好，來清理祭壇。根據傳統，首先做出這種清理方式的德魯伊的女兒，她們都帶著馬鞭草做的頭冠；這是代表階級的一種標誌（就跟任何與「德魯伊教派」有關的東西一樣，必須將此看成是一種詩意的呈現，而不是歷史事實）。

魔法用途：傳統上，要在仲夏之日或是天狼星上升、且太陽和月亮都沒有出現的日子採集馬鞭草，但這並非必要。

馬鞭草常用在愛情混合藥草和保護類型的法術中。頭戴馬鞭草冠，可以保護正在調動靈魂的魔法師。這種植物的任何部分都可以當作個人的護身符攜帶。將馬鞭草放在家中，可以保護家園免受雷電和風暴侵襲。

噴灑馬鞭草浸劑，可驅逐惡靈和邪惡力量。馬鞭草也會添加在驅魔類型的薰香和噴灑用的混合魔藥中。它也是淨化型的沐浴香包的常用成分。

將乾燥的馬鞭草撒在家庭的周圍，可以帶來和平，也會穿戴在身上，藉以平息情緒。

馬鞭草會用於金錢和繁榮類型的法術中，若是將其埋在花園裡或屋內，就會財源滾滾，植物也會茁壯成長。

要維持長期貞潔，在新月的第一天於日出前起床，去採集馬鞭草（需在日出

之前），壓出汁液，然後喝下去。根據古訓，這會讓人失去性慾七年。

攜帶馬鞭草可能讓青春永駐；放在床上、掛在脖子上，或是在睡前做成浸劑喝下，就不會受到任何夢境的困擾。

馬鞭草也是一種很好的治療藥草，將未稀釋的馬鞭草汁抹在身上，能夠治癒疾病，並且避免未來的健康問題。要幫助身體復原，要將其根部以白色紗線綁在患者的頸部，直到復原前都要綁在那裡。

要知道臥病在床的病人是否能好轉，請將馬鞭草放在手中，拿去按壓在患者身上，但不可讓病人感受到。這時問問他們的感覺，如果他們充滿希望，就會繼續活下去；如果不是，便可能來日無多。

如果你認識的人從你那裡拿走什麼東西，穿戴馬鞭草在身上，面對這個人，肯定能夠拿回被偷走的東西。

將馬鞭草放在嬰兒的搖籃中，孩子就能夠養成快樂的性格，並熱愛學習。

將馬鞭草的汁液塗在身上，可以讓人看到未來，滿足每一個願望，將敵人變成朋友，吸引愛情，並保護自己抵禦所有魔法。將其燃燒，可消除單相思的愛情。

野豌豆 VETCH, GIANT
（*Vicia spp.*）X

力量：忠誠

魔法用途：若是你的愛人誤入歧途，拿野豌豆的根在自己的身上擦拭，然後用布包起來，放在枕頭下。這能夠提醒他或她，你還在身邊，並等待著。

岩蘭草 VETIVERT

（*Andropogon zizanioides, Vetiveria zizanioides*）P

俗名別稱：Khus-Khus、Vetiver、Moras、香根草

性別：陰性

行星屬性：金星

元素屬性：土

力量：愛情、破除咒語、運氣、金錢、防賊

魔法用途：燃燒岩蘭草可破解邪惡的法術。

藥草也用於愛情法術的藥粉、香包和薰香中，也可將其加到沐浴水中，可增加自己對異性的吸引力。

岩蘭草還用於金錢類型的法術和混合藥草中，放在收銀機中可讓生意興旺，攜帶在身上則會有好運；另外，也可當作防賊薰香燃燒。

香菫菜 VIOLET

（*Viola odorata*）葉：G

俗名別稱：藍香菫菜（Blue Violet）、甜香菫菜（Sweet Violet）、紫羅蘭

性別：陰性

行星屬性：金星

元素屬性：水

神祇屬性：羅馬神話中的愛神與美神維納斯

力量：保護、運氣、愛情、慾望、願望、和平、治療

魔法用途：攜帶其鮮花能夠抵禦「邪惡的靈體」，並帶來運氣和財富的變化。與薰衣草混合，會成為一種強大的愛情興奮劑，也能喚起慾望。

如果是你在春天採集的第一朵香菫菜，最看重的願望將會實現。

古希臘人會將香菫菜穿在身上，藉以平緩脾氣，誘導睡眠。

將香菫菜做成髮髻戴在頭上，可治療頭痛和頭暈，將葉子放在綠色香包中帶在身上，能幫助傷口癒合，防止邪靈把傷口變得更嚴重。

美衛矛 WAHOO
（*Euonymus atropurpureus*）**有毒**

俗名別稱：燃燒灌木（Burning Bush）、印地安箭木（Indian Arrow Wood）、軸樹（Spindle Tree）

力量：破除咒語、勇氣、成功

魔法用途：取其樹皮製作浸劑，放冷。擦在遭到詛咒的人（或自己）的額頭上，然後說七次「美衛矛」（Wahoo）（有些人說，應該用這浸劑畫一個十字架），這會打破所有針對此人的咒語。

攜帶在身上，能讓所有在進行的計畫成功，並賦予攜帶者勇氣。

核桃 WALNUT
（*Juglans regia*）Lt

俗名別稱：Carya、高加索核桃（Caucasian Walnut）、英國核桃（English

Walnut）、邪惡之樹（Tree of Evil）、Walnoot

性別：陽性

行星屬性：太陽

元素屬性：火

力量：健康、心智能力、不孕、願望

儀式用途：在義大利，女巫舉行秘密儀式時，會在核桃樹下跳舞。

魔法用途：攜帶核桃在身上，可以<u>強化心臟</u>、<u>防止風濕痛</u>。但是，它們也會吸引閃電，所以不要在雷電交加時攜帶。

要是有人給你一袋核桃，你所有的<u>願望將會實現</u>。

將核桃的葉子放在帽子上或頭部周圍時，可以<u>預防頭痛和中暑</u>。

一個即將結婚的女性若是希望「祝福」能持續下去，應該在緊身內衣上放置烤核桃，數量就是她希望還沒有孩子的年數，且必須在婚禮當天這樣做。

毬蘭 WAX PLANT

（*Hoya catnosa*）

俗名別稱：五角星花（Pentagram Flowers）、五角星植物（Pentagram Plant）、球蘭、爬岩板、草鞋板、馬騮解、狗舌藤、鐵腳板、壁梅、雪梅、繡球花、肺炎草、玉蝶梅、玉疊梅、玉繡球、櫻蘭、鱸鰻耳、繡球花藤、石壁梅、金雪球

性別：陽性

行星屬性：水星

元素屬性：風

力量：保護

魔法用途：將毬蘭種植在臥室和房子中，可獲得保護。將其星形花乾燥，可作成保護用的護身符，也可將其放置在祭壇上，賦予法術額外的力量。

小麥 WHEAT
（*Triticum spp.*）

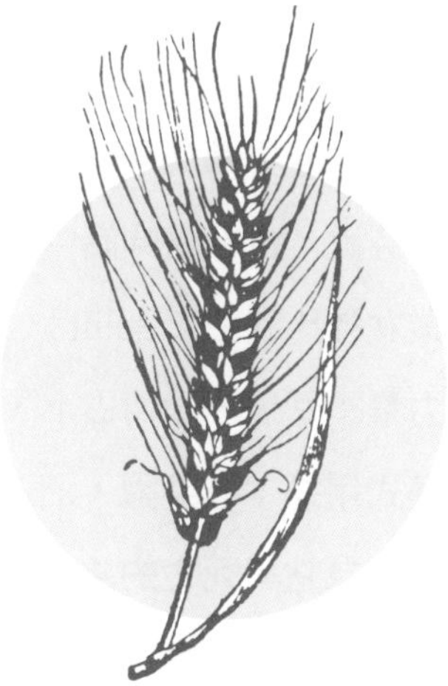

性別：陰性

行星屬性：金星

元素屬性：土

神祇屬性：羅馬神話中主管農業和豐收的女神色列斯，希臘神話中掌管農業、穀物和母性之愛的地母神狄蜜特，自然與豐收女神伊什塔爾

力量：生育、金錢

魔法用途：小麥是豐收的象徵，有時會攜帶在身上或食用，以促進生育和受孕。將小麥放置在家中，可吸引金錢，將穀物放在香包中攜帶，也是基於同樣的原因。

柳樹 WILLOW
（*Salix alba*）G

俗名別稱：Osier、銀柳（Pussy Willow）、Saille、Salicyn Willow、

Saugh Tree、魔樹（Enchantment）、白柳（White Willow）、女巫的阿斯匹靈（Witches' Aspirin）、枝條（With）、垂柳（Withy）

性別：陰性

行星屬性：月亮

元素屬性：水

神祇屬性：月亮、自然與狩獵女神阿緹密絲，羅馬神話中主管農業和豐收的女神色列斯，古希臘神話中掌管月亮、大地和冥界的女神赫卡特，希臘神話中冥界的王后普西芬妮，古希臘神話中的天后赫拉，羅馬神話中神的信使墨丘里，巴比倫農業女神比利莉（Belili），塞爾特神話中的太陽神比利拿斯（Belinus）

力量：愛情、愛情占卜、保護、治療

儀式用途：在英國，沼澤和湖泊附近的埋葬土墩通常種有成排的柳樹，可能是因為它與死亡的象徵有所聯結的緣故。

魔法用途：隨身攜帶柳樹葉子，或是用在混合藥草中，可吸引愛情。柳木則可用來製作專門用於月亮魔法的魔杖。

如果想知道是否會在新的一年裡結婚，在除夕時，朝著柳樹扔鞋子或靴子，如果第一次沒有卡在樹枝中，則還有八次的嘗試機會；如果能夠成功的將鞋子卡在樹上，則將會在十二個月內結婚，不過你也必須搖樹或爬上樹去，才能取回鞋子。

柳樹的每一部位都可用來抵禦邪惡，可以隨身攜帶，或是放在家中，都有保護效果。敲一棵柳樹（「敲木頭」），能夠避免邪惡。

柳樹的葉子、樹皮和木材可用於治療類型的法術中。若是想召靈，將弄碎的柳樹皮與檀香混合，然後在戶外的月亮下燃燒。

魔法掃帚——特別是巫婆的，傳統上是用柳枝綁製而成。

白珠樹 WINTERGREEN

（*Gaultheria procumbens*）G

俗名別稱：白珠果（Checkerberry）、山茶樹（Mountain Tea）、茶莓（Teaberry）、冬青、平鋪白珠

性別：陰性

行星屬性：月亮

元素屬性：水

力量：保護、治療、破除咒語

魔法用途：將白珠樹的葉子放在兒童枕頭中，能夠保護他們，並帶給他們一生的好運。

撒在家裡，它會去除咒語和詛咒，特別是與薄荷混合時。

白珠樹也用在治療類型的法術中，將新鮮的小枝條放在祭壇上，它們會召喚善靈來見證，並幫助你的魔法。

梣仙冬木 WINTER'S BARK

（*Drimys winteri*）

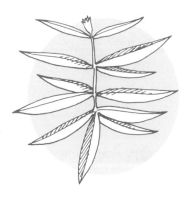

俗名別稱：真冬木（True Winter's Bark）、溫特拉（Wintera）、芳香溫特拉（Wintera aromatics）、冬肉桂（Winter's Cinnamon）

力量：成功

魔法用途：攜帶或燃燒冬木樹皮，能確保所有的事業成功。

匍匐冰草 WITCH GRASS

（*Agropyron repens*）根部：G

俗名別稱：躺椅草（Couch Grass）、狗草（Dog Grass）、快克草（Quick Grass）、女巫草（Witches Grass）

性別：陽性

行星屬性：木星

力量：幸福、慾望、愛情、驅魔

魔法用途：攜帶或將匍匐冰草撒在床上，可吸引新的愛情。匍匐冰草也用於各種破除咒語和跨越障礙的儀式；在房屋周圍噴灑浸劑，可驅魔；噴灑在身上，可消除抑鬱症。

北美金縷梅 WITCH HAZEL

（*Hamamelis virginiea*）G

俗名別稱：碎榛果（Snapping Hazelnut）、斑點橙木（Spotted Alder）、冬花草（Winterbloom）、維吉尼亞金縷梅、女巫榛果

性別：陽性

行星屬性：太陽

元素屬性：火

力量：保護、貞操

魔法用途：長久以來，一直會拿北美金縷梅來製作占卜棒，因此才會有

「女巫榛果」的俗名。其樹皮和樹枝亦可用於抵禦邪惡力量的影響。攜帶在身上，有助於修補破碎的心，冷卻激情。

烏頭 WOLF'S BANE
（*Aconitum napellus, Arnica latifolia, Arnica montana*）有毒

俗名別稱：附子（Aconite）、丘比特的車（Cupid's Car）、鄧不利多的喜悅（Dumbledore's Delight）、豹毒（Leopard's Bane）、附子（Monkshood）、暴風雨帽（Storm Hat）、雷神帽（Thor's Hat）、狼帽（Wolf's Hat）、山金車

性別：陰性

行星屬性：土星

元素屬性：水

神祇屬性：古希臘神話中掌管月亮、大地和冥界的女神赫卡特

力量：保護、隱形

魔法用途：烏頭可加到保護類型的香包中，特別適合用來抵禦吸血鬼和狼人，然而狼人也會用烏頭來自我治療。

將其種子以蜥蜴皮包住，隨身攜帶，便能任意隱形。

注意，不要服用或是在皮膚上塗擦這種植物的任何部分，因為這種藥草具有毒性。

木玫瑰 WOOD ROSE

（*Ipomoea tuberose*）X

俗名別稱：錫蘭牽牛花（Ceylon Morning Glory）、冷凍玫瑰（Frozen Roses）、西班牙喬木藤（Spanish Arbor Vine）

力量：運氣

魔法用途：攜帶木玫瑰可吸引好運和財富。放在家裡，也可確保好運來。

香豬殃殃 WOODRUFF

（*Asperula odoratay, Galium odoratum*）G. odoratum：B

俗名別稱：華爾特草（Herb Walter）、林木主（Master of the Woods）、香車葉草（Sweet Woodruff）、徘徊木（Wood Rove）、Wuderove

性別：陽性

行星屬性：火星

元素屬性：火

力量：勝利、保護、金錢

魔法用途：燃燒香豬殃殃，能夠招財和發達，也可以為運動員和戰士帶來最後的勝利。

放入皮製的香包中，可以防止各種傷害。

苦艾 WORMWOOD

（*Artemisia absinthium*）有毒；P, N, Lt。內服：
在每天二至因為三次的藥草茶中，放入的乾燥
葉片不可超過零點五公克。

俗名別稱：苦艾（Absinthe）、老婦人（Old
Woman）、王冠（Crown for a King）、狂野草
（Madderwort）、艾蒿（Wormot）

性別：陽性

行星屬性：火星

元素屬性：火

神祇屬性：希臘神話中彩虹化身和諸神的使者伊麗絲，月亮與狩獵女神黛安
娜，月亮、自然與狩獵女神阿緹密絲

力量：靈力、保護、愛情、召靈

魔法用途：在薰香中燃燒苦艾，有助於發展靈力，穿戴在身上也有一樣的
效果。攜帶苦艾，不僅可以防止遭法術迷惑，也可以避免被海蛇咬傷。此
外，根據古老的傳統，這能抵消毒芹和毒葷的毒素，但我不會拿自己的生命
來測試其有效性。

將苦艾掛在車子的後視鏡上，能夠保護車子不受危險道路上事故的影響。

苦艾有時也用在於愛情類型的浸劑，可能是因為過去曾用來製做苦艾酒這種
酒精飲料。這種很容易成癮的危險酒類，現在在許多國家仍遭到管制或禁
止，但苦艾在這方面的聲名仍在，還是會用在愛情類型的混合藥草中，其中
一種用法，是將其放在床下來吸引愛人。

燃燒苦艾可以召靈，有時會與檀香混合。根據古老的魔法書記載，要是在基
地燃燒，死者的靈魂會升起並說話。

西洋蓍草 YARROW

（*Achillea millefolium*）P, Sk

俗名別稱：Achillea、葛根（但不是一般所說的葛根）、壞男人的玩意（Bad Man's Plaything）、木匠草（Carpenter's Weed）、死之花（Death Flower）、魔鬼的蕁麻（Devil's Nettle）、怪玩意（Eerie）、野外啤酒花（Field Hops）、齒輪草（Gearwe）、百葉草（Hundred Leaved Grass）、騎士的苜蓿（Knight's Milfoil）、Knyghten、聖母披肩（Lady's Mantle）、苜蓿（Milfoil）、蛹蟲草（Militaris）、軍用草（Military Herb）、Millefolium、高貴蓍草（Noble Yarrow）、鼻血草（Nosebleed）、老人的芥末（Old Man's Mustard）、老人的胡椒（Old Man's Pepper）、血腥草（Sanguinary）、七年之愛（Seven Year's Love）、蛇草（Snake's Grass）、士兵的傷口（Soldier's Woundwort）、Stanch Griss、Stanch Weed、Tansy、千印草（Thousand Seal）、傷草（Wound Wort）、Yarroway，Yerw、歐蓍、千葉蓍、鋸草、蚰蜒草、鋸齒草、羽衣草

性別：陰性

行星屬性：金星

元素屬性：水

力量：勇氣、愛情、靈力、驅魔

魔法用途：西洋蓍草會保護其佩戴者，握在手中時，所有的恐懼都會消失，並獲得勇氣。

掛一把乾燥的西洋蓍草在床上，或是用來當作婚禮裝飾，可確保愛情忠貞持續至少七年。所以，西洋蓍草也用於愛情法術中。

攜帶西洋蓍草時，不僅能帶來愛情，還會吸引你想要聯繫的朋友，以及想要聯絡的遙遠親友。它會引起你最想看到的人的注意。

將花製成浸劑，飲用後可提高靈力。

以西洋蓍草浸劑洗頭，可預防禿頭，但若已開始落髮，就無法改變。

西洋蓍草也用來破除人、地方或事物中的邪惡與負面力量。

月見草
YELLOW EVENING PRIMROSE

（*Oenothera biennis*）種子油：G

俗名別稱：戰毒（War Poison）、Sundrop、樹櫻草（Tree Primrose）、晚櫻草（Evening Primrose）

力量：狩獵

魔法用途：美洲印第安人會拿這種植物來摩擦他們的軟皮鞋面和身體，以期狩獵成果豐富，還能讓蛇遠離。

巴拉圭冬青 YERBA MATE

（*Ilex paraguariensis*）Lt, D+

俗名別稱：瑪黛（Mate）、巴拉圭茶（Paraguay Tea）、Yerba

性別：陽性

力量：忠誠、愛情、慾望

魔法用途：穿戴在身上，可以吸引異性。其浸劑是一種很好的「慾望」魔藥，若是和愛人一起飲用，能夠確保你們繼續在一起。要切斷彼此關係，則將一些浸劑灑在地上。

北美聖草 YERBA SANTA
（*Eriodictyon glutinosum, E. californicum*）G

俗名別稱：熊兒草（Bear Weed）、肺疾神草（consumptive's weed）、山樹脂（Gum Bush）、神聖藥草（Holy Herb）、山香脂（Mountain Balm）、聖草（Sacred Herb）

性別：陰性

力量：美貌、治療、靈力、保護

魔法用途：攜帶北美聖草能改善或是獲得美貌，將其浸泡液加到浴缸中，也有同樣的效果。

其葉子會添加在治療類型的薰香中，戴在脖子上，能預防疾病和受傷。

攜帶它也是為了提升精神力量，能夠增加靈力，保護佩戴者。

紅豆杉 YEW
（*Taxus baccata*）有毒

性別：陰性

行星屬性：土星

元素屬性：水

力量：死而復生

魔法用途：這種有毒植物有時會用在讓死者復
活的法術中。

儘管具有悠久的神話歷史，但由於它的高毒
性，是很少施用的魔法用藥。

育亨賓樹 YOHIMBE

（*Pausinystalia yohimbe*）有毒；K, Li, Lt, D +, So, DI*。可能影響MOA-I（單
胺氧化脢抑制劑，一種抗憂鬱藥物）藥物

力量：愛情、慾望

魔法用途：育亨賓樹的浸劑通常是被當作「慾望」魔藥來飲用，磨成粉的藥
草則會添加到愛情混合藥草中。

僅能少量食用。

王蘭 YUCCA

（*Yucca spp. aloifolia, Y. brevifolia, Y. glauca, Y. whipplei*）根：G

性別：陽性

行星屬性：火星

元素屬性：火

力量：變形、保護、淨化

魔法用途：根據美國印第安人的魔法，如果一個人穿過王蘭纖維所作成的圈，就會變形成動物。另一種方法是，在魔法師頭上放置一小束王蘭纖維，這讓他能變成任何想要的形式。

將王蘭的纖維交叉扭轉在十字架上，然後放在壁爐上，卻可保護房屋免受邪惡侵害。

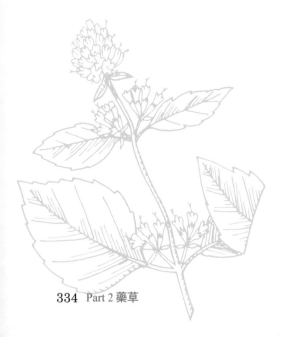

Chapter
7

藥草的健康注意代碼

如果有下列狀況，不可內服標示有相關代碼之藥草：

A（asthma）哮喘

Ab（abdominal pain）腹痛

Au（acidic urine）酸性尿

B（blood-thinning medications）如果有服用抗凝血藥物

Bb（blocked bile ducts）膽管阻塞

Bi（blocked intestines）腸道阻塞

Bd（inflammatory diseases of bile ducts）膽管發炎

Bp+（high blood pressure）高血壓

Bp-（low blood pressure）低血壓

C（cardiac dysfunction）心功能不全

Ca（cardiac insufficiency stages III and IV, hypertonia stage IV）心臟衰竭第三
級和第四級、心臟肥大第四級

Ch-（age）某年齡以下的兒童（特定歲數）

Cn-（constipation）便秘

CPI（chronic progressive infections）慢性發展之感染（如愛滋病、肺結核）

D（depression）憂鬱症

Di（diabetes）糖尿病

Dh（diarrhea）腹瀉

F（febrile and infectious disorders）發熱和傳染性疾病

Ga（gastritis）胃炎

Gm（gastric mucosa inflammation）胃黏膜發炎

Gu（gastric ulcers）胃潰瘍

H（hyperthyroidism）甲狀腺功能亢進

Hk（hypokalemia）低鉀血

Ho（hypotension）低血壓

Hy（hypertension）高血壓

I（intestinal obstruction）腸梗阻

Ii（any inflammation of the intestines）任何腸道炎症

Ig（inflamed gallbladder）膽囊發炎

K（K kidney problems）腎臟問題

Ks（kidney stones）腎結石

Li（liver problems）肝病

N（nursing）泌乳

Ne（nephritis）腎炎

P（pregnant）懷孕

Pa（Parkinson's disease）帕金森氏症

Pk（parenchyma of the kidney）腎實質病變

Pi（parenchyma of the liver）肝實質病變

Pr（protein hypersensitivity）蛋白過敏症

R（renal disorders）腎臟疾病

Sg（gallstones）膽結石

So（chronic inflammation of prostate / sexual organs）
前列腺 / 性器官慢性炎症

U（ulcers）潰瘍

Vt（ventricular tachycardia）心室性心搏過速

附有下列這些代碼的藥草在使用時的注意事項：

Br（broken skin）：不要用在破損的皮膚上。

Dg（digestive system）：內服可能會干擾消化系統的某些部分。

D+（high doses）：內服時不可高劑量。不妨尋找幾種含有適當劑量的此類藥草來使用。

DI*（Drug Interactions）：可能會與藥物發生交互作用（詳見個別藥草）。

+F（food）：避免高於正常食用量。

G（safe）：安全。這種藥草目前認為是安全的。

Gi（glycemic index）：這種藥草的升糖指數高。

L（liquid）：若是內服其種子，請搭配使用足量的液體。

Lt（longterm use）：內服不可濫用；不適合長期服用。

M（mucous membranes）：可能會刺激黏膜。

S（sensitivity to sunlight）：可能會增加對陽光的敏感度。

Sk（skin allergies）：可能導致嚴重的皮膚過敏或皮膚炎。

V（vomiting）：可能會引起噁心、嘔吐。

X（Not recommended）：不建議內服。

Part 3

表格和附錄

藥草性別

陽性藥草	檸檬薄荷 / Bergamot, Orange
阿拉伯膠樹 / Acacia	藥水蘇 / Betony, Wood
毒蠅傘 / Agaric	南蛇藤 / Bittersweet
龍牙草 / Agrimony	血根草 / Bloodroot
多香果 / Allspice	菩提樹 / Bodhi
杏仁 / Almond	琉璃苣 / Borage
歐白芷 / Angelica	歐洲蕨 / Bracken
大茴香 / Anise	巴西堅果 / Brazil Nut
阿拉伯樹膠 / Arabic, Gum	瀉根 / Briony
草莓樹 / Arbutus	小鳳梨 / Bromeliad
阿魏 / Asafoetida	金雀花 / Broom
歐洲梣樹 / Ash	葛縷子 / Caraway
歐洲白楊木 / Aspen	康乃馨 / Carnation
歐亞路邊青 / Avens	胡蘿蔔 / Carrot
竹子 / Bamboo	腰果 / Cashew
孟加拉榕 / Banyan	香蒲 / Cat Tail
羅勒 / Basil	雪松 / Cedar
月桂葉 / Bay	白屈菜 / Celandine
菜豆 / Bean	芹菜 / Celery
安息香 / Benzoin	百金花 / Centaury

德國洋甘菊 / Chamomile, German

羅馬洋甘菊 / Chamomile, Roman

栗子 / Chestnut

菊苣 / Chicory

辣椒 / Chili Pepper

菊 / Chrysanthemum

肉桂 / Cinnamon

委陵菜 / Cinquefoil

香櫞 / Citron

丁香 / Clove

三葉草 / Clover

黑升麻 / Cohosh, Black

柯巴樹 / Copal

芫荽 / Coriander

蓽澄茄 / Cubeb

孜然 / Cumin

咖哩葉 / Curry

透納樹葉 / Damiana

蒲公英 / Dandelion

鹿舌草 / Deerstongue

山蘿蔔 / Devil's Bit

蒔蘿 / Dill

大羊蹄 / Dock

龍血 / Dragon's Blood

土木香 / Elecampane

苦苣 / Endive

小米草 / Eyebright

茴香 / Fennel

葫蘆巴 / Fenugreek

蕨類 / Fern

小白菊 / Feverfew

無花果 / Fig

亞麻 / Flax

乳香 / Frankincense

高良薑 / Galangal

大蒜 / Garlic

黃龍膽 / Gentian

薑 / Ginger

花旗參 / Ginseng, American

山羊豆 / Goat's Rue

金印草 / Golden Seal

荊豆 / Gorse

天堂籽 / Grains Of Paradise

山楂 / Hawthorn

榛樹 / Hazel	歐洲椴樹 / Linden
天芥菜 / Heliotrope	蘇合香 / Liquidamber
天仙子 / Henbane	雪割草 / Liverwort
藥喇叭 / High John The Conqueror	圓葉當歸 / Lovage
冬青 / Holly	肉荳蔻皮 / Mace
忍冬 / Honeysuckle	龍舌蘭 / Maguey
蛇麻 / Hops	山地桃花心木 / Mahogany, Mountain
歐夏至草 / Horehound	歐洲鱗毛蕨 / Male Fern
馬栗 / Horse Chestnut	曼德拉草 / Mandrake
辣根 / Horseradish	楓樹 / Maple
紅花琉璃草 / Houndstongue	金盞花 / Marigold
長生草 / Houseleek	馬鬱蘭 / Marjoram
牛膝草 / Hyssop	歐前胡 / / Masterwort
杜松 / Juniper	薰陸香 / Mastic
歐洲落葉松 / Larch	鬼臼 / May Apple
薰衣草 / Lavender	旋果蚊子草 / Meadowsweet
韭蔥 / Leek	薄荷 / Mint
檸檬香茅 / Lemongrass	槲寄生 / Mistletoe
檸檬馬鞭草 / Lemon Verbena	牽牛花 / Morning Glory
萵苣 / Lettuce	桑樹 / Mulberry
鈴蘭 / Lily Of The Valley	黑芥茉 / Mustard, Black
萊姆 / Lime	異株蕁麻 / Nettle

小葉南洋杉 / Norfolk	蘿蔔 / Radish
肉荳蔻 / Nutmeg	水稻 / Rice
白櫟木 / Oak	迷迭香 / Rosemary
橄欖 / Olive	花楸樹 / Rowan
洋蔥 / Onion	芸香 / Rue
橙 / Orange	番紅花 / Saffron
椰棗 / Palm, Date	鼠尾草 / Sage
紙莎草 / Papyrus	聖約翰草 / St. John's Wort
香芹 / Parsley	山達脂柏 / Sandarac, Gum
美洲胡桃 / Pecan	菝葜 / Sarsaparilla
普列薄荷 / Pennyroyal	檫樹 / Sassafras
芍藥 / Peony	夏季香薄荷 / Savory, Summer
胡椒 / Pepper	番瀉葉 / Senna
胡椒薄荷 / Peppermint	芝麻 / Sesame
秘魯胡椒木 / Pepper Tree	紅蔥頭 / Shallot
牙買加胡椒 / Pimento	黑刺李 / Sloe
虎耳草茴芹 / Pimpernel	黑蛇根 / Snakeroot, Black
松樹 / Pine	金魚草 / Snapdragon
鳳梨 / Pineapple	青蒿 / Southernwood
開心果 / Pistachio	海蔥 / Squill
垂序商陸 / Poke	八角 / Star Anise
石榴 / Pomegranate	向日葵 / Sunflower
美洲花椒 / Prickly Ash	茶 / Tea

薊 / Thistle	紫花苜蓿 / Alfalfa
聖薊 / Thistle, Holy	染色朱草 / Alkanet
奶薊 / Thistle, Milk	蘆薈 / Aloe
朱蕉 / Ti	沉香 / Aloes, Wood
柳穿魚 / Toadflax	藥蜀葵 / Althea
菸草 / Tobacco	千穗谷 / Amaranth
洋委陵菜 / Tormentil	歐洲白頭翁 / Anemone
紫雲英樹膠 / Tragacanth Gum	蘋果 / Apple
纈草 / Valerian	杏桃 / Apricot
捕蠅草 / Venus' Flytrap	酪梨 / Avocado
核桃 / Walnut	矢車菊 / Bachelor's Buttons
毬蘭 / Wax Plant	檸檬香蜂草 / Balm, Lemon
匍匐冰草 / Witch Grass	基列香膏 / Balm Of Gilead
北美金縷梅 / Witch Hazel	香蕉 / Banana
香豬殃殃 / Woodruff	大麥 / Barley
苦艾 / Wormwood	蓬子菜 / Bedstraw, Fragrant
巴拉圭冬青 / Yerba Mate	歐洲山毛櫸 / Beech
王蘭 / Yucca	甜菜 / Beet
陰性藥草	顛茄 / Belladonna
亞當與夏娃根 / Adam And Eve Roots	樺樹 / Birch
艾德之舌 / Adder's Tongue	拳參 / Bistort
非洲菫 / African Violet	黑莓 / Blackberry
	墨角藻 / Bladderwrack

荷包牡丹 / Bleeding Heart	荷蘭番紅花 / Crocus
貫葉澤蘭 / Boneset	草甸碎米薺 / Cuckoo-Flower
南非香葉木 / Buchu	黃瓜 / Cucumber
歐鼠李 / Buckthorn	仙客來 / Cyclamen
蕎麥 / Buckwheat	絲柏 / Cypress
牛蒡 / Burdock	水仙 / Daffodil
甘藍 / Cabbage	雛菊 / Daisy
菖蒲 / Calamus	曼陀羅 / Datura
山茶花 / Camellia	克里特白蘚 / Dittany Of Crete
樟樹 / Camphor	菟絲子 / Dodder
續隨子 / Caper	紅藻 / Dulse
小豆蔻 / Cardamon	西洋接骨木 / Elder, American
貓薄荷 / Catnip	榆樹 / Elm
繁縷 / Chickweed	刺芹 / Eryngo
豬殃殃 / Cleavers	藍膠尤加利 / Eucalyptus
東北石松 / Club Moss	飛揚草 / Euphorbia
椰子 / Coconut	玄參 / Figwort
款冬 / Coltsfoot	蚤草 / Fleabane
耬斗菜 / Columbine	毛地黃 / Foxglove
聚合草 / Comfrey	球果紫堇 / Fumitory
玉米 / Corn	栀子花 / Gardenia
棉花 / Cotton	天竺葵 / Geranium
黃花九輪草 / Cowslip	一枝黃花 / Goldenrod

南瓜 / Gourd

釀酒葡萄 / Grape

歐洲黃菀 / Groundsel

帚石楠 / Heather

聖誕玫瑰 / Hellebore, Black

毒參 / Hemlock

大麻 / Hemp

天仙子 / Henbane

朱槿 / Hibiscus

銀扇草 / Honesty

木賊 / Horsetail

歐洲越橘 / Huckleberry

風信子 / Hyacinth

火焰草 / Indian Paint Brush

鳶尾花 / Iris

鹿角菜 / Irish Moss

常春藤 / Ivy

茉莉 / Jasmine

卡瓦胡椒 / Kava-Kava

萹蓄 / Knotweed

斗篷草 / Lady's Mantle

拖鞋蘭 / Lady's Slipper

翠雀 / Larkspur

檸檬 / Lemon

甘草 / Licorice

紫丁香 / Lilac

百合 / Lily

北美山梗菜 / Lobelia

千屈菜 / Loosestrife

蓮花 / Lotus

幸運手 / Lucky Hand

沙漠歐芹 / Love Seed

洋玉蘭 / Magnolia

鐵線蕨 / Maidenhair

錦葵 / Mallow

牧豆樹 / Mesquite

銀葉合歡 / Mimosa

陰地蕨 / Moonwort

艾草 / Mugwort

毛蕊花 / Mullein

沒藥 / Myrrh

香桃木 / Myrtle

燕麥 / Oats

夾竹桃 / Oleander

蘭花 / Orchid

奧勒岡葡萄 / Oregon Grape

鳶尾根 / Orris	玫瑰 / Rose
三色菫 / Pansy	黑麥 / Rye
木瓜 / Papaya	山艾 / Sagebrush
西番蓮 / Passion Flower	檀香 / Sandalwood, White
廣藿香 / Patchouly	紫檀 / Sandalwood, Red
豌豆 / Pea	美黃芩 / Scullcap
桃 / Peach	臭菘 / Skunk Cabbage
梨 / Pear	北美滑榆樹 / Slippery Elm
小蔓長春花 / Periwinkle	玉竹 / Solomon's Seal
美洲柿 / Persimmon	白花酢漿草 / Sorrel, Wood
車前草 / Plantain	綠薄荷 / Spearmint
歐洲李 / Plum	美洲楤木 / Spikenard
美洲李 / Plum, Wild	草莓 / Strawberry
緬梔花 / Plumeria	甘蔗 / Sugar Cane
白楊 / Poplar	香碗豆 / Sweetpea
罌粟 / Poppy	羅望子 / Tamarind
馬鈴薯 / Potato	檉柳 / Tamarisk
歐洲報春花 / Primrose	菊蒿 / Tansy
馬齒莧 / Purslane	百里香 / Thyme
榲桲 / Quince	番茄 / Tomato
千里光 / Ragwort	零陵香豆 / Tonka
覆盆子 / Raspberry	延齡草 / Trillium
大黃 / Rhubarb	鬱金香 / Tulip

蕪菁 / Turnip	小鳳梨 / Bromeliad
香莢蘭 / Vanilla	康乃馨 / Carnation
馬鞭草 / Vervain	腰果 / Cashew
岩蘭草 / Vetwert	雪松 / Cedar
香堇菜 / Violet	白屈菜 / Celandine
小麥 / Wheat	百金花 / Centaury
柳樹 / Willow	德國洋甘菊 / Chamomile, German
白珠樹 / Wintergreen	羅馬洋甘菊 / Chamomile, Roman
烏頭 / Wolf's Bane	菊苣 / Chicory
西洋蓍草 / Yarrow	菊 / Chrysanthemum
北美聖草 / Yerba Santa	肉桂 / Cinnamon
紅豆杉 / Yew	香櫞 / Citron
	柯巴樹 / Copal
	小米草 / Eyebright
	乳香 / Frankincense
	花旗參 / Ginseng, American
	金印草 / Golden Seal
	榛樹 / Hazel
	天芥菜 / Heliotrope
	天仙子 / Henbane
	杜松 / Juniper

行星屬性

太陽
阿拉伯膠樹 / Acacia
歐白芷 / Angelica
歐洲梣樹 / Ash
阿拉伯樹膠 / Arabic, Gum
月桂葉 / Bay
安息香 / Benzoin

萊姆 / Lime	**月亮**
蘇合香 / Liquidamber	艾德之舌 / Adder's Tongue
圓葉當歸 / Lovage	蘆薈 / Aloe
金盞花 / Marigold	檸檬香蜂草 / Balm, Lemon
薰陸香 / Mastic	墨角藻 / Bladderwrack
槲寄生 / Mistletoe	南非香葉木 / Buchu
白櫟木 / Oak	甘藍 / Cabbage
橄欖 / Olive	菖蒲 / Calamus
橙 / Orange	山茶花 / Camellia
椰棗 / Palm, Date	樟樹 / Camphor
芍藥 / Peony	繁縷 / Chickweed
水稻 / Rice	東北石松 / Club Moss
迷迭香 / Rosemary	椰子 / Coconut
歐洲花楸 / Rowan	黃瓜 / Cucumber
番紅花 / Saffron	紅藻 / Dulse
聖約翰草 / St. John's Wort	藍桉 / Eucalyptus
山達脂柏 / Sandarac, Gum	梔子花 / Gardenia
芝麻 / Sesame	南瓜 / Gourd
向日葵 / Sunflower	釀酒葡萄 / Grape
茶 / Tea	銀扇草 / Honesty
洋委陵菜 / Tormentil	鹿角菜 / Irish Moss
核桃 / Walnut	茉莉 / Jasmine
北美金縷梅 / Witch Hazel	檸檬 / Lemon

萵苣 / Lettuce	歐洲蕨 / Bracken
百合 / Lily	巴西堅果 / Brazil Nut
千屈菜 / Loosestrife	葛縷子 / Caraway
蓮花 / Lotus	芹菜 / Celery
錦葵 / Mallow	三葉草 / Clover
牧豆樹 / Mesquite	蒔蘿 / Dill
陰地蕨 / Moonwort	土木香 / Elecampane
沒藥 / Myrrh	茴香 / Fennel
木瓜 / Papaya	葫蘆巴 / Fenugreek
罌粟 / Poppy	蕨類 / Fern
馬鈴薯 / Potato	亞麻 / Flax
馬齒莧 / Purslane	山羊豆 / Goat's Rue
檀香 / Sandalwood, White	歐夏至草 / Horehound
蕪菁 / Turnip	薰衣草 / Lavender
柳樹 / Willow	檸檬香茅 / Lemongrass
白珠樹 / Wintergreen	檸檬馬鞭草 / Lemon Verbena
水星	鈴蘭 / Lily Of The Valley
壽蠅傘 / Agaric	肉荳蔻皮 / Mace
杏仁 / Almond	歐洲麟毛蕨 / Male Fern
歐洲白楊木 / Aspen	曼德拉草 / Mandrake
菜豆 / Bean	馬鬱蘭 / Marjoram
檸檬薄荷 / Bergamot, Orange	鬼臼 / May Apple
南蛇藤 / Bittersweet	薄荷 / Mint

桑樹 / Mulberry	基列香膏 / Balm Of Gilead
小葉南洋杉 / Norfolk	香蕉 / Banana
紙莎草 / Papyrus	大麥 / Barley
香芹 / Parsley	蓬子菜 / Bedstraw, Fragrant
美洲胡桃 / Pecan	樺樹 / Birch
胡椒薄荷 / Peppermint	黑莓 / Blackberry
琉璃繁縷 / Pimpernel	荷包牡丹 / Bleeding Heart
開心果 / Pistachio	藍旗鳶尾 / Blue Flag
石榴 / Pomegranate	蕎麥 / Buckwheat
夏季香薄荷 / Savory, Summer	牛蒡 / Burdock
番瀉葉 / Senna	續隨子 / Caper
青蒿 / Southernwood	小豆蔻 / Cardamon
毬蘭 / Wax Plant	貓薄荷 / Catnip

金星

亞當與夏娃根 / Adam And Eve Roots	款冬 / Coltsfoot
非洲堇 / African Violet	耬斗菜 / Columbine
紫花苜蓿 / Alfalfa	玉米 / Corn
沉香 / Aloes,Wood	黃花九輪草 / Cowslip
蘋果 / Apple	荷蘭番紅花 / Crocus
杏桃 / Apricot	草甸碎米薺 / Cuckoo-Flower
酪梨 / Avocado	仙客來 / Cyclamen
矢車菊 / Bachelor's Buttons	水仙 / Daffodil
	雛菊 / Daisy
	克里特白蘚 / Dittany Of Crete

西洋接骨木 / Elder, American	艾草 / Mugwort
刺芹 / Eryngo	香桃木 / Myrtle
小白菊 / Feverfew	蘭花 / Orchid
玄參 / Figwort	鳶尾根 / Orris
蚤草 / Fleabane	西番蓮 / Passion Flower
毛地黃 / Foxglove	豌豆 / Pea
天竺葵 / Geranium	桃 / Peach
一枝黃花 / Goldenrod	梨 / Pear
歐洲黃菀 / Groundsel	小蔓長春花 / Periwinkle
帚石楠 / Heather	美洲柿 / Persimmon
朱槿 / Hibiscus	車前草 / Plantain
歐洲越橘 / Huckleberry	歐洲李 / Plum
風信子 / Hyacinth	美洲李 / Plum, Wild
火焰草 / Indian Paint Brush	緬梔花 / Plumeria
鳶尾花 / Iris	歐洲報春花 / Primrose
斗篷草 / Lady's Mantle	千里光 / Ragwort
翠雀 / Larkspur	覆盆子 / Raspberry
甘草 / Licorice	大黃 / Rhubarb
紫丁香 / Lilac	玫瑰 / Rose
沙漠歐芹 / Love Seed	黑麥 / Rye
幸運手 / Lucky Hand	山艾 / Sagebrush
洋玉蘭 / Magnolia	紫檀 / Sandalwood, Red
鐵線蕨 / Maidenhair	白花酢漿草 / Sorrel, Wood

綠薄荷 / Spearmint	羅勒 / Basil
美洲楤木 / Spikenard	血根草 / Bloodroot
草莓 / Strawberry	瀉根 / Briony
甘蔗 / Sugar Cane	金雀花 / Broom
香碗豆 / Sweetpea	胡蘿蔔 / Carrot
菊蒿 / Tansy	貓尾草 / Cat Tail
百里香 / Thyme	辣椒 / Chili Pepper
番茄 / Tomato	芫荽 / Coriander
零陵香豆 / Tonka	蓽澄茄 / Cubeb
延齡草 / Trillium	孜然 / Cumin
鬱金香 / Tulip	咖哩葉 / Curry
纈草 / Valerian	透納樹葉 / Damiana
香莢蘭 / Vanilla	鹿舌草 / Deerstongue
馬鞭草 / Vervain	龍血 / Dragon's Blood
岩蘭草 / Vetwert	高良薑 / Galangal
香菫菜 / Violet	大蒜 / Garlic
小麥 / Wheat	黃龍膽 / Gentian
西洋蓍草 / Yarrow	薑 / Ginger
火星	荊豆 / Gorse
多香果 / Allspice	天堂籽 / Grains Of Paradise
歐洲白頭翁 / Anemone	山楂 / Hawthorn
草莓樹 / Arbutus	藥喇叭 / High John The Conqueror
阿魏 / Asafoetida	

冬青 / Holly	金魚草 / Snapdragon
蛇麻 / Hops	海蔥 / Squill
辣根 / Horseradish	薊 / Thistle
紅花琉璃草 / Houndstongue	聖薊 / Thistle, Holy
韭蔥 / Leek	奶薊 / Thistle, Milk
龍舌蘭 / Maguey	柳穿魚 / Toadflax
歐前胡 / Masterwort	菸草 / Tobacco
黑芥茉 / Mustard, Black	捕蠅草 / Venus' Flytrap
異株蕁麻 / Nettle	香豬殃殃 / Woodruff
燕麥 / Oats	苦艾 / Wormwood
洋蔥 / Onion	王蘭 / Yucca
普列薄荷 / Pennyroyal	**木星**
胡椒 / Pepper	龍牙草 / Agrimony
秘魯胡椒木 / Pepper Tree	大茴香 / Anise
牙買加胡椒 / Pimento	歐亞路邊青 / Avens
松樹 / Pine	孟加拉榕 / Banyan
垂序商陸 / Poke	藥水蘇 / Betony, Wood
美洲花椒 / Prickly Ash	菩提樹 / Bodhi
蘿蔔 / Radish	琉璃苣 / Borage
芸香 / Rue	栗子 / Chestnut
紅蔥頭 / Shallot	委陵菜 / Cinquefoil
黑刺李 / Sloe	丁香 / Clove
黑蛇根 / Snakeroot, Black	蒲公英 / Dandelion

大羊蹄 / Dock	顛茄 / Belladonna
苦苣 / Endive	拳參 / Bistort
無花果 / Fig	貫葉澤蘭 / Boneset
忍冬 / Honeysuckle	歐鼠李 / Buckthorn
馬栗 / Horse Chestnut	豬殃殃 / Cleavers
長生草 / Houseleek	聚合草 / Comfrey
牛膝草 / Hyssop	絲柏 / Cypress
海帶 / Kelp	曼陀羅 / Datura
歐洲椴樹 / Linden	菟絲子 / Dodder
雪割草 / Liverwort	榆樹 / Elm
楓樹 / Maple	飛揚草 / Euphorbia
旋果蚊子草 / Meadowsweet	球果紫堇 / Fumitory
肉荳蔻 / Nutmeg	聖誕玫瑰 / Hellebore, Black
鼠尾草 / Sage	毒參 / Hemlock
菝葜 / Sarsaparilla	大麻 / Hemp
檫樹 / Sassafras	天仙子 / Henbane
八角 / Star Anise	木賊 / Horsetail
朱蕉 / Ti	常春藤 / Ivy
匍匐冰草 / Witch Grass	卡瓦胡椒 / Kava-Kava
土星	萹蓄 / Knotweed
千穗谷 / Amaranth	拖鞋蘭 / Lady's Slipper
歐洲山毛櫸 / Beech	北美山梗菜 / Lobelia
甜菜 / Beet	銀葉合歡 / Mimosa

牽牛花 / Morning Glory	拳參 / Bistort
毛蕊花 / Mullein	蕎麥 / Buckwheat
夾竹桃 / Oleander	玉米 / Corn
三色菫 / Pansy	球果紫菫 / Fumitory
廣藿香 / Patchouly	銀扇草 / Honesty
白楊 / Poplar	忍冬 / Honeysuckle
榲桲 / Quince	木賊 / Horsetail
美黃芩 / Scullcap	萹蓄 / Knotweed
臭菘 / Skunk Cabbage	千屈菜 / Loosestrife
北美滑榆樹 / Slippery Elm	洋玉蘭 / Magnolia
玉竹 / Solomon's Seal	艾草 / Mugwort
羅望子 / Tamarind	燕麥 / Oats
檉柳 / Tamarisk	夾竹桃 / Oleander
烏頭 / Wolf's Bane	奧勒岡葡萄 / Oregon Grape
紅豆杉 / Yew	廣藿香 / Patchouly
	豌豆 / Pea
	車前草 / Plantain
	馬鈴薯 / Potato

元素屬性

歐洲報春花 / Primrose

土
紫花苜蓿 / Alfalfa
大麥 / Barley
甜菜 / Beet

榲桲 / Quince
大黃 / Rhubarb
黑麥 / Rye
山艾 / Sagebrush

白花酢漿草 / Sorrel, Wood	金雀花 / Broom
鬱金香 / Tulip	葛縷子 / Caraway
蕪菁 / Turnip	菊苣 / Chicory
馬鞭草 / Vervain	香櫞 / Citron
岩蘭草 / Vetwert	三葉草 / Clover
小麥 / Wheat	蒲公英 / Dandelion
風	大羊蹄 / Dock
阿拉伯膠樹 / Acacia	土木香 / Elecampane
毒蠅傘 / Agaric	苦苣 / Endive
龍牙草 / Agrimony	小米草 / Eyebright
杏仁 / Almond	葫蘆巴 / Fenugreek
大茴香 / Anise	蕨類 / Fern
阿拉伯樹膠 / Arabic, Gum	山羊豆 / Goat's Rue
歐洲白楊木 / Aspen	一枝黃花 / Goldenrod
孟加拉榕 / Banyan	榛樹 / Hazel
菜豆 / Bean	天仙子 / Henbane
檸檬薄荷 / Bergamot, Orange	蛇麻 / Hops
南蛇藤 / Bittersweet	歐夏至草 / Horehound
菩提樹 / Bodhi	長生草 / Houseleek
琉璃苣 / Borage	薰衣草 / Lavender
歐洲蕨 / Bracken	檸檬香茅 / Lemongrass
巴西堅果 / Brazil Nut	檸檬馬鞭草 / Lemon Verbena
小鳳梨 / Bromeliad	鈴蘭 / Lily Of The Valley

歐洲椴樹 / Linden	八角 / Star Anise
肉荳蔻 / Mace	毬蘭 / Wax Plant
歐洲麟毛蕨 / Male Fern	火
槭樹 / Maple	多香果 / Allspice
馬鬱蘭 / Marjoram	千穗谷 / Amaranth
薰陸香 / Mastic	歐洲白頭翁 / Anemone
旋果蚊子草 / Meadowsweet	歐白芷 / Angelica
薄荷 / Mint	草莓樹 / Arbutus
槲寄生 / Mistletoe	阿魏 / Asafoetida
桑樹 / Mulberry	歐洲梣樹 / Ash
椰棗 / Palm, Date	歐亞路邊青 / Avens
紙莎草 / Papyrus	羅勒 / Basil
香芹 / Parsley	月桂葉 / Bay
美洲胡桃 / Pecan	藥水蘇 / Betony, Wood
琉璃繁縷 / Pimpernel	血根草 / Bloodroot
松樹 / Pine	瀉根 / Briony
開心果 / Pistachio	康乃馨 / Carnation
水稻 / Rice	胡蘿蔔 / Carrot
鼠尾草 / Sage	腰果 / Cashew
夏季香薄荷 / Savory, Summer	貓尾草 / Cat Tail
番瀉葉 / Senna	雪松 / Cedar
北美滑榆樹 / Slippery Elm	白屈菜 / Celandine
青蒿 / Southernwood	芹菜 / Celery

百金花 / Centaury	薑 / Ginger
栗子 / Chestnut	花旗參 / Ginseng, American
辣椒 / Chili Pepper	金印草 / Golden Seal
菊 / Chrysanthemum	荊豆 / Gorse
肉桂 / Cinnamon	天堂籽 / Grains Of Paradise
洋委陵菜 / Cinquefoil	山楂 / Hawthorn
豬殃殃 / Cleavers	天芥菜 / Heliotrope
丁香 / Clove	藥喇叭 / High John The Conqueror
柯巴樹 / Copal	冬青 / Holly
芫荽 / Coriander	馬栗 / Horse Chestnut
蓽澄茄 / Cubeb	辣根 / Horseradish
孜然 / Cumin	紅花琉璃草 / Houndstongue
咖哩葉 / Curry	牛膝草 / Hyssop
鹿舌草 / Deerstongue	杜松 / Juniper
蒔蘿 / Dill	韭蔥 / Leek
龍血 / Dragon's Blood	萊姆 / Lime
茴香 / Fennel	蘇合香 / Liquidamber
無花果 / Fig	雪割草 / Liverwort
亞麻 / Flax	圓葉當歸 / Lovage
乳香 / Frankincense	龍舌蘭 / Maguey
高良薑 / Galangal	山地桃花心木 / Mahogany, Mountain
大蒜 / Garlic	
黃龍膽 / Gentian	曼德拉草 / Mandrake

金盞花 / Marigold	迷迭香 / Rosemary
歐前胡 / Masterwort	花楸樹 / Rowan
鬼臼 / May Apple	芸香 / Rue
毛蕊花 / Mullein	番紅花 / Saffron
黑芥茉 / Mustard, Black	聖約翰草 / St. John's Wort
異株蕁麻 / Nettle	山達脂柏 / Sandarac, Gum
小葉南洋杉 / Norfolk	菝葜 / Sarsaparilla
肉荳蔻 / Nutmeg	檫樹 / Sassafras
白櫟木 / Oak	芝麻 / Sesame
橄欖 / Olive	紅蔥頭 / Shallot
洋蔥 / Onion	黑刺李 / Sloe
橙 / Orange	黑蛇根 / Snakeroot, Black
普列薄荷 / Pennyroyal	金魚草 / Snapdragon
芍藥 / Peony	海蔥 / Squill
胡椒 / Pepper	向日葵 / Sunflower
胡椒薄荷 / Peppermint	茶 / Tea
秘魯胡椒木 / Pepper Tree	薊 / Thistle
牙買加胡椒 / Pimento	聖薊 / Thistle, Holy
鳳梨 / Pineapple	奶薊 / Thistle, Milk
垂序商陸 / Poke	朱蕉 / Ti
石榴 / Pomegranate	柳穿魚 / Toadflax
花椒 / Prickly Ash	菸草 / Tobacco
蘿蔔 / Radish	洋委陵菜 / Tormentil

紫雲英樹膠 / Tragacanth Gum	蓬子菜 / Bedstraw, Fragrant
捕蠅草 / Venus' Flytrap	顛茄 / Belladonna
核桃 / Walnut	樺樹 / Birch
北美金縷梅 / Witch Hazel	黑莓 / Blackberry
香豬殃殃 / Woodruff	墨角藻 / Bladderwrack
苦艾 / Wormwood	荷包牡丹 / Bleeding Heart
王蘭 / Yucca	藍旗鳶尾 / Blue Flag
水	貫葉澤蘭 / Boneset
亞當與夏娃根 / Adam And Eve Roots	南非香葉木 / Buchu
艾德之舌 / Adder's Tongue	歐鼠李 / Buckthorn
非洲堇 / African Violet	牛蒡 / Burdock
染色朱草 / Alkanet	甘藍 / Cabbage
蘆薈 / Aloe	山茶花 / Camellia
沉香 / Aloes,Wood	樟樹 / Camphor
藥蜀葵 / Althea	續隨子 / Caper
蘋果 / Apple	小豆蔻 / Cardamon
杏桃 / Apricot	貓薄荷 / Catnip
酪梨 / Avocado	德國洋甘菊 / Chamomile, German
矢車菊 / Bachelor's Buttons	羅馬洋甘菊 / Chamomile, Roman
檸檬香蜂草 / Balm, Lemon	繁縷 / Chickweed
基列香膏 / Balm Of Gilead	東北石松 / Club Moss
香蕉 / Banana	

椰子 / Coconut	玄參 / Figwort
款冬 / Coltsfoot	蚤草 / Fleabane
耬斗菜 / Columbine	毛地黃 / Foxglove
聚合草 / Comfrey	梔子花 / Gardenia
黃花九輪草 / Cowslip	天竺葵 / Geranium
荷蘭番紅花 / Crocus	南瓜 / Gourd
草甸碎米薺 / Cuckoo-Flower	釀酒葡萄 / Grape
黃瓜 / Cucumber	歐洲黃菀 / Groundsel
仙客來 / Cyclamen	帚石楠 / Heather
絲柏 / Cypress	聖誕玫瑰 / Hellebore, Black
水仙 / Daffodil	毒參 / Hemlock
雛菊 / Daisy	大麻 / Hemp
透納樹葉 / Damiana	天仙子 / Henbane
曼陀羅 / Datura	朱槿 / Hibiscus
克里特白蘚 / Dittany Of Crete	歐洲越橘 / Huckleberry
菟絲子 / Dodder	風信子 / Hyacinth
紅藻 / Dulse	火焰草 / Indian Paint Brush
西洋接骨木 / Elder, American	鳶尾花 / Iris
榆樹 / Elm	鹿角菜 / Irish Moss
刺芹 / Eryngo	常春藤 / Ivy
藍桉 / Eucalyptus	卡瓦胡椒 / Kava-Kava
飛揚草 / Euphorbia	海帶 / Kelp
小白菊 / Feverfew	斗篷草 / Lady's Mantle

拖鞋蘭 / Lady's Slipper	西番蓮 / Passion Flower
翠雀 / Larkspur	桃 / Peach
檸檬 / Lemon	梨 / Pear
萵苣 / Lettuce	小蔓長春花 / Periwinkle
甘草 / Licorice	美洲柿 / Persimmon
紫丁香 / Lilac	歐洲李 / Plum
百合 / Lily	美洲李 / Plum, Wild
北美山梗菜 / Lobelia	緬梔花 / Plumeria
蓮花 / Lotus	白楊 / Poplar
沙漠歐芹 / Loveseed	罌粟 / Poppy
幸運手 / Lucky Hand	馬齒莧 / Purslane
鐵線蕨 / Maidenhair	千里光 / Ragwort
錦葵 / Mallow	覆盆子 / Raspberry
牧豆樹 / Mesquite	玫瑰 / Rose
銀葉合歡 / Mimosa	檀香 / Sandalwood, White
陰地蕨 / Moonwort	紫檀 / Sandalwood, Red
牽牛花 / Morning Glory	美黃芩 / Scullcap
沒藥 / Myrrh	臭菘 / Skunk Cabbage
香桃木 / Myrtle	玉竹 / Solomon's Seal
蘭花 / Orchid	綠薄荷 / Spearmint
鳶尾根 / Orris	美洲楤木 / Spikenard
三色堇 / Pansy	草莓 / Strawberry
木瓜 / Papaya	甘蔗 / Sugar Cane

香碗豆 / Sweetpea	白楊 / Poplar
羅望子 / Tamarind	美貌
檉柳 / Tamarisk	酪梨 / Avocado
菊蒿 / Tansy	貓薄荷 / Catnip
百里香 / Thyme	亞麻 / Flax
番茄 / Tomato	花旗參 / Ginseng, American
零陵香豆 / Tonka	鐵線蕨 / Maidenhair
延齡草 / Trillium	北美聖草 / Yerba Santa
纈草 / Valerian	維持貞潔
香莢蘭 / Vanilla	仙人掌 / Cactus
香菫菜 / Violet	樟樹 / Camphor
柳樹 / Willow	椰子 / Coconut
白珠樹 / Wintergreen	黃瓜 / Cucumber
烏頭 / Wolf's Bane	蚤草 / Fleabane
西洋蓍草 / Yarrow	山楂 / Hawthorn
紅豆杉 / Yew	薰衣草 / Lavender
	萵苣 / Lettuce
	鳳梨 / Pineapple
	香碗豆 / Sweetpea
	馬鞭草 / Vervain
	北美金縷梅 / Witch Hazel
	獲得勇氣
	琉璃苣 / Borage

魔法用途

協助靈魂出竅
克里特白蘚 / Dittany Of Crete
艾草 / Mugwort

黑升麻 / Cohosh, Black	唐松草 / Meadow Rue
耬斗菜 / Columbine	旋果蚊子草 / Meadowsweet
歐前胡 / Masterwort	毛蕊花 / Mullein
毛蕊花 / Mullein	橙 / Orange
垂序商陸 / Poke	鳶尾根 / Orris
豚草 / Ragweed	石榴 / Pomegranate

香碗豆 / Sweetpea	**維持、獲得工作**
茶 / Tea	魔鬼的鞋帶 / Devil's Shoestring
零陵香豆 / Tonka	幸運手 / Lucky Hand
美衛矛 / Wahoo	美洲胡桃 / Pecan
西洋蓍草 / Yarrow	**驅魔**
死而復生	歐白芷 / Angelica
紅豆杉 / Yew	草莓樹 / Arbutus
占卜	阿魏 / Asafoetida
金雀花 / Broom	歐亞路邊青 / Avens
樟樹 / Camphor	歐白芷 / Angelica
櫻桃 / Cherry	羅勒 / Basil
蒲公英 / Dandelion	樺樹 / Birch
菟絲子 / Dodder	貫葉澤蘭 / Boneset
無花果 / Fig	歐鼠李 / Buckthorn
一枝黃花 / Goldenrod	丁香 / Clove
金錢薄荷 / Ground Ivy	三葉草 / Clover
萵苣 / Lettuce	

孜然 / Cumin	洋蔥 / Onion
山蘿蔔 / Devil's Bit	桃 / Peach
龍血 / Dragon's Blood	芍藥 / Peony
西洋接骨木 / Elder, American	胡椒 / Pepper
蚤草 / Fleabane	松樹 / Pine
蕨類 / Fern	迷迭香 / Rosemary
乳香 / Frankincense	芸香 / Rue
球果紫堇 / Fumitory	山艾 / Sagebrush
大蒜 / Garlic	檀香 / Sandalwood, White
天芥菜 / Heliotrope	黑刺李 / Sloe
天仙子 / Henbane	玉竹 / Solomon's Seal
銀扇草 / Honesty	檉柳 / Tamarisk
歐夏至草 / Horehound	薊 / Thistle
辣根 / Horseradish	西洋蓍草 / Yarrow
杜松 / Juniper	提升生育力
韭蔥 / Leek	毒蠅傘 / Agaric
紫丁香 / Lilac	香蕉 / Banana
錦葵 / Mallow	拳參 / Bistort
薄荷 / Mint	菩提樹 / Bodhi
槲寄生 / Mistletoe	胡蘿蔔 / Carrot
毛蕊花 / Mullein	繁縷 / Chickweed
沒藥 / Myrrh	草甸碎米薺 / Cuckoo-Flower
異株蕁麻 / Nettle	黃瓜 / Cucumber

仙客來 / Cyclamen

水仙 / Daffodil

大羊蹄 / Dock

無花果 / Fig

天竺葵 / Geranium

釀酒葡萄 / Grape

山楂 / Hawthorn

榛樹 / Hazel

木賊 / Horsetail

曼德拉草 / Mandrake

槲寄生 / Mistletoe

黑芥茉 / Mustard, Black

香桃木 / Myrtle

堅果 / Nuts

白櫟木 / Oak

橄欖 / Olive

椰棗 / Palm, Date

廣藿香 / Patchouly

桃 / Peach

松樹 / Pine

石榴 / Pomegranate

罌粟 / Poppy

水稻 / Rice

向日葵 / Sunflower

小麥 / Wheat

忠誠

繁縷 / Chickweed

辣椒 / Chili Pepper

三葉草 / Clove

孜然 / Cumin

甘草 / Licorice

洋玉蘭 / Magnolia

肉荳蔻 / Nutmeg

大黃 / Rhubarb

美黃芩 / Scullcap

美洲楤木 / Spikenard

野豌豆 / Vetch, Giant

巴拉圭冬青 / Yerba Mate

增加友誼

檸檬 / Lemon

沙漠歐芹 / Love Seed

西番蓮 / Passion Flower

香碗豆 / Sweetpea

平息閒言閒語

丁香 / Clove

北美滑榆樹 / Slippery Elm

增加幸福	歐白芷 / Angelica
貓薄荷 / Catnip	蘋果 / Apple
白屈菜 / Celandine	檸檬香蜂草 / Balm, Lemon
仙客來 / Cyclamen	基列香膏 / Balm Of Gilead
山楂 / Hawthorn	大麥 / Barley
藥喇叭 / High John The Conqueror	南蛇藤 / Bittersweet
風信子 / Hyacinth	黑莓 / Blackberry
薰衣草 / Lavender	歐洲蕨 / Bracken
鈴蘭 / Lily Of The Valley	牛蒡 / Burdock
馬鬱蘭 / Marjoram	菖蒲 / Calamus
旋果蚊子草 / Meadowsweet	康乃馨 / Carnation
牽牛花 / Morning Glory	雪松 / Cedar
馬齒莧 / Purslane	肉桂 / Cinnamon
榲桲 / Quince	香櫞 / Citron
番紅花 / Saffron	芫荽 / Coriander
聖約翰草 / St. John's Wort	黃花九輪草 / Cowslip
匍匐冰草 / Witch Grass	黃瓜 / Cucumber
加強治療	絲柏 / Cypress
艾德之舌 / Adder's Tongue	大羊蹄 / Dock
多香果 / Allspice	藍桉 / Eucalyptus
千穗谷 / Amaranth	亞麻 / Flax
歐洲白頭翁 / Anemone	大蒜 / Garlic
	山羊豆 / Goat's Rue

金印草 / Golden Seal	松樹 / Pine
歐洲黃菀 / Groundsel	車前草 / Plantain
天芥菜 / Heliotrope	美洲李 / Plum, Wild
大麻 / Hemp	馬鈴薯 / Potato
指甲花 / Henna	玫瑰 / Rose
蛇麻 / Hops	迷迭香 / Rosemary
歐夏至草 / Horehound	花楸樹 / Rowan
馬栗 / Horse Chestnut	芸香 / Rue
常春藤 / Ivy	番紅花 / Saffron
薏苡 / Job's Tears	檀香 / Sandalwood, White
永生草 / Life-Everlasting	白花酢漿草 / Sorrel, Wood
萊姆 / Lime	綠薄荷 / Spearmint
牧豆樹 / Mesquite	薊 / Thistle
薄荷 / Mint	百里香 / Thyme
艾草 / Mugwort	朱蕉 / Ti
沒藥 / Myrrh	菸草 / Tobacco
異株蕁麻 / Nettle	馬鞭草 / Vervain
白櫟木 / Oak	香堇菜 / Violet
橄欖 / Olive	柳樹 / Willow
洋蔥 / Onion	白珠樹 / Wintergreen
胡椒薄荷 / Peppermint	北美聖草 / Yerba Santa
秘魯胡椒木 / Pepper Tree	**維持健康**
美洲柿 / Persimmon	歐洲梣樹 / Ash

歐洲白頭翁 / Anemone	聖約翰草 / St. John's Wort
樟樹 / Camphor	白花酢漿草 / Sorrel, Wood
葛縷子 / Caraway	美洲楤木 / Spikenard
角豆 / Carob	麝香阿魏 / Sumbul
芫荽 / Coriander	向日葵 / Sunflower
西洋接骨木 / Elder, American	菊蒿 / Tansy
蕨類 / Fern	百里香 / Thyme
玄參 / Figwort	核桃 / Walnut
高良薑 / Galangal	**破除咒語**
天竺葵 / Geranium	竹子 / Bamboo
歐洲黃菀 / Groundsel	辣椒 / Chili Pepper
杜松 / Juniper	曼陀羅 / Datura
萹蓄 / Knotweed	高良薑 / Galangal
翠雀 / Larkspur	山羊豆 / Goat's Rue
永生草 / Life-Everlasting	歐洲越橘 / Huckleberry
曼德拉草 / Mandrake	繡球花 / Hydrangea
馬鬱蘭 / Marjoram	百合 / Lily
槲寄生 / Mistletoe	垂序商陸 / Poke
毛蕊花 / Mullein	海蔥 / Squill
肉荳蔻 / Nutmeg	聖薊 / Thistle, Holy
白櫟木 / Oak	柳穿魚 / Toadflax
琉璃繁縷 / Pimpernel	岩蘭草 / Vetwert
芸香 / Rue	美衛矛 / Wahoo

白珠樹 / Wintergreen	蕨類 / Fern
協助狩獵	天芥菜 / Heliotrope
龍艾 / Fuzzy Weed	槲寄生 / Mistletoe
槲寄生 / Mistletoe	罌粟 / Poppy
匈首蓿 / Parosela	烏頭 / Wolf's Bane
月見草 / Yellow Evening Primrose	**排解法律糾紛**
幻術	歐鼠李 / Buckthorn
歐洲梣樹 / Ash	美鼠李 / Cascara Sagrada
瀉根 / Briony	白屈菜 / Celandine
曼德拉草 / Mandrake	高山火絨草 / Edelweiss
馬鈴薯 / Potato	山核桃 / Hickory
稻草 / Straw	金盞花 / Marigold
達到不朽	臭菘 / Skunk Cabbage
蘋果 / Apple	**開鎖**
歐洲椴樹 / Linden	菊苣 / Chicory
鼠尾草 / Sage	蓮花 / Lotus
創造不孕	槲寄生 / Mistletoe
核桃 / Walnut	陰地蕨 / Moonwort
達到隱形	**長壽**
千穗谷 / Amaranth	絲柏 / Cypress
菊苣 / Chicory	薰衣草 / Lavender
高山火絨草 / Edelweiss	檸檬 / Lemon
	永生草 / Life-Everlasting

槭樹 / Maple	續隨子 / Caper
桃 / Peach	小豆蔻 / Cardamon
鼠尾草 / Sage	貓薄荷 / Catnip
菊蒿 / Tansy	羅馬洋甘菊 / Chamomile, Roman
吸引愛情	栗子 / Chestnut
亞當與夏娃根 / Adam And Eve Roots	繁縷 / Chickweed
沉香 / Aloes,Wood	辣椒 / Chili Pepper
杏桃 / Apricot	丁香 / Clove
翠菊 / Aster	三葉草 / Clove
歐亞路邊青 / Avens	黑升麻 / Cohosh, Black
酪梨 / Avocado	款冬 / Coltsfoot
矢車菊 / Bachelor's Buttons	耬斗菜 / Columbine
檸檬香蜂草 / Balm, Lemon	柯巴樹 / Copal
基列香膏 / Balm Of Gilead	芫荽 / Coriander
大麥 / Barley	荷蘭番紅花 / Crocus
羅勒 / Basil	華澄茄 / Cubeb
蓬子菜 / Bedstraw, Fragrant	草甸碎米薺 / Cuckoo-Flower
甜菜 / Beet	水仙 / Daffodil
藥水蘇 / Betony, Wood	雛菊 / Daisy
荷包牡丹 / Bleeding Heart	透納樹葉 / Damiana
血根草 / Bloodroot	山蘿蔔 / Devil's Bit
巴西堅果 / Brazil Nut	蒔蘿 / Dill

毒狗草 / Dogbane	杜松 / Juniper
兜狀荷包牡丹 / Dutchman's Breeches	斗篷草 / Lady's Mantle
土木香 / Elecampane	薰衣草 / Lavender
榆樹 / Elm	韭蔥 / Leek
苦苣 / Endive	檸檬 / Lemon
刺芹 / Eryngo	檸檬馬鞭草 / Lemon Verbena
無花果 / Fig	甘草 / Licorice
龍艾 / Fuzzy Weed	萊姆 / Lime
梔子花 / Gardenia	歐洲椴樹 / Linden
黃龍膽 / Gentian	雪割草 / Liverwort
天竺葵 / Geranium	北美山梗菜 / Lobelia
薑 / Ginger	圓葉當歸 / Lovage
花旗參 / Ginseng, American	沙漠歐芹 / Loveseed
天堂籽 / Grains Of Paradise	鐵線蕨 / Maidenhair
大麻 / Hemp	歐洲麟毛蕨 / Male Fern
藥喇叭 / High John The Conqueror	錦葵 / Mallow
長生草 / Houseleek	曼德拉草 / Mandrake
風信子 / Hyacinth	槭樹 / Maple
火焰草 / Indian Paint Brush	馬鬱蘭 / Marjoram
茉莉 / Jasmine	唐松草 / Meadow Rue
紫澤蘭 / Joe-Pyeweed	旋果蚊子草 / Meadowsweet
	銀葉合歡 / Mimosa
	槲寄生 / Mistletoe

陰地蕨 / Moonwort	榲桲 / Quince
毛蕊花 / Mullein	覆盆子 / Raspberry
香桃木 / Myrtle	玫瑰 / Rose
堅果 / Nuts	迷迭香 / Rosemary
夾竹桃 / Oleander	芸香 / Rue
橙 / Orange	紫檀 / Sandalwood, Red
蘭花 / Orchid	菝葜 / Sarsaparilla
鳶尾根 / Orris	檫樹 / Sassafras
三色堇 / Pansy	美黃芩 / Scullcap
木瓜 / Papaya	番瀉葉 / Senna
豌豆 / Pea	黑蛇根 / Snakeroot, Black
桃 / Peach	青蒿 / Southernwood
梨 / Pear	綠薄荷 / Spearmint
胡椒薄荷 / Peppermint	紫露草 / Spiderwort
小蔓長春花 / Periwinkle	草莓 / Strawberry
牙買加胡椒 / Pimento	甘蔗 / Sugar Cane
歐洲李 / Plum	麝香阿魏 / Sumbul
緬梔花 / Plumeria	羅望子 / Tamarind
罌粟 / Poppy	百里香 / Thyme
花椒 / Prickly Ash	番茄 / Tomato
歐洲報春花 / Primrose	零陵香豆 / Tonka
馬齒莧 / Purslane	洋委陵菜 / Tormentil
苦木 / Quassia	延齡草 / Trillium

鬱金香 / Tulip	蓮花 / Lotus
纈草 / Valerian	開心果 / Pistachio
香莢蘭 / Vanilla	運氣
捕蠅草 / Venus' Flytrap	多香果 / Allspice
馬鞭草 / Vervain	蘆薈 / Aloe
岩蘭草 / Vetwert	竹子 / Bamboo
香堇菜 / Violet	孟加拉榕 / Banyan
柳樹 / Willow	黃花夾竹桃 / Be-Still
匍匐冰草 / Witch Grass	圓葉風鈴草 / Bluebell
苦艾 / Wormwood	甘藍 / Cabbage
西洋蓍草 / Yarrow	菖蒲 / Calamus
巴拉圭冬青 / Yerba Mate	苦楝 / China Berry
育亨賓樹 / Yohimbe	金雞納樹 / Cinchona
愛情占卜	肉桂 / Cinnamon
菟絲子 / Dodder	玉米 / Corn
萵苣 / Lettuce	水仙 / Daffodil
毛蕊花 / Mullein	山蘿蔔 / Devil's Bit
三色堇 / Pansy	魔鬼的鞋帶 / Devil's Shoestring
玫瑰 / Rose	刺芹 / Eryngo
聖約翰草 / St. John's Wort	蕨類 / Fern
柳樹 / Willow	天堂籽 / Grains Of Paradise
破除愛情魔咒	榛樹 / Hazel
百合 / Lily	

帚石楠 / Heather	稻草 / Straw
冬青 / Holly	草莓 / Strawberry
長生草 / Houseleek	麝香阿魏 / Sumbul
歐洲越橘 / Huckleberry	延齡草 / Trillium
鹿角菜 / Irish Moss	岩蘭草 / Vetwert
薏苡 / Job's Tears	香菫菜 / Violet
卡瓦胡椒 / Kava-Kava	木玫瑰 / Wood Rose
歐洲椵樹 / Linden	**創造或增加慾望**
幸運手 / Lucky Hand	酪梨 / Avocado
歐洲麟毛蕨 / Male Fern	續隨子 / Caper
苔蘚 / Moss	葛縷子 / Caraway
肉荳蔻 / Nutmeg	小豆蔻 / Cardamon
堅果 / Nuts	胡蘿蔔 / Carrot
白櫟木 / Oak	貓尾草 / Cat Tail
橙 / Orange	芹菜 / Celery
美洲柿 / Persimmon	肉桂 / Cinnamon
鳳梨 / Pineapple	仙客來 / Cyclamen
石榴 / Pomegranate	雛菊 / Daisy
罌粟 / Poppy	透納樹葉 / Damiana
馬齒莧 / Purslane	鹿舌草 / Deerstongue
玫瑰 / Rose	蒔蘿 / Dill
蛇根馬兜鈴 / Snakeroot	紅藻 / Dulse
八角 / Star Anise	苦苣 / Endive

刺芹 / Eryngo	甘蔗 / Sugar Cane
高良薑 / Galangal	香莢蘭 / Vanilla
大蒜 / Garlic	香堇菜 / Violet
花旗參 / Ginseng, American	匍匐冰草 / Witch Grass
天堂籽 / Grains Of Paradise	巴拉圭冬青 / Yerba Mate
檸檬香茅 / Lemongrass	育亨賓樹 / Yohimbe
甘草 / Licorice	**降低慾望**
龍舌蘭 / Maguey	樟樹 / Camphor
薰陸香 / Mastic	萵苣 / Lettuce
薄荷 / Mint	馬鞭草 / Vervain
異株蕁麻 / Nettle	北美金縷梅 / Witch Hazel
橄欖 / Olive	**協助顯靈**
洋蔥 / Onion	基列香膏 / Balm Of Gilead
香芹 / Parsley	克里特白蘚 / Dittany Of Crete
廣藿香 / Patchouly	薰陸香 / Mastic
梨 / Pear	**輔助冥想**
小蔓長春花 / Periwinkle	菩提樹 / Bodhi
蘿蔔 / Radish	雷公根 / Gotu Kola
迷迭香 / Rosemary	**強化心智能力**
番紅花 / Saffron	葛縷子 / Caraway
芝麻 / Sesame	芹菜 / Celery
黑蛇根 / Snakeroot, Black	小米草 / Eyebright
青蒿 / Southernwood	釀酒葡萄 / Grape

歐夏至草 / Horehound	菖蒲 / Calamus
鈴蘭 / Lily Of The Valley	山茶花 / Camellia
肉荳蔻皮 / Mace	美鼠李 / Cascara Sagrada
黑芥茉 / Mustard, Black	腰果 / Cashew
小蔓長春花 / Periwinkle	雪松 / Cedar
迷迭香 / Rosemary	羅馬洋甘菊 / Chamomile, Roman
芸香 / Rue	委陵菜 / Cinquefoil
夏季香薄荷 / Savory, Summer	丁香 / Clove
綠薄荷 / Spearmint	聚合草 / Comfrey
香莢蘭 / Vanilla	蒔蘿 / Dill
核桃 / Walnut	大羊蹄 / Dock
獲得金錢、財富、寶藏	葫蘆巴 / Fenugreek
紫花苜蓿 / Alfalfa	亞麻 / Flax
多香果 / Allspice	球果紫堇 / Fumitory
杏仁 / Almond	高良薑 / Galangal
羅勒 / Basil	薑 / Ginger
檸檬薄荷 / Bergamot, Orange	一枝黃花 / Goldenrod
黑莓 / Blackberry	金印草 / Golden Seal
墨角藻 / Bladderwrack	荊豆 / Gorse
藍旗鳶尾 / Blue Flag	天堂籽 / Grains Of Paradise
瀉根 / Briony	釀酒葡萄 / Grape
小鳳梨 / Bromeliad	天芥菜 / Heliotrope
蕎麥 / Buckwheat	

藥喇叭 / High John The Conqueror	小蔓長春花 / Periwinkle
銀扇草 / Honesty	松樹 / Pine
忍冬 / Honeysuckle	鳳梨 / Pineapple
馬栗 / Horse Chestnut	梅笠草 / Pipsissewa
鹿角菜 / Irish Moss	石榴 / Pomegranate
茉莉 / Jasmine	白楊 / Poplar
錦葵 / Mallow	罌粟 / Poppy
槭樹 / Maple	美遠志 / Rattlesnake Root
馬鬱蘭 / Marjoram	水稻 / Rice
鬼臼 / May Apple	檫樹 / Sassafras
薄荷 / Mint	芝麻 / Sesame
陰地蕨 / Moonwort	蛇根馬兜鈴 / Snakeroot
苔蘚 / Moss	黑蛇根 / Snakeroot, Black
香桃木 / Myrtle	海蔥 / Squill
肉荳蔻 / Nutmeg	茶 / Tea
白櫟木 / Oak	零陵香豆 / Tonka
燕麥 / Oats	延齡草 / Trillium
洋蔥 / Onion	馬鞭草 / Vervain
橙 / Orange	岩蘭草 / Vetwert
奧勒岡葡萄 / Oregon Grape	小麥 / Wheat
豌豆 / Pea	香豬殃殃 / Woodruff
美洲胡桃 / Pecan	

和平與和諧	歐洲花楸 / Rowan
紅藻 / Dulse	誘發預言夢境
刺芹 / Eryngo	歐洲蕨 / Bracken
梔子花 / Gardenia	南非香葉木 / Buchu
薰衣草 / Lavender	洋委陵菜 / Cinquefoil
千屈菜 / Loosestrife	三葉草 / Clove
旋果蚊子草 / Meadowsweet	天芥菜 / Heliotrope
牽牛花 / Morning Glory	茉莉 / Jasmine
香桃木 / Myrtle	金盞花 / Marigold
橄欖 / Olive	銀葉合歡 / Mimosa
西番蓮 / Passion Flower	艾草 / Mugwort
普列薄荷 / Pennyroyal	洋蔥 / Onion
美黃芩 / Scullcap	玫瑰 / Rose
馬鞭草 / Vervain	繁榮發達
香菫菜 / Violet	紫花苜蓿 / Alfalfa
獲得力量	染色朱草 / Alkanet
康乃馨 / Carnation	杏仁 / Almond
東北石松 / Club Moss	歐洲梣樹 / Ash
魔鬼的鞋帶 / Devil's Shoestring	香蕉 / Banana
黑檀木 / Ebony	安息香 / Benzoin
黃龍膽 / Gentian	堅果 / Nuts
薑 / Ginger	番茄 / Tomato
	鬱金香 / Tulip

阿拉伯膠樹 / Acacia	藍莓 / Blueberry
非洲菫 / African Violet	菩提樹 / Bodhi
龍牙草 / Agrimony	貫葉澤蘭 / Boneset
瘧疾根 / Ague Root	瀉根 / Briony
蘆薈 / Aloe	小鳳梨 / Bromeliad
藥蜀葵 / Althea	金雀花 / Broom
庭薺 / Alyssum	歐鼠李 / Buckthorn
千穗谷 / Amaranth	蕎麥 / Buckwheat
歐洲白頭翁 / Anemone	牛蒡 / Burdock
歐白芷 / Angelica	菖蒲 / Calamus
大茴香 / Anise	葛縷子 / Caraway
草莓樹 / Arbutus	康乃馨 / Carnation
阿魏 / Asafoetida	角豆 / Carob
歐洲梣樹 / Ash	美鼠李 / Cascara Sagrada
基列香膏 / Balm Of Gilead	蓖麻 / Castor
竹子 / Bamboo	雪松 / Cedar
大麥 / Barley	白屈菜 / Celandine
羅勒 / Basil	菊 / Chrysanthemum
藥水蘇 / Betony, Wood	金雞納樹 / Cinchona
樺樹 / Birch	肉桂 / Cinnamon
南蛇藤 / Bittersweet	委陵菜 / Cinquefoil
血根草 / Bloodroot	豬殃殃 / Cleavers
	丁香 / Clove

三葉草 / Clover	亞麻 / Flax
東北石松 / Club Moss	蚤草 / Fleabane
椰子 / Coconut	毛地黃 / Foxglove
黑升麻 / Cohosh, Black	乳香 / Frankincense
玉米 / Corn	高良薑 / Galangal
孜然 / Cumin	大蒜 / Garlic
咖哩葉 / Curry	天竺葵 / Geranium
仙客來 / Cyclamen	花旗參 / Ginseng, American
絲柏 / Cypress	荊豆 / Gorse
曼陀羅 / Datura	南瓜 / Gourd
山蘿蔔 / Devil's Bit	穀物 / Grain
魔鬼的鞋帶 / Devil's Shoestring	草 / Grass
蒔蘿 / Dill	榛樹 / Hazel
毒狗草 / Dogbane	帚石楠 / Heather
龍血 / Dragon's Blood	冬青 / Holly
西洋接骨木 / Elder, American	忍冬 / Honeysuckle
土木香 / Elecampane	歐夏至草 / Horehound
藍桉 / Eucalyptus	長生草 / Houseleek
飛揚草 / Euphorbia	歐洲越橘 / Huckleberry
蕨類 / Fern	風信子 / Hyacinth
小白菊 / Feverfew	牛膝草 / Hyssop
玄參 / Figwort	鹿角菜 / Irish Moss

常春藤 / Ivy	歐前胡 / Masterwort
杜松 / Juniper	銀葉合歡 / Mimosa
卡瓦胡椒 / Kava-Kava	薄荷 / Mint
海帶 / Kelp	槲寄生 / Mistletoe
拖鞋蘭 / Lady's Slipper	摩魯卡 / Molukka
歐洲落葉松 / Larch	艾草 / Mugwort
翠雀 / Larkspur	桑樹 / Mulberry
薰衣草 / Lavender	毛蕊花 / Mullein
韭蔥 / Leek	黑芥茉 / Mustard, Black
萵苣 / Lettuce	沒藥 / Myrrh
紫丁香 / Lilac	異株蕁麻 / Nettle
百合 / Lily	小葉南洋杉 / Norfolk
萊姆 / Lime	白櫟木 / Oak
歐洲椴樹 / Linden	橄欖 / Olive
蘇合香 / Liquidamber	洋蔥 / Onion
千屈菜 / Loosestrife	鳶尾根 / Orris
蓮花 / Lotus	木瓜 / Papaya
幸運手 / Lucky Hand	紙莎草 / Papyrus
錦葵 / Mallow	香芹 / Parsley
曼德拉草 / Mandrake	普列薄荷 / Pennyroyal
金盞花 / Marigold	芍藥 / Peony
馬鬱蘭 / Marjoram	胡椒 / Pepper

秘魯胡椒木 / Pepper Tree	黑刺李 / Sloe
小蔓長春花 / Periwinkle	金魚草 / Snapdragon
羅盤草 / Pilot Weed	玉竹 / Solomon's Seal
虎耳草茴芹 / Pimpernel	青蒿 / Southernwood
松樹 / Pine	西班牙苔蘚 / Spanish Moss
車前草 / Plantain	海蔥 / Squill
歐洲李 / Plum	檉柳 / Tamarisk
歐洲報春花 / Primrose	薊 / Thistle
馬齒莧 / Purslane	朱蕉 / Ti
榅桲 / Quince	柳穿魚 / Toadflax
蘿蔔 / Radish	番茄 / Tomato
千里光 / Ragwort	委陵菜 / Tormentil
覆盆子 / Raspberry	鬱金香 / Tulip
美遠志 / Rattlesnake Root	蕪菁 / Turnip
大黃 / Rhubarb	纈草 / Valerian
水稻 / Rice	捕蠅草 / Venus' Flytrap
根 / Roots	馬鞭草 / Vervain
玫瑰 / Rose	香堇菜 / Violet
花楸樹 / Rowan	毬蘭 / Wax Plant
鼠尾草 / Sage	柳樹 / Willow
聖約翰草 / St. John's Wort	白珠樹 / Wintergreen
檀香 / Sandalwood, White	北美金縷梅 / Witch Hazel

烏頭 / Wolf's Bane

香豬殃殃 / Woodruff

苦艾 / Wormwood

北美聖草 / Yerba Santa

王蘭 / Yucca

提升靈力

阿拉伯膠樹 / Acacia

藥蜀葵 / Althea

拳參 / Bistort

黑莓 / Blackberry

墨角藻 / Bladderwrack

琉璃苣 / Borage

南非香葉木 / Buchu

芹菜 / Celery

肉桂 / Cinnamon

香櫞 / Citron

鹿舌草 / Deerstongue

黑檀木 / Ebony

土木香 / Elecampane

小米草 / Eyebright

亞麻 / Flax

高良薑 / Galangal

草 / Grass

忍冬 / Honeysuckle

檸檬香茅 / Lemongrass

肉荳蔻 / Mace

金盞花 / Marigold

薰陸草 / Mastic

艾草 / Mugwort

玫瑰 / Rose

迷迭香 / Rosemary

歐洲花楸 / Rowan

番紅花 / Saffron

八角 / Star Anise

草烏柏 / Stillengia

麝香阿魏 / Sumbul

百里香 / Thyme

熊果 / Uva Ursa

苦艾 / Wormwood

西洋蓍草 / Yarrow

北美聖草 / Yerba Santa

淨化

阿魏 / Asafoetida

歐亞路邊青 / Avens

染色朱草 / Alkanet	迷迭香 / Rosemary
大茴香 / Anise	山艾 / Sagebrush
阿拉伯樹膠 / Arabic, Gum	紅蔥頭 / Shallot
安息香 / Benzoin	聖薊 / Thistle, Holy
藥水蘇 / Betony, Wood	百里香 / Thyme
樺樹 / Birch	菸草 / Tobacco
血根草 / Bloodroot	薑黃 / Turmeric
金雀花 / Broom	纈草 / Valerian
雪松 / Cedar	馬鞭草 / Vervain
羅馬洋甘菊 / Chamomile, Roman	王蘭 / Yucca

雨術

椰子 / Coconut	歐洲蕨 / Bracken
柯巴樹 / Copal	棉花 / Cotton
飛揚草 / Euphorbia	蕨類 / Fern
辣根 / Horseradish	帚石楠 / Heather
牛膝草 / Hyssop	三色菫 / Pansy
鳶尾花 / Iris	水稻 / Rice
薰衣草 / Lavender	毒蕈 / Toadstool

重建或維持性能力

檸檬 / Lemon	香蕉 / Banana
檸檬馬鞭草 / Lemon Verbena	菜豆 / Bean
香芹 / Parsley	續隨子 / Caper
胡椒薄荷 / Peppermint	黑升麻 / Cohosh, Black
秘魯胡椒木 / Pepper Tree	

龍血 / Dragon's Blood	激怒蛇
白櫟木 / Oak	奶薊 / Thistle, Milk
椰棗 / Palm, Date	驅蛇

睡眠	三葉草 / Clover
龍牙草 / Agrimony	西洋接骨木 / Elder, American
羅馬洋甘菊 / Chamomile, Roman	杜松 / Juniper
洋委陵菜 / Cinquefoil	檸檬香茅 / Lemongrass
曼陀羅 / Datura	天竺葵 / Geranium
薰衣草 / Lavender	車前草 / Plantain
萵苣 / Lettuce	美遠志 / Rattlesnake Root
歐洲椴樹 / Linden	月見草 / Yellow Evening Primrose
西番蓮 / Passion Flower	召靈
胡椒薄荷 / Peppermint	蒲公英 / Dandelion
罌粟 / Poppy	梅笠草 / Pipsissewa
馬齒莧 / Purslane	茅香 / Sweetgrass
迷迭香 / Rosemary	薊 / Thistle
百里香 / Thyme	菸草 / Tobacco
纈草 / Valerian	苦艾 / Wormwood
馬鞭草 / Vervain	加強靈性
召蛇	非洲菫 / African Violet
木賊 / Horsetail	沉香 / Aloes,Wood

阿拉伯樹膠 / Arabic, Gum	薑 / Ginger
肉桂 / Cinnamon	藥喇叭 / High John The Conqueror
乳香 / Frankincense	歐洲花楸 / Rowan
栀子花 / Gardenia	美衛矛 / Wahoo
沒藥 / Myrrh	林仙冬木 / Winter's Bark
檀香 / Sandalwood, White	

增加力氣

防竊賊

月桂葉 / Bay	歐洲白楊木 / Aspen
康乃馨 / Carnation	葛縷子 / Caraway
歐前胡 / Masterwort	孜然 / Cumin
艾草 / Mugwort	大蒜 / Garlic
桑樹 / Mulberry	杜松 / Juniper
普列薄荷 / Pennyroyal	岩蘭草 / Vetwert
車前草 / Plantain	

引發幻覺

番紅花 / Saffron	歐白芷 / Angelica
聖約翰草 / St. John's Wort	款冬 / Coltsfoot
香碗豆 / Sweetpea	荷蘭番紅花 / Crocus
茶 / Tea	透納樹葉 / Damiana
薊 / Thistle	大麻 / Hemp
	卡瓦胡椒 / Kava-Kava

成功

起風

檸檬香蜂草 / Balm, Lemon	墨角藻 / Bladderwrack
肉桂 / Cinnamon	金雀花 / Broom
三葉草 / Clove	

番紅花 / Saffron

增進智慧

菩提樹 / Bodhi

鳶尾花 / Iris

桃 / Peach

鼠尾草 / Sage

向日葵 / Sunflower

實現願望

竹子 / Bamboo

歐洲山毛櫸 / Beech

歐鼠李 / Buckthorn

蒲公英 / Dandelion

毒狗草 / Dogbane

山茱萸 / Dogwood

花旗參 / Ginseng, American

天堂籽 / Grains Of Paradise

榛樹 / Hazel

薏苡 / Job's Tears

蘇合香 / Liquidamber

石榴 / Pomegranate

鼠尾草 / Sage

檀香 / Sandalwood, White

向日葵 / Sunflower

零陵香豆 / Tonka

香菫菜 / Violet

核桃 / Walnut

維持或恢復青春

大茴香 / Anise

黃花九輪草 / Cowslip

蕨類 / Fern

香桃木 / Myrtle

迷迭香 / Rosemary

馬鞭草 / Vervain

顏色及其魔法用途

白色：保護、和平、淨化、貞潔、幸福、停止八卦、靈性

綠色：治療、金錢、繁榮、運氣、生育、美貌、就業、青春

棕色：治療、動物、家庭

粉紅色：情感、忠誠、友誼

紅色：慾望、力氣、勇氣、力量、性能力

黃色：占卜、靈力、心智力量、智慧、幻覺

紫色：力量、驅魔、治療

藍色：治療、睡眠、和平

橘色：消除法律糾紛、成功

精油的魔法屬性

勇氣
雪松 / Cedar
麝香 / Musk
玫瑰天竺葵 / Rose Geranium

生育
麝香 / Musk
馬鞭草 / Vervain

友誼
非洲茉莉 / Stephanotis
香碗豆 / Sweetpea

幸福
蘋果花 / Apple Blossom
香碗豆 / Sweetpea
晚香玉 / Tuberose

愛情
丁香 / Clove
梔子花 / Gardenia
茉莉 / Jasmine
鳶尾根 / Orris
緬梔花 / Plumeria
玫瑰 / Rose
香碗豆 / Sweetpea

和諧
羅勒 / Basil
梔子花 / Gardenia
紫丁香 / Lilac

水仙 / Narcissus	**慾望**
治療	肉桂 / Cinnamon
康乃馨 / Carnation	丁香 / Clove
藍桉 / Eucalyptus	麝香 / Musk
梔子花 / Gardenia	香莢蘭 / Vanilla
蓮花 / Lotus	**吸引男性**
沒藥 / Myrrh	龍涎香 / Ambergris
水仙 / Narcissus	薑 / Ginger
迷迭香 / Rosemary	梔子花 / Gardenia
檀香 / Sandalwood	茉莉 / Jasmine
香菫菜 / Violet	薰衣草 / Lavender
破除咒語	麝香 / Musk
佛手柑 / Bergamot	橙花 / Neroli
沒藥 / Myrrh	零陵香豆 / Tonka
玫瑰天竺葵 / Rose Geranium	**磁力－吸引女性**
迷迭香 / Rosemary	月桂 / Bay
芸香 / Rue	麝貓 / Civet
岩蘭草 / Vetivert	麝香 / Musk
運氣	廣藿香 / Patchouly
肉桂 / Cinnamon	非洲茉莉 / Stephanotis
絲柏 / Cypress	岩蘭草 / Vetivert
蓮花 / Lotus	香菫菜 / Violet

冥想		孜然 / Cumin
阿拉伯膠樹 / Acacia		梔子花 / Gardenia
風信子 / Hyacinth		風信子 / Hyacinth
茉莉 / Jasmine		洋玉蘭 / Magnolia
洋玉蘭 / Magnolia		玫瑰 / Rose
沒藥 / Myrrh		晚香玉 / Tuberose
肉荳蔻 / Nutmeg		**力量**
心智能力		康乃馨 / Carnation
忍冬 / Honeysuckle		迷迭香 / Rosemary
紫丁香 / Lilac		香莢蘭 / Vanilla
迷迭香 / Rosemary		**保護**
金錢		絲柏 / Cypress
杏仁 / Almond		沒藥 / Myrrh
肉桂 / Cinnamon		廣藿香 / Patchouly
楊梅 / Bayberry		玫瑰天竺葵 / Rose Geranium
佛手柑 / Bergamot		迷迭香 / Rosemary
忍冬 / Honeysuckle		芸香 / Rue
薄荷 / Mint		香菫菜 / Violet
廣藿香 / Patchouly		紫藤 / Wisteria
松樹 / Pine		**靈力**
馬鞭草 / Vervain		阿拉伯膠樹 / Acacia
和平		大茴香 / Anise
安息香 / Benzoin		桂皮 / Cassia

天芥菜 / Heliotrope	**睡眠**
香茅 / Lemongrass	薰衣草 / Lavender
紫丁香 / Lillac	水仙 / Narcissus
銀葉合歡 / Mimosa	**靈性**
肉荳蔻 / Nutmeg	蓮花 / Lotus
檀香 / Sandalwood	洋玉蘭 / Magnolia
晚香玉 / Tuberose	檀香 / Sandalwood

淨化

阿拉伯膠樹 / Acacia

肉桂 / Cinnamon

丁香 / Clove

乳香 / Frankincense

茉莉 / Jasmine

薰衣草 / Lavender

沒藥 / Myrrh

橄欖 / Olive

檀香 / Sandalwood

詞彙說明

護身符（Amulet）：佩戴、攜帶或放置在某處以防止負面或其他形式的振動。一種具有保護作用的物體。

靈魂出竅（Astral Projection）：將意識與身體分開的一種做法，好讓前者在不受時間、空間或重力的影響下移動。

毒（Bane）：破壞生命的毒物，英文中含有此字根者即表示有毒，比如天仙子（Henbane），是母雞（hen）與毒（bane）組合而成，即表示此植物對母雞有毒。

驅逐（Banish）：驅除邪惡、負面力量或靈。

五朔節（Beltane，又稱火柱節）：是女巫奉行的一種古老民間節日，慶祝繁花盛開的春天，日期是四月三十日或五月一日。

香爐（Censer）：一種金屬或陶器的容器，可在其中燃燒薰香。

花環（Chaplet）：戴在頭上的花環，或用葉子編成的環，如同給予古典希臘英雄當作榮譽象徵的花環一樣。

超感視覺（Clairvoyance）：英文字面上的意思是「清晰的看見」。這是一種不動用五種「正常」感官，也無需借助任何工具，即可感知事實、事件和其他資料的能力。

詛咒（Curse）：一種負面和破壞性的能量集中，是刻意並針對一人、一地或一個事物。

占卜（Divination）：使用塔羅牌、水晶球等工具，以超越五種尋常感官以外的方式，來尋找事物的方法。

魔化（Enchant，又稱附魔）：原意是「詠唱給……」。就魔法的角度來講，這是一種在使用草藥前，將其與魔法需求一致化的程序。

邪眼（Evil Eye）：過去幾乎普遍都會擔心被邪眼看到，就會引起巨大傷害

或恐懼。

迷惑（Fascination）：透過聲音、凝視或顏色等方法來控制一個人。

咒語（Hex）：邪惡的咒語或詛咒。

夢魘（Incubus，又稱夢淫妖）：據信會誘惑和虐待女性的男性惡魔或靈；
相對應的女魔鬼，則稱為魔女或魅魔（succubus）。

浸劑（Infusion）：藥草茶水。

收穫節 （Lughnasadh）：八月一日或二日，在歐洲慶祝的一個古老豐收
節，讓人感受到大地豐富的（收穫的）果實。威卡教徒至今仍會慶祝。

魔法（Magic）：透過尚未被科學定義和接受的力量，用來引起必要改變的
做法。

魔法圈（Magic Circle）：為儀式創造的圓圈（或球體），在舉行魔法儀式
期間提供魔法師保護。

魔法師（Magician）：施行魔法的人，無分性別。

賢者（Magus）：亦指魔法師，另稱智者。

仲夏（Midsummer）：夏至，通常是在六月二十一日前後，是傳統的威卡節
日，也是施行魔法的絕佳時機。

靈擺（Pendulum）：一種占卜工具，包含有繩子或繩索，及懸掛其上的重
物。以拇指和食指夾住繩索的末端，在靈擺的運動間詢問與應答。

五角星（Pentagram）：有五個尖端的星形，幾世紀以來一直用於魔法。非
常具有象徵性，也是一種保護裝置。

人偶（Poppet）：可由各種材料製成的小娃娃，可以影響一個人的生活。在
魔藥學中，可以植物的根雕刻成偶，或是拿草藥來填充在人形布偶中。使
用人偶的魔法稱為「幻術」（image magic）。

魔力手（Power Hand, The）：寫字用的手；常用的優勢手。這是一隻有魔
力的手。

薩溫節（Samhain）：一個標誌著冬天開始的古老節日，也稱為「萬聖節」（Halloween）或萬聖夜（All Hallows Eve）。威卡教徒仍會舉行宗教儀式來過節。

靈視（Scry）：從墨水瓶、火焰或水晶球等預視未來，以喚醒和召喚靈力。

咒語（Spell）：一種魔法儀式。

護符、魔符或法寶（Talisman）：用來吸引特定力量的物品，比如愛情、好運、錢財、健康或成功等，其作用和保護持有者不受外力影響的護身符剛好相反。

威卡教（Wicca）：一種當代宗教，源自於史前時期對宇宙生命力的崇拜，他們將這股力量擬人化成神和女神。有些人錯稱其為「巫術」（witchcraft）。

女巫瓶（Witch Bottle）：裝有草藥、針、玻璃碎片和其他物品的瓶子或罐子，主要是用來保護一個人或一個地方，抵禦邪惡力量和詛咒。通常會將其埋在土中，或是放在窗臺上。

巫術（Witchcraft）：藉由自然事物來施行魔法，如草藥、石頭和蠟燭，也會施符咒。有些人仍然會將這個詞用來指稱威卡人的宗教。

草（Wort）：是「草藥」（herb）的古字，在艾草（Mugwort）這個字的英文中，依舊保留了這個字根。

Mystery

26

Mystery

26